VIENĪGI KRISTUS

Mācītāja Roberta Feldmaņa sprediķi
Gustava Ādolfa Mežaparka un
Biķeru draudzē

1991.–1994. Baznīcas gads

Profesora Roberta Feldmaņa fonds
Rīga 2011

UDK 25
Fe 413

Izdevējs: Profesora Roberta Feldmaņa fonds
www.robertsfeldmanis.lv
Profesora Roberta Feldmaņa fonda logo izmantots pēc mācītāja paša skicēm veidotais alfas un omegas burtu salikums, kas balstīts Jāņa atklāsmes grāmatas 22. nodaļas 13. pantā.

Projekta darba grupa – Guntis Kalme (projekta vadītājs), Anda Briede, Ingrīda Briede, Iveta Kalme, Dace Lāže, Maija Meldrāja, Dzintra Mikolone, Inese Otzule, Ilmārs Rubenis, Oskars Skrodelis, Māris Ziemelis

Teoloģiskais redaktors – *Dr. theol.* Guntis Kalme
Literārā redaktore un korektore – *Dr. philol.* Ieva Kalniņa
Vāka māksliniece – Agata Muze
Maketētāja – Baiba Dūdiņa

Uz vāka: mācītājs *Dr. theol.* Roberts Feldmanis pie Katlakalna baznīcas. Vāka noformējumā izmantots katsuras koka lapu motīvs; koku pie Katlakalna baznīcas stādījis R. Feldmanis

ISBN 978-9934-838-42-2

© Profesora Roberta Feldmaņa fonds
© Zemsvītras teoloģisko atsauču autors – *Dr. theol.* Guntis Kalme
© Priekšvārdu autori – *Dr. theol.* Reinhards Slenczka, *D. D., Dr. theol.* Guntis Kalme, *Dr. philol.* Ieva Kalniņa
© Priekšvārdu tulkotāji – Maija Anda Meldrāja, Andris Smilgdrīvs, Mārcis Gobiņš
© Vāka autore – Agata Muze

Pateicības

Mācītājiem Jānim Šmitam un Uldim Fandejevam – par sprediķu audioierakstiem

Dr. philol. Maijai Baltiņai, Andai Janovskai, Vilim Kolmam, Ilonai Miezītei, Jānim Šiliņam, Aijai Taimiņai, Miervaldim Vanagam – par zinātnisku konsultāciju

Šo projektu atbalstīja:

LELB, laikraksta "Svētdienas Rīts" redakcija, Augšāmcelšanās evaņģēliski luteriskā draudze, Biķeru evaņģēliski luteriskā draudze, Jēzus evaņģēliski luteriskā draudze, Katlakalna evaņģēliski luteriskā draudze, Kristus evaņģēliski luteriskā draudze, Liepājas Sv. Annas evaņģēliski luteriskā draudze, Mežaparka evaņģēliski luteriskā draudze, Olaines evaņģēliski luteriskā draudze, Piltenes evaņģēliski luteriskā draudze, Valsts ugunsdzēsības un glābšanas dienesta Latvijas Ugunsdzēsības muzejs, īpaši tā vadītājs Aivars Mednis

Dzintars Antonovičs, Andris Bernāns, Uģis, Harina, Heseda un Hariss Brūklenes, Elīna Bušmane, Ligita Davidova, Jānis Derums, Sarmīte Fišere, Raimonds Gigels, Valda Grīnvalde-Šakurova, Anda Janovska, Jānis Ivanovskis, *Dr. theol.* Guntis Kalme, Solvita Koemeca, Laila Krastiņa, Marija Krūmiņa, Ivars Kudreņickis, Oskars Laugalis, Ģertrūde Lukau (*Gertrud Luckau*), Maija Meldrāja, Daina Mežecka, Andrejs Paupers, Artūrs Raumanis, Lidija Berga, Beata Berga-Ritenberga, Elena Elizabete Ritenberga, Alvils Ritenbergs, *Dr. theol.* Juris Rubenis, Mārīte Rušmane, Kristaps Sietiņš, Gaida Sinka, Andris Smilgdrīvs, Uldis Suneps, Ināra Šmīdeberga, +*Dr. theol.* Jobsts Šone (*Jobst Schöne*), Jānis, Solvita, Mārtiņš, Māra Anna un Dārta Šmiti, Andris Vismanis, Ilze Velde, Guna Zaļaiskalne, piecpadsmit anonīmi atbalstītāji

Kristus vārds lai bagātīgi mājo jūsos: pamācait un paskubinait cits citu visā gudrībā ar psalmiem, himnām un garīgām dziesmām, žēlastībā dziedādami savās sirdīs Dievam!

(Kol 3:16)

Saturs

Priekšvārdi

Prof. *Dr. theol.* Reinhards Slenczka, D. D.
Dievs ir mūsu vidū   XIII

Mācītājs *Dr. theol.* Guntis Kalme
Pamatvārdi   XV

Literatūrzinātniece *Dr. philol.* Ieva Kalniņa
Kalpotāja un darbarīka valoda.
Literārās redaktores piezīmes   XXI

Sprediķa ceļš no kanceles līdz grāmatai XXV

Mācītāja Roberta Feldmaņa sprediķi

1990./1991. Baznīcas gads

21. svētdienas nedēļā pēc Vasarsvētku atsvētes
(Jņ 6:63-69) 1

1991./1992. Baznīcas gads

Trešajos Ziemsvētkos (Mt 5:23-26). 8
Ticības atjaunošanas svētkos (Ps 118:19-20) 13

1992./1993. Baznīcas gads

Ziemsvētku vakarā (Lk 2:10-12) 19
Vecgada vakarā, 1. svētdienā pēc Ziemsvētkiem
(Ef 6:1-3). 26
2. svētdienā Ciešanu laikā (Mt 15:21-28) 34
Ciešanu laikā 1993. gadā (Mt 26:30-50) 39

4. svētdienā pēc Lieldienām (Jņ 16:5-15) 45

6. svētdienā pēc Lieldienām. 52

3. svētdienā pēc Trīsvienības svētkiem (Lk 15:1-10) 55

5. svētdienas nedēļā pēc Trīsvienības svētkiem
(Apd 9:1-31). 63

Ticības atjaunošanas svētkos (Rm 5:1). 73

22. svētdienā pēc Trīsvienības svētkiem
(Mt 18:23-35) 77

Valsts svētkos, 23. svētdienā pēc Trīsvienības svētkiem
(Ps 118:23-25). 85

1993./1994. Baznīcas gads

4. Adventā (Jņ 1:6-13). 93

Vecgada vakarā, 1. svētdienā pēc Ziemsvētkiem
(Jņ 8:31-36). 98

3. svētdienā Ciešanu laikā (Lk 9:57-62) 107

Baltajā svētdienā (Jņ 20:19-29) 112

6. svētdienā pēc Lieldienām (Jņ 17:11-19). 117

Trīsvienības svētkos (Mt 28:16-20). 123

12. svētdienā pēc Trīsvienības svētkiem
(Mt 12:43-50). 129

13. svētdienā pēc Trīsvienības svētkiem
(Lk 10:38-42). 136

14. svētdienā pēc Trīsvienības svētkiem
(Mk 10:17-31). 143

15. svētdienā pēc Trīsvienības svētkiem
(Mt 18:1-11). 149

17. svētdienā pēc Trīsvienības svētkiem
   (Mk 10:35-45). 157
18. svētdienā pēc Trīsvienības svētkiem
   (Lk 12:1-7). 162
19. svētdienā pēc Trīsvienības svētkiem
   (2kor 4:13-18). 169
24. svētdienā pēc Trīsvienības svētkiem
   (2Tim 2:1-10). 174
Valsts svētkos, 24. svētdienas nedēļā pēc Trīsvienības
   svētkiem (Ebr 1:1-3) 179
Sestdienā pirms Mirušo piemiņas dienas
   (Mt 28:1-10; Rm 6:3-14; 1kor 15:12-26) 187

Pielikumi

Professor *Dr. theol.* Reinhard Slenczka, *D. D.*
   Gott ist in der Mitten. 211
Dr. theol. Guntis Kalme. Grundworte des Glaubens 215
Dr. philol. Ieva Kalniņa. Die Sprache eines Knechts
   und Werkzeugs. Anmerkungen der Lektorin 223
Professor *Dr. theol.* Reinhard Slenczka, *D. D.*
   God is in Our Midst 229
Rev. *Dr. theol.* Guntis Kalme. Primary Words 233
Dr. philol. Ieva Kalniņa. Language of a Servant and
   a Tool. Remarks of the literary editor. 239

Mācītājs Roberts Feldmanis (1910–2002) ir viens no ievērojamākiem 20. gs. Latvijas evaņģēliski luteriskās Baznīcas mācītājiem, kura kalpošana ir būtiski ietekmējusi pašu Baznīcu, tās vietu un lomu Latvijā un ārpus tās robežām. Latvijas evaņģēliski luteriskās Baznīcas virsmācītājs, draudžu dibinātājs un atjaunotājs, izcils liturgs, saistošs sprediķotājs, uzticams dvēseļkopis, dziesmu tulkotājs un atdzejotājs, misionārs, jaunas mācītāju paaudzes audzinātājs, garīgais tēvs un padomdevējs daudziem mācītājiem, teoloģijas doktors un Baznīcas vēstures profesors. Šie un vēl daudzi citi "tituli" mums ļauj kaut tikai daļēji aptvert mācītāja Roberta Feldmaņa personību un viņa kalpošanas lielo un nozīmīgo lomu draudzē un tautā. Viņš ir cienīgs atrasties līdzās citu tautu un Baznīcu svētajiem, kuru dzīves un kalpošanas piemēri arvien tiek glabāti kā dārgs mantojums.

Mācītājs Roberts Feldmanis Katlakalna baznīcas kancelē 50. gadu beigās.

Dievs ir mūsu vidū[1]

"Pieminiet savus vadītājus, kas jums Dieva vārdu runājuši; vērodami viņu dzīves galu, sekojiet viņu ticībai! Jēzus Kristus vakar un šodien tas pats un mūžīgi." (Ebr 13:7-8)

Atmiņas par Robertu Feldmani, kas Latvijas Evaņģēliski luteriskā baznīcā pamatoti tiek uzskatīts un godināts kā šīs Baznīcas tēvs, ir ierosinošs garīgs bagātinājums ne tikai tiem, kas viņu pazina un pieredzēja, bet arī nākamai paaudzei. Ar lielu pateicību mēs viņa atstātajos darbos varam piedzīvot to, kā liecība darbojas arī pēc liecinieka aiziešanas no dzīves. Un liecības saturs, kā to Roberts Feldmanis vienmēr uzsvēra, ir Jēzus Kristus. Citētie vārdi no Vēstules ebrejiem ļoti tieši un skaidri atklāj, kā Jēzus Kristus apliecina sevi pagātnē, tagadnē un visā nākotnē līdz pat savai atkalatnākšanai. Tas notiek arī šajos trīsdesmit publicētajos sprediķos.

Sprediķi dievkalpojuma laikā tika ierakstīti magnetofona lentē un tad čaklu roku pierakstīti. Ir saprotams, ka dažās vietās tehnisku iemeslu dēļ ir pārtraukumi, kurus vajadzēja papildināt vai arī atstāt neaizpildītus. Lasot tas tomēr gandrīz netraucē, drīzāk būs jūtams, kā pasludinājums sprediķa teksta izvērsumā nes mūs tālāk.

Kas ir piedzīvojis dievkalpojumus mazajā Gustava Ādolfa baznīcā, tas noteikti atcerēsies, kā Roberts Feldmanis svinēja liturģiju un kā viņš sprediķoja. Tas notika dziļā nopietnībā un apziņā, ka Dievs pats dievkalpojumā, Vārdā un sakramentā ir klātesošs un darbojas. Mācītājs tur ir klāt kā kalpotājs un darbarīks vai, kā apustulis Pāvils par sevi saka – "Kristus Jēzus kalps" (Rm 1:1) jeb "vergs". Viņš ir *dzimtcilvēks*.

---

[1] 256. dziesmas 1. pants. *Dziesmu grāmata*. Dziesmu grāmata latviešiem tēvzemē un svešumā. – Latviešu Evaņģēliski luteriskās baznīcas Amerikā apgāds un Latvijas Evaņģēliski luteriskās baznīcas izdevniecība, 1992.

Lasot sprediķus, arī skaidri jūtams, ka viss, ko mācītājs saka, ir pakārtots tekstam. Nav garu un detalizētu ievadu, mācītājs sāk tieši ar tekstu. Ceturtajā sprediķī Ziemsvētku vakarā[2] klausītāji tiek it kā nostādīti blakus ganiem, kurus sastop eņģeļi ar savu vēsti. Parasti tie ir īsi, skaidri teikumi. Dažkārt tiek izteikti jautājumi, dotas arī norādes uz tagadnes notikumiem. Piemērs tam ir sprediķis 1994. gada 2. oktobrī pēc briesmīgās nelaimes 28. septembrī ar prāmi "Estonia". Cauri cilvēciskajām sāpju un baiļu izjūtām mācītājs virza draudzes skatu uz spriedumu par nāvi vai dzīvību Pastarā tiesā ar brīdinājumu no miesas un dvēseles mūžīgās nāves. Arī, atceroties Latvijas Republikas proklamēšanas dienu 18. novembrī, tiek norādīts uz Dieva apslēpto darbošanos vēsturē, par ko mēs drīkstam lūgt un par ko mums jāpateicas.

Tomēr, tieši šādus piemērus lasot, jāatzīst, ka mācītāja nolūks nav būt interesantam, gluži otrādi, viņš vienmēr grib atvērt draudzei acis, lai tā saskatītu Dieva darbību mūsu laikā un mūsu dzīvē. Viņš rāda, kā Dievs sastop mūs Vārdā un sakramentā un līdz ar to mūsu pašu dzīvē.

Ievērības cienīgi ir arī Rakstu vārdi, ar ko sākas t. s. kanceles sveicinājums un lūgšana pirms sprediķa, lūdzot, lai Dieva Svētais Gars varētu mūs atvērt Dieva vārda saprašanai.

Tieši tādēļ ievērības cienīgs ir pēdējais sprediķis Mirušo piemiņas dienai 1994. gada 19. novembrī. Jo tajā mācītājs atgādina draudzei par "liecinieku pulku" (Ebr 12:1), ar kuru arī Latvijas Baznīca tās pārmaiņu pilnajā vēsturē ir apņemta, uzturēta un pasargāta – arī un tieši šodien.

Erlangene 2011. gada 3. martā

Profesors *Dr. theol.* Reinhards Slenczka, D. D.,
Lutera Akadēmijas rektors 1997–2005

---

[2] Sprediķis teikts 1992. gada 24. decembrī 19. lpp.

Pamatvārdi

"Sirdsskaidrajiem cilvēkiem piemīt kaut kas no gaišredzības. Bet kas sevi visu nodevis Viņa žēlastībai, tiem Viņš atklāj savu apslēpto gudrību."
(Roberts Feldmanis)

Ja arī, laikam ejot, mūsu cilvēciskie iespaidi par mācītāju Robertu Feldmani neizbēgami gaist, tad mūsu Baznīcas atziņai par viņa ieguldījumu vajadzētu augt, jo aizvien vairāk no mācītāja veiktā top apzināts un darīts pieejams. Audioierakstos varam dzirdēt profesora Feldmaņa balsi, viņu pašu skatīt daudzās fotogrāfijās un dažos videoierakstos. Šī sprediķu grāmata ir mācītāja nākšana pie mums sludinātajā vārdā.

Mācītāja sprediķi vienmēr bija īpaši. Pirmkārt, tādēļ, ka tie bija piedzīvotas patiesības apdvesti. Mācītājs runāja to, kam ticēja, izteica to, ar ko dzīvoja pats. Neviens nevar sprediķot, lai vienlaikus arī neliecinātu pats par savu garīgo dzīvi. Toreiz dzirdējām, bet tagad lasām: "[Dieva] rokās ir vara arī pār apstākļiem, ko piedzīvojam tie, kas uzdrošināmies. Uzdrošināmies ne tikai sajūsmināties par [Kristus] spēka pilnajiem vārdiem, bet uzdrošināmies tos pārbaudīt to spēcīgumā. Un redzi, tad notiek tas, ka var staigāt pār odzēm, un nekāda inde neņem. Un tumsas spēki bēg." Dieva Dēla doto svētību viņam un tādēļ gūto gara spēku izjuta ikkatrs, kas nāca ar mācītāju saskarē.

Otrkārt, tāpēc, ka visbiežāk sprediķi dzima uz vietas – dievkalpojumā un kancelē. Nekad nebija izjūtas, ka jau iepriekš zini, ko dzirdēsi. Kad mācītājs kāpa kancelē, pārņēma izjūta: "Gaidi negaidīto!" Uz piezīmju lapiņas (ja tāda vispār bija) uzmesti daži teikumi vai tikai pieturas vārdi. Viņa sprediķiem kopumā nepiemīt publicēšanai domātas homīlijas slīpējums, tiem vairāk raksturīgs raupjums, izteiksmes tiešums, bet tieši tādēļ tie jo vairāk rod ceļu pie klausītāja dvēseles. Sprediķi tika teikti ar cēlu dievbijīgu patosu, kas skaidri lika saprast, ar ko atšķiras "runāt" no "pasludināt". Mācītājs nekad nežestikulēja, visa vēsts bija ietverta vārdā un stājas cildenumā. Nevar arī noteikt, vai viņa sprediķi atbilda kādam specifiskam homilētiskam snieguma veidam. Feldmanis vienkārši sludināja to un tā, kā tajā brīdī uzskatīja par pareizu un situācijai atbilstošu.

Treškārt, tālab, ka dzimstot tie bieži ieguva savdabīgu izteiksmes veidu. Piemēram, runājot par Kristus sacīto: "Es un Tēvs, mēs esam viens" (Jņ 10:30), mācītājs tos sauc par "Pestītāja lielajiem pamatvārdiem." Tas nav teoloģisks termins, bet jaunvārds mirklī ir skaidrs katram, jo godbijīgi izsaka atziņu par Jēzus vārdu dziļumu un nozīmīgumu.

Ceturtkārt, tāpēc, ka mācītājs sprediķoja kā gans, kurš ved savu ganāmpulku uz zāļainām ganībām, lai tās gūtu sev atbilstošu barību, ne uzkodas vien. Mācītāja sprediķi faktiski bija variācijas par vienmēr nozīmīgajām kristīgās ticības pamattēmām, viņam neatlika iekšējās telpas un vajadzības tematiskiem niekiem. Feldmaņa sacītais bija nevis jauna reliģiska informācija, bet dziļš un plašs ieskats izklāstāmajā dievvārdā, tā saiknēs ar dzīvi, norādot uz norisu dziļajiem cēloņiem vai pamatsakarībām. Tām paši bieži aiztraucam garām, domādami, ka reaģēšanas prasmē un ātrumā uz aktualitātēm ir dzīves gudrība, bet tās ir tik vien kā izdzīvošanas iemaņas, ne ticības viedums vai svētības gūšana. Mācītājs sprediķoja rūpīgi, draudzi nelutinot, neizlaižot. Viņš gādīgi soli pa solim to vadīja dievvārda skaidrojumā un pieredzējumā. Tāpēc nekad nejuties atstāts viens ar jaunieguvumu, jo dievkalpojums un sprediķis tajā vienmēr bija līdzdaļa kopīgā garīgā pieredzē – ar viņu un draudzi.

Piektkārt un galvenokārt, tāpēc, ka Pestītājs mācītājam vienmēr bija kas sevišķs, Viņš ir Feldmaņa pasludinājuma avots, viduspunkts un mērķis. Ne poētisku līdzjūtību rosinošs "baltais tēls", ne salkana shēma, bet vispirms Tēva iemiesotais patiesības un mīlestības Vārds, pasaules gaisma, kas "apspīd un izgaismo iekšējo cilvēku, kas ved gaismā iekšējā cilvēka apslēptākās lietas – arī to tumsu, kas ir ieperinājusies cilvēkā viņa pārgalvības, viņa paštaisnības un pašmīlības dēļ. Arī to čūsku midzeni, kas tur kustas tumsā un nemeklē gaismu –

arī to Viņš apspīd un sauc vārdā." Feldmanim Jēzus patiesība vienlaikus ir arī šķīstījoša uguns, "kas reizē dedzina un kausē, reizē sasilda un iepriecina, reizē liek par jaunu tapt un sadegt visam tam, kas ir negants un netaisns". Kristus Gara spēkā grēciniekus dara "brīvus no tā nelāgā žņauga, kas ir sažņaudzis cilvēka dvēseli. [..] Brīvus no sava paša grēka, vainas žņauga. Brīvus no baiļu žņauga par savu dzīvi un dzīvību un no visām citām verdzībām." Mācītājam Dieva Dēls ir bibliskais cilvēku bērnu Gans, jo "nav tādu bēdu, [..] nelaimes, [..] piemeklējuma, kuru Viņš nepazītu un kurā nebūtu Viņa vārds vietā.. Viņš saka: Nāciet atpakaļ, griezieties atpakaļ, ļaujieties atkal paņemt sevi svētajās rokās un celt uz pleciem, un nest. [Gans vēlas] novārdzināto un saplosīto nest uz mājām, lai priecātos." Un mācītājs pastorāli secina: Kristus "ir nācis meklēt un darīt svētu to, kas ir pazudis. Viņš ir nācis iedegt par jaunu to, kas ir apdzisis. [Jēzus] ir nācis iedvest viņā to, ko aizdedz Svētais Gars svētā nemierā, arī svētā ilgošanā, svētā mīlestībā pēc Dieva."

Sprediķos šim Jēzum – Ganam bieži līdzās nostājas Kristus – majestātiskais Debesu un zemes valdnieks, kurš teikšanu guvis ne ar varmācību, bet upurējot pats sevi mūsu – grēcinieku – labā. Viņš ir tāds – cilvēkam neizprotami vienkāršs, kā mācītājs mēdza teikt, "nekomplicēts Dievs". Tāpēc jau Jēzus nākšana pasaulē notiek pazemīgi. Sprediķotājs vēstī, lai arī Dievs bija savus eņģeļus ietērpis spožumā, kad tie nesa vēsti ganiem, taču Dēlam Tēvs šo greznumu nedeva līdzi, "Viņš [Jēzu] nolika zemāk par viszemāko. [..] Viņš nonāca vispirms pie tiem nelaimīgajiem vergiem, kas kalpo cilvēka iegribām un labklājībām, pie kūtī sapulcinātajiem lopiņiem." Mācītājs secina: "Zemāk vairs nevar. Viņš nonāca zemāk par viszemāko." Bet tas ir tikai Dēla visu upuru sākums, kas cauri īsajai, bet spraigajai zemes dzīvei ieved Viņu Ģetzemanes dārzā. Tur notikušā garīgo jēgu Feldmanis apraksta šādi: "Jēzus, [..] atbruņots no cilvēciskās palīdzības, stāv vaigu vaigā ar Tēvu, lai varētu [..] piepildīt, ko Tēvs [..] prasa. Viņš ņem šo kausu." No Sv. Rakstiem zinām, ka pēc uzvaras pār savu cilvēcību, Jēzus tomēr saka: "Tavs prāts lai notiek!" Te mācītājs savieno šo dramatisko Sv. Rakstu vietu ar citu – visnotaļ pastorālu vietu, kur Jēzus māca saviem mācekļiem Dievu lūgt. Šis tēvreizes skaidrojuma mērķis ir kas daudz vairāk nekā norādīt uz to, ka lūgšana nav savu neapmierināto zemišķo vajadzību kompensēšana ar debesu resursiem. Iegūtais ieskats ne tikai sniedz dziļāku redzējumu Bībeles izpratnē, bet dziļsaistē savieno Jēzus mācekļiem pamācošo Kalna sprediķi ar Kristum pašam izšķirošo Ģetzemani. Tā pierastā, ikdienišķā lūgsna piepeši gūst negaidītu dziļjēgu: "Viņš mums ir mācījis to arī lūgšanā katru reizi atkārtot: "Tavs prāts lai notiek..." Mēs nekad neesam domājuši [..], ko tas nozīmē un cik tas ir vērts. Tas ir vērts to beidzamo sevis paša daļu atdot, piekalt pie krusta un likt tai izlāsot sāpēs un asinīs, atdot, un svētīts lai būtu tad Dieva Vārds un Viņa patiesība. Tēvs zina, kāpēc. [..] Šis rūgtais biķeris [..] nozīmēja Viņa upuri par mums visiem." Te mācītājs secina: "Dievs bija ņēmis no Viņa visu – Viņa paša gribu un cilvēcību." No sevis atdodot nevis kaut ko, atsakoties no kādas lietas, ieraduma, tā sevi zināmā mērā iegrožojot, bet visu, Kristus arī gūst visu, proti – Tēva piešķirto ķēnišķību: "Dievs Viņam ir dāvājis Vārdu, kas iet pāri pār visiem vārdiem – ka Jēzus vārdā būs locīt ceļus visiem, kas ir debesīs, virs zemes un apakš zemes, un katrai mēlei apliecināt, ka Viņš ir Kristus Tas Kungs Dievam par godu un ka nav nevienā citā pestīšanas kā vienīgi Viņā. Tas viss bija satverts Ģetzemanes notikumā, kad Tēvs neatrāva Viņam rūgtuma biķeri. Tēvs Viņam to pasniedza, un Viņš to pieņēma. Lai notiek Tavs prāts... Un Viņš uzvarēja. [..] Tas vairs nav Jēzus, kas asins sviedros noplūdis. Tas ir Ķēniņš, kas dodas uzņemt savu valstību."

Mācītāja sprediķotajā Jēzū ir apvienota Tēva taisnība ar Viņa mīlestību, bet ar izteiktu žēlastības dominanti, pat tik tālu, ka Feldmanis var sacīt: "Viņa taisnība ir Viņa žēlastība. Viņa taisnība ir noliekšanās pār grēcinieku. Viņa taisnība ir Viņa Dēla upura asinis, kas mūs mazgā no visiem mūsu grēkiem."

Mācītājs sprediķos atklāj būtisko sakarību starp upuri, kalpošanu un dāvanu. "Tajos uzdevumos, ko Dievs mums liek, kur Viņš mūs pārsteidz ar savām prasībām un ar uzdevumu smagumu un neiedomājamību, Viņš nekad mūs neatstāj [..] tukšībā." Dievs ne tikai rūpējas par mūsu materiālo dzīvi, bet daudz vairāk par mūsu dzīves virsuzdevuma izpildi, proti, par kalpošanu. Sniedzot uzdevumu, Tēvs dod arī tam atbilstošus darbarīkus, sava kalpotāja "ekipējumu". Runājot par apustuļa Pāvila pēcatgriešanās pieredzi, Dievs "saka Ananijam [par Pāvilu]: "Šis ir mans ierocis, lai tautas atgrieztu", - tad tanī pašā laikā Ananija ne domādams, ne gribēdams bija palicis par šo ieroci arī pats. Kur viņam [..] spēja dziedināt? Kur viņam [..] dāvana, uzliekot rokas, darīt brīnumus? Tā ir tur, kur viņam ir dots uzdevums. Dieva uzdevumi visi ir brīnišķīgi, viņi visi ir brīnumi cilvēku acīs." Nav uzdevuma bez dāvanas un otrādi.

Mācītājs skata cilvēka dzīvi kā produktīvu tikai saiknē ar Dievu, ārpus tā cilvēku dzīve ir ne tikai tukša, nevienam nevajadzīga, bet arī apdraudējums pašam cilvēkam: "Tās ir lielas briesmas – būt atšķirtam no Viņa. Tik lielas briesmas, ka pašapzinīgais, paštaisnais, pašlabuma meklētājs, pārgudrais cilvēks nemaz to nevar ne izdomāt līdz galam, ne saprast, bet Jēzus to zina. Viņš zina, cik apdraudēti mēs esam. ..visas bēdas, kādas pasaulē vien ir, tās ir mūsu tālums no Dieva, tikai daudz un dažādos ietērpos." Mācītājs secina pret visu relatīvismu – kā sekulāro, tā reliģisko: "Neticēt Kristum – tas ir grēks. Tas nav vis mans privātais viedoklis ticēt Kristum vai neticēt Kristum. ..cilvēki [..] tagad saka: "Mēs varam izvēlēties Kristu, mēs varam izvēlēties Viņa vietā kādus no indiešu vai ķīniešu, vai ēģiptiešu gudriniekiem un Kristu pabīdīt nost. Viņš mums nav tik ērts kā šie pārējie." Mēs nevaram paiet garām Kristum, neiekrizdami grēka dziļumā."

Mācītājam Kristus ir cilvēka piepildījums, jēgas avots, spēka un gudrības sniedzējs, dvēseles sargs un bīskaps, īsi sakot – viss. Tāpēc tikai konsekvents ir viņa secinājums, ka tas, kas ir labs atsevišķajam cilvēkam, jo vērtīgāks top tautai. Šeit patriotisms iegūst kristīgu raksturu. Mācītājam Pestītājs ir tautas garīgās izaugsmes avots, tāpēc viņš saka: "Latviešu tauta jau astoņus gadu simteņus stāv Jēzus Kristus krusta paēnā. Viss, kas latviešu tautā ir tapis – tās augšupejā, tās garīgajā izaugsmē, tās tikumā un krietnumā, tās pastāvēšanā, pārbaudās, tās sasniegumos, gara un patiesības, un mīlestības lietās – tas viss ir iezīmēts ar Kristus gadu skaitļiem. [..] "Ja jūs paliekat..." Aiz šī "paliekat" stāv liels un ārkārtīgs apsolījums.

Skatoties uz viņu altārī, kancelē vai vienkārši ikdienā, kļuva skaidrs, par ko cilvēks top, ja tik ļoti atdodas Dievam – par Viņa svētības straumes gultni, kas caur sevi laiž bagātīgu žēlastības plūsmu, pie kuras jo daudzi var smelt. Tas nav minējums. Šajā sprediķu krājumā atrodama arī mācītāja atziņa, kas visvairāk piemērojama viņam pašam: "Sirdsskaidrajiem cilvēkiem piemīt kaut kas no gaišredzības .. [daudzi ir apliecinājuši, ka jutuši, ka mācītājs lasa viņu domas un sirdsstāvokļus. – G. K.]. Bet, kas sevi visu līdzi nodevis Viņa žēlastībai, tiem Viņš atklāj savu apslēpto gudrību." Tāpēc viņa paša sludinātie vārdi guva ticības *pamatvārdu* vērtību.

* * *

Cienot mācītāja Roberta Feldmaņa precizitāti, esam centušies ievietot Sv. Rakstu atsauces visur, kur vien tekstā ir tiešas vai netieša norādes uz tām zemsvītras piezīmju veidā (Ne kā beigu vēres, jo tas pārtrauktu lasījuma plūdumu. Tas palīdz skaidrāk ieraudzīt mācītāja sprediķošanas biblisko raksturu, kā arī var sniegt homilētisku palīdzību sprediķu gatavošanā. Tiem, kuri paši nav dzirdējuši Robertu Feldmani, ieteicams noklausīties ierakstus mājaslapā www.robertsfeldmanis.lv.) Tāpat arī, cienot mācītāja dziļo ieinteresētību Latvijas un Latvijas Baznīcas vēsturē, sniegtas izsmeļošas atsauces arī šajos jautājumos. Tā ir sava veida "pievienotā vērtība", kas palīdz labāk izjust un izprast sprediķa kontekstu.

Rīgas Augšāmcelšanās draudzes mācītājs
Dr. theol. Guntis Kalme

Kalpotāja un darbarīka valoda
Literārās redaktores piezīmes

> Ja jūs ar savu mēli neteiksiet skaidrus vārdus,
> kā lai saprot runāto? Jūs būsit vējā runājuši.
> (1kor 14:9)

Dr. theol. Reinhards Slenczka, raksturojot, kā profesors Roberts Feldmanis svinējis dievkalpojumu, saka – "kā kalpotājs un darbarīks". Metafora "darbarīks" ir precīza un ietilpīga, jo atklāj ne vien mācītāja atbildību pret Dieva Vārdu un draudzi, norādot uz starpniecību starp Dievu un dievlūdzēju, bet apliecina arī viņa prasmi un mākslu skaidrot Dieva vārdu. Uz profesora sprediķiem var attiecināt vispārzināmo patiesību – "skaidra domāšana – skaidra valoda". Lai tādu iemantotu, jānoiet garš zināšanu, dzīves un garīgās pieredzes uzkrāšanas un atziņu izkristalizēšanas ceļš.

Profesora Feldmaņa sprediķi atklāj viņu kā izcilu homilētiķi, sprediķotāju, kas nebūtu iespējams bez retorikas jeb oratora mākslas pārzināšanas. Retorika ietver stilistikas paņēmienu pārvaldīšanu, taču vispirms labs orators prot pārliecināt, vest sev līdzi, parādot gan zināmo, gan zināmajā atklājot ko jaunu, vedot dziļāk un dziļāk Dieva Vārda patiesībā. Profesora Feldmaņa sprediķi pilnībā atbilst retorikas kanoniskajām daļām: tajā ir gan loģisks plānojums, gan stingra argumentācija, gan prasme *lietot* valodu, jo viņa darbarīks pirmām kārtām bija latviešu valoda – kopta, niansēti bagāta, izjusta un trāpīga. Tieši tā rada sprediķa iejūtu un emocionalitāti. Tā kā sprediķi teikti no galvas, profesoram noteikti bija kādi mnemoniski (atcerēšanās) paņēmieni, kā neizjaukt sprediķa loģiku. Atmiņa, atcerēšanās – arī tas pieder pie oratora mākslas. Un visbeidzot – pati uzstāšanās ar personības klātesamības spēku. Diemžēl to un arīrunas intonāciju, akcentus un pauzes nav iespējams atveidot rakstiski. Taču kaut daļēji šo trūkumu dzēš iespēja profesora sprediķus noklausīties mājaslapā www.robertsfeldmanis.lv.

* * *

No runāta vārda uz rakstītu tekstu – tāds ir ceļš uz profesora Roberta Feldmaņa sprediķu grāmatu "Vienīgi Kristus". Strādājot ar atšifrēto ierakstu materiālu, nācās risināt vairākus jautājumus. Viens no tiem – runāta vārda un rakstīta teksta attiecības. Runa ir mērķēta uz klausītāju, resp., dzirdes uztveri. Tā tiek organizēta tā, lai piesaistītu uzmanību – veidojot nesarežģītus, dinamiskus teikumus, kuros ieslēpts kāds uzmanības noturēšanas enkurs (interesants fakts, negaidīts skatījums, kāds jautājums, minējums, pat provokācija). Rakstīts teksts, orientēts uz lasītāju, redzi, tas var būt veidots komplicētākiem teikumiem, jo lasot allaž ir iespēja atgriezties pie sarežģītākām vietām, apstāties, pārdomāt. Runātā vārdā, sevišķi, ja tas teikts *bez papīra*, un tieši tā sprediķus turējis profesors, neizbēgami ieskrien kāds lieks vārds, nereti notiek atkārtošanās, gadās pārlēcieni no vienas domas uz otru, vai arī tā pēkšņi nepabeigta apraujas. Kas dievnamā skan labi, pierakstīts liek ieraudzīt negludumus, kurus tad nu rediģēšanas procesā nācās novērst. Taču runātais teksts *nav* pārveidots par rakstītu. Kā gan tas bez autora līdzdalības būtu bijis iespējams? Esmu centusies tekstu padarīt lasāmu, vienlaikus saglabājot runāta vārda izjūtu, piemēram, atstājot uzrunu "mīļā draudze" vai "kristīgā draudze", saglabājot profesora iemīļotos variētos daudzkārtējos atkārtojumus un teksta sarunas intonāciju ar vēršanos pie auditorijas. Šo izjūtu rada nevis vienkārši Bībeles perikopes citējums, bet iesaistījums tekstā ("Uzklausi, kristīgā draudze"), tāpat arī īsā lūgsna pirms sprediķa. Jaunās Derības vietas, par kurām teikts sprediķis, ņemtas no izdevuma, kuru lietoja profesors, proti, no 1936. gadā caurskatītā un revidētā teksta.

Saglabāt profesora stilu un sprediķu garu bija galvenais rediģēšanas uzdevums – respektēt viņam raksturīgos vārdus (piemēram, *īpatība*, *pārbauda*, arī vecvārdu formas – *zibins*, *ieraša* u. c.) un izteicienus, nenobružāt nedaudz veclaicīgo izteiksmes patinu ("Tas vairs nav Jēzus, kas sviedros noplūdis. Tās ir ķēniņš, kas dodas *uzņemt savu valstību*" vai arī, piemēram,

"Šinī Pestītāja aiziešanā un tanī *sūtībā, kādu viņš tagad dara*"). Lielākās briesmas bija iekrist "vidējā" literārā stila lamatās, kas nozīmētu izveidot "pareizu" tekstu, kur teiktā jēga būtu paturēta, bet feldmaniskā atmosfēra – iznīdēta. Tas otrām kārtām.

Vēl – runas atveides un teksta izveides īpatnības. Daži piemēri. Likās lietderīgi novērst vārdu paralēlformu lietojumu, piemēram, profesors saka gan *bij*, gan *bija*, atstāta pēdējā forma. Šķirts arī vārdu *cilvēcīgs* ('atsaucīga, cieņas pilna, sirsnīga attieksme pret citiem') un *cilvēcisks* ('raksturīgs cilvēkam') lietojums. Profesors tikpat kā nelieto vietniekvārdu *tas*, runājot par nedzīvām būtnēm vai abstraktiem jēdzieniem, visu – kā dzīvo, tā nedzīvo – apzīmējot ar vārdu *viņš*. Lai novērstu iespējamās neskaidrības un pārpratumus tekstā, ievērots nozīmes šķīrums. Izņēmums ir jēdzieni *Dievs*, *Svētais Gars*, kur norādāmā vietniekvārda *tas* funkcijā saglabāts vārds *viņš*.

Profesora stila īpatnība ir palaikam vāciska teikuma sintakse, šķirot teikuma priekšmetu no izteicēja, izteicēju nereti novietojot tuvu teikuma beigām. Sintakse pietuvināta latviskai vārdu kārtībai, kas gan nav strikti noteikta, taču pakļauta likumsakarībām. Arī šie pārveidojumi veikti, lai tekstu padarītu nepārprotamu.

Sprediķu ierakstu kvalitāte ne katrreiz ļāvusi saklausīt visu teikto – pazudis kāds vārds vai frāze. Tādā gadījumā, cienot teksta autorību un necenšoties pierakstīt savu vārdu vai vārdus, kvadrātiekavās rakstīts "nesaklausāms vārds vai frāze". Gadījumos, kad ieraksta atšifrētājam licies, ka vārds saklausīts, tomēr pilnas pārliecības par to nav bijis, minēts iespējamais vārds. Kvadrātiekavās rakstīts arī paskaidrojošs vārds, kas runātajā tekstā "izkritis", bet kam tur loģiski vajadzētu būt, atkal – skaidrības un nepārprotamības labad.

* * *

Patiesība atklājas pamazām, esot teicis filosofs Martins Heidegers. Tieši tāpat atklājas Bībeles patiesība – soli pa solim, slāni pa slānim, līdz nonāc pie būtības (droši vien pareizāk būtu teikt – pietuvojies tai). Lasītājs šajā grāmatā sastopas ar profesoru Feldmani sprediķos, kas sacīti viņa mūža nogalē. Vienkāršos vārdos viņš pratis izstāstīt sarežģītas lietas un – apbrīnojamākais – it kā tik zināmajā pēkšņi atklāt jaunu rakursu, likt ieraudzīt, ka tas, ko esi zinājis, pārdzīvojis, atklājis, vēl nepavisam nav viss. Lai svētīga sprediķu lasīšana!

Literatūrzinātniece *Dr. philol.* Ieva Kalniņa

Sprediķa ceļš no kanceles līdz grāmatai

Profesora Roberta Feldmaņa sprediķu audioieraksti veido lielu daļu no viņa garīgā mantojuma. Lai saglabātu sava mācītāja svētrunas nākamajām paaudzēm, pirmie neregulārie viņa sprediķu ieraksti audio formātā tika veikti Gustava Ādolfa Mežaparka baznīcā 80. gadu beigās, ko pēc Gunta Kalmes ierosinājuma veica Jānis Ginters ar padomju *lentinieka* palīdzību. No 1991. gada tika sākta to sistemātiska ierakstīšana un ierakstu atšifrēšana. Audioierakstus veica Jānis Šmits, Uldis Fandejevs, Māris Pirro un citi. Ierakstus atšifrēja Solvita Šmite un Liene Smilgdrīva. Vēlāk šo Mežaparka praksi pārņēma arī citas draudzes, kurās Roberts Feldmanis kalpoja līdz pat 2001. gadam. Pēdējos gados ar ierakstiem strādājusi Anda Briede, kas piesaistījusi arī draudzes no "Mežaparka bīskapijas", t. i., tās, kurās kalpoja profesors, kā arī viņa garīgie dēli, un atšifrēšanas darbam piešķīrusi sistemātiskumu. Visu šo un vēl daudzu citu cilvēku, kā arī šīs grāmatas veidotāju kopdarbs ir rezultējies pirmajā mācītāja Roberta Feldmaņa sprediķu grāmatā "Vienīgi Kristus". Izdevums ir turpinājums profesora grāmatu sērijai ("Evaņģēliski luteriskā Baznīca un dievkalpojums", 2009 un "Latvijas Baznīcas vēsture", 2010), kuru, ceram, papildinās citu gadu sprediķi, Bībeles stundas, vēsturiskie un teoloģiskie darbi.

Pie audioierakstu atšifrēšanas vai jau atšifrētajiem materiāliem darbs joprojām turpinās. Aicinām visus, kuriem ir dārgs Kristus evaņģēlijs, un ikvienu, kuru ir uzrunājuši Roberta Feldmaņa sprediķi un kalpošana, atbalstīt šo darbu ar lūgšanām, darbu vai ziedojumu.

21. svētdienas nedēļā pēc Vasarsvētku atsvētes
(Jņ 6:63-69)

Žēlastība un miers lai ir jums visiem no Dieva, mūsu Tēva, un mūsu Kunga un Pestītāja Jēzus Kristus. Āmen.

Uzklausi, kristīgā draudze, šīs dienas svēto evaņģēliju, kas ir rakstīts pie Jāņa 6. nodaļā, kur mūsu Kungs un Pestītājs tā uz mums runā:
Gars dara dzīvu, miesa neder nenieka; vārdi, ko Es jums runāju, ir gars un dzīvība. Bet ir kādi jūsu starpā, kas netic. Jo Jēzus no paša sākuma zināja, kas ir tie, kas netic, un kas ir tas, kas Viņu nodos. Un Viņš sacīja: "Tāpēc Es jums esmu sacījis, ka neviens nevar nākt pie Manis, ja tas viņam nav dots no Tēva." No šī brīža daudzi Viņa mācekļi atkāpās un vairs nestaigāja Viņam līdzi. Tad Jēzus sacīja tiem divpadsmit: "Vai arī jūs gribat aiziet?" Sīmanis Pēteris Viņam atbildēja: "Kungs, pie kā mēs iesim? Tev ir mūžīgās dzīvības vārdi, un mēs esam ticējuši un atzinuši, ka Tu esi Dieva Svētais." (Jņ 6:63-69) Āmen.

Dievs Kungs, Svētais Gars, Tu patiesības, Tu dievišķais padoma devējs Gars, Tu iepriecinātājs Gars, mēs lūdzam Tevi, nāc, apgaismodams un Tavas dāvanas izdalīdams, lai mēs spētu saņemt Tavu svēto patiesību un Tava svētā patiesība mums atvērtos un mūs stiprinātu un atdzīvinātu, un mēs paši būtu viņas apliecinātāji, jo Tavs vārds ir mūžīga patiesība. Āmen.

No šī brīža daudzi Viņa mācekļi atkāpās un vairs nestaigāja Viņam līdzi. Kā tas varēja tā notikt? Mēs allaž esam paraduši dzirdēt un redzēt, ka ap Jēzu bija daudz cilvēku, ap Viņu drūzmējās, Viņu gribēja redzēt, dzirdēt, no Viņa meklēja palīdzību. Un te pēkšņi ir tāds stāvoklis, ka ļaudis no Viņa aiziet. Ja mēs būtu lasījuši arī iepriekšējo [iepriekšējos pantus] šajā nodaļā, mēs saprastu. Tas mums visiem ir pazīstams, jo mēs pazīstam Jāņa evaņģēlija sesto nodaļu[3]. Tā ir šī dīvainā, brīnumainā, nesaprotamā nodaļa, kur Viņš runā par dzīvības maizi, kur Viņš sevi apzīmē par dzīvības maizi, kur Viņš runā par savu miesu un asinīm kā par patieso ēdienu un dzērienu, kuru baudot cilvēks saņem mūžīgo dzīvību. Un, ja mēs tā apstājamies pie šo cilvēku viedokļa un ja klausāmies šajos Pestītāja vārdos ar daždažādo sapulcēto cilvēku ausīm, mums tiešām būtu jāsaka tā, kā ir teikts vienā iepriekšējā pantā – šī valoda ir grūta, nesaprotama, kas to spēj saklausīt?[4] Jā, Jēzus valoda ir tik ļoti nesaprotama, ap Viņa vārdiem bija tik daudz dažādu pārpratumu. Kad senāk kristīgā draudze, daudz izsmieta un jau arī pat vajāta un zākāta no tā laika cilvēkiem, kas nevarēja saprast šos savādos cilvēkus, kas turas nost no pārējiem, kas vakaros un naktīs sapulcējas uz slepenām sanāksmēm un tur ēdot cilvēku gaļu un dzerot cilvēku asinis[5]. Tad izpaudās šī neslava,

---

[3] Kas bauda Manu miesu un dzer Manas asinis, tam ir mūžīgā dzīvība, un Es to uzcelšu pastarā dienā. Jo Mana miesa ir patiess ēdiens un Manas asinis ir patiess dzēriens. Kas Manu miesu bauda un Manas asinis dzer, paliek Manī, un Es viņā. Itin kā Mani sūtījis dzīvais Tēvs, un Es esmu dzīvs Tēvā, tāpat arī tas, kas Mani bauda, būs dzīvs Manī. Tāda ir tā maize, kas nākusi no debesīm, ne tāda, kādu ēduši mūsu tēvi, jo tie ir miruši. Kas šo maizi bauda, tas dzīvos mūžīgi. (Jņ 6:54-58)

[4] Tad daudzi no Viņa mācekļiem sacīja: Šie vārdi ir smagi, kas viņos var klausīties? (Jņ 6:60)

[5] Kristietis Minuciuss Fēlikss (rakstījis apm. ap 150.–270. gadu), darbā "Oktāvijs" (*Octavius*) atstāsta tā laika romiešu sabiedrības uzskatus par kristiešiem: "Stāsts par neofītu iesvēti ir tikpat derdzīgs, kā labi zināms. Zīdainis, pārklāts ar miltiem, lai piekrāptu nepiesardzīgos, tiek novietots tā priekšā, kurš tiks iesvētīts viņu rituālos. Neofīts, miltu klājumu iedrošināts, nekaitīgi sit, nogalinot zīdaini ar neredzamiem un slēptiem ievainojumiem. Zīdaiņa asinis – ak, šausmas! – viņi lok izslāpuši… ar šo upuri viņi ir vienoti cits ar citu, ar līdzdaļu šajā noziegumā viņi uzņemas savstarpēju klusēšanu." (http://www.bible-researcher.com/persecution.html#scapegoat)

ka kristīgie cilvēki nodarbojas ar šo briesmīgo, neganto grēku – cilvēka gaļas ēšanu. Tā bija saklausījuši, sabaumojuši šie nesapratēji ļaudis, kaut ko no Pestītāja vārdiem nesaprazdami, kas par lietām šeit ir sacītas.

Un mūsu dienās šie pārpratumi ap Jēzu ir tik ļoti lieli un dažādi. Ap Jēzu pulcējās daudz ļaužu, par Viņu interesējas daudz ļaužu. Pat gudri cilvēki, pat gaiši cilvēki. Viņi redz Viņā brīnišķīgu skolotāju, neparastu pravieti, par Viņu sajūsminās. Par Viņa vārdiem sajūsminās pat nekristīgie. Dzied slavas dziesmas Pestītāja vārdiem – tik brīnišķi ir šie Pestītāja svētības vārdi, ko Viņš teica, svētības, astoņkārtīgos svētības vārdus. Kas vēl cilvēcei kaut ko skaistāku ir varējis pateikt? Jēzus ir apjūsmots – dzejnieki, domātāji, jūsmotāji atrod pie Viņa daudz saistoša. Citi pie Viņa atrod augstās brīnišķīgās morālās, tikumiskās prasības, atrod Viņa paša dabā brīnišķīgo priekšzīmi, skaidrību, kas nekur citur nav ne ar ko salīdzināma. Un tomēr ir kāds brīdis, kad visi jūsmotāji atkrīt no Viņa. Viņā ir kaut kas tāds, ko nevar ietilpināt cilvēciskajos rāmjos. Cilvēki meklē Jēzū tikai cilvēku, cilvēki redz Jēzū tikai cilvēku. Un, patiešām, redz Viņā kaut ko no brīnišķīga, kas varētu būt kā paraugs atdarināms, un tomēr vairāk it kā nekā. Ir kāda robeža, kas šķir. Ir kaut kas tāds, ko Jēzus pēkšņi pasaka un tā kā ar tādu uguni vai šķēpu no sevis atšķir. – Kas Manu miesu ēd, Manas asinis dzer, tam ir mūžīgā dzīvība[6]. – Kurš sapratīgs cilvēks var kaut ko tamlīdzīgu pieņemt, saprast, turēt par nepieciešamu? Vai šeit nav kāda kļūda? Šī valoda ir grūta, tajā ir grūti ieklausīties tik ļoti daudziem cilvēkiem. Cilvēkiem, kas Jēzū neko citu neredz un negrib redzēt kā tikai vienu no tā paša cilvēku bara, kuram viņi paši pieder, – labāku, protams, jaukāku, skaidrāku, krietnāku un tomēr – tikai cilvēku.

---

[6] Kas bauda Manu miesu un dzer Manas asinis, tam ir mūžīgā dzīvība, un Es to uzcelšu pastarā tiesā (Jņ 6:54)

Kāda rakstniece[7], ko ir gadījies šeit arī pieminēt, kas nemaz nav teoloģe, franču inženiere pēc savas izglītības,

---

[7] Suzanna Dītriša (*Diétrich*; 1891–1981) – ekumeniska darbiniece, teoloģe. 1913. gadā pēc studijām Lozannā saņēma inženiera elektriķa diplomu. Studiju laikā aktīvi iesaistījās Studentu kristīgajā asociācijā, veidojot tajā laikā vēl neierastu kopīgu Bībeles studiju praksi. Viņa uzskatīja, ka Bībele nav tikai privātu meditāciju grāmata, bet gan bibliskas kultūras veicinātāja, lai stiprinātu ticību un būtu pieejama ikvienam katrā garīgās attīstības posmā. No 1914. līdz 1935. gadam Kristīgo studentu asociāciju federācijas sekretāre. Neraugoties uz nopietnu fizisku invaliditāti, no 1929. līdz 1946. gadam bija Kristīgo studentu vispārējās federācijas viceprezidente, atbildot par ekumeniskajiem un liturģiskajiem jautājumiem. 1937. piedalījās pirmajā pasaules jaunatnes bibliskās studijas lekcijā, bija konsultatīvās komitejas locekle, kas radīja Bībeles studiju metodi, vēlāk pazīstamu kā biblisko *Atjaunotni*. Kā ekumeniskās kustības piekritēja 1939. gadā dibināja *CIMADE* – komiteju, kas sniedza palīdzību pārvietotajām personām. (No protestantisma šūpuļa Elzasas un Lotringas cilvēki tika pārvietoti uz katoliskajiem Francijas dienvidrietumu departamentiem, tā radot divu konfesiju konfrontāciju.) Komitejas mērķis bija "ar dažādu protestantu jaunatnes kustību iesaistīšanos apliecināt evaņģēliju franču jauniešiem, kuriem karš sagādājis ciešanas". Pēc Petēna un Hitlera 1940. gada 22. jūnija pamiera *CIMADE* pirmā misija bija beigusies, jo elzasieši un lotringieši atgriezās savās dzīvesvietās. 1940. gadā *CIMADE* radās jauns uzdevums – palīdzēt Viši nometnēs internētajiem cilvēkiem un pretoties šīs valdības antisemītiskajai politikai. Šajā laikā *CIMADE* lozungs bija "Glābt, izmantojot visus līdzekļus". 1942. gada 22. septembrī Francijas protestantu Baznīcas Nacionālā padome izplatīja vēstījumu "Visi cilvēki bez izņēmuma ir brāļi". *CIMADE* organizēja viltotu identifikācijas dokumentu izgatavošanu un ebreju bēgšanu uz Šveici. 1941. gadā kopā ar mācītāju un laju grupu Dītriša parakstīja t. s. Pomeirolas tēzes, iestājoties par Franču reformātu Baznīcas pretestību nacismam. Kara laikā Dītriša atradās Ženēvā, atbalstot kristīgo studentu apvienības, uzrakstīja savu slaveno *Le Dessein de Dieu* ("Dieva griba", 1945, tulkota 13 valodās). 1946. gadā Bosē (*Bossey*) piedalījās Ekumeniskā institūta dibināšanā, uzņemoties laju ekumenisko apmācīšanu, tur pavadīja 8 gadus. 1954. gadā pārcēlās uz Parīzi, bieži ceļoja uz ASV un Kanādu, mācot teoloģijas fakultātēs. 1958. gadā kļuva par *CIMADE* direktoru valdes loceklei, 1962. gadā par jaundibinātās Bibliskās izpētes grupas locekli. Vairāku ASV un Eiropas universitāšu teoloģijas goda doktore.

uzrakstīdama kādu ļoti vērtīgu grāmatu, kas ir tulkota latviešu valodā kā "Upura stunda"[8], priekšvārdā raksta, ka viņas vēlēšanās esot bijusi iepazīties ar cilvēku Jēzu, iepazīt Viņu tuvāk. Un, lūk, kad viņa ir mēģinājusi ar Viņu tuvāk iepazīties, kad meklējusi Viņu evaņģēlija lappusēs sastapt, tad Viņš viņas priekšā ar katru mirkli kļuvis arvien lielāks un lielāks, un lielāks. Un pēcgalā viņai bijis tā, kā tas bija tam Jēzus māceklim, kas Viņa priekšā metās ceļos un sacīja – mans Kungs, mans Dievs[9]. Kas nenonāk pie šī atzinuma, tas Jēzu nekad nav pazinis. Kas nenonāk pie šī atzinuma, tas ātrāk vai vēlāk no šī apjūsmotā ideālista, cēlā cilvēka Jēzus atvadās, jo Viņš paliek viņam garlaicīgs un beidzot arī nesaprotams. Bet tas nav Jēzus.

Viņš sacīja – tāpēc Es jums esmu teicis, ka neviens nevar nākt pie Manis, ja tas viņam nav dots no Tēva. Gars dara dzīvu, miesa neder nenieka, vārdi, ko Es jums runāju, ir gars un dzīvība. Ir vajadzīgs kaut kas cits nekā jūsmošana, apspriešana, domāšana, cilvēciskā salīdzināšana. Ir vajadzīgs šis otrs ieskats, šis skats, ar kuru skatījās māceklis Toms un ar kuru ir skatījušies tie, kas Viņu ir iepazinuši. Kad Jēzus uzstāda šo jautājumu saviem atlikušajiem divpadsmit mācekļiem, – vai arī jūs aiziesit, – Viņš saņem atbildi no Pētera, un šī atbilde atbild mums visiem. Viņš saka – pie kā, pie kā lai mēs ejam? Tev ir mūžīgās dzīvības vārdi. Mēs esam ticējuši, un mēs esam atzinuši, ka Tu esi Kristus, dzīvā Dieva Dēls, Tu esi Dieva svētais. – Kādā citā vietā Pēteris uzrunā Jēzu, kad Jēzus prasa viņam, ko ļaudis saka par Viņu un beidzot – ko saka arī mācekļi. Tad apustulis, tad Pēteris Viņam

---

[8] Dītriša S. *Upura stunda*. Rīga: A. Gulbis, 1939. (1. izdev.) Atkārtots izdevums: Rīga: Latvijas Bībeles biedrība, 1995.

[9] "Man gribas tieši pateikt, ka tas bija cilvēks Jēzus, kas mani vispirms pievilka. Bet, kad mēģināju viņam sekot, tad Viņa tēls auga un auga, kamēr pienāca diena, kad līdz ar Tomu man bija jāliecina: "Mans Kungs un mans Dievs!" [Jņ 20:28]" Dītriša S. *Upura stunda*. 11. lpp.

atbild – Tu esi Kristus, dzīvā Dieva Dēls. Un Jēzus viņam atbild – svētīgs tu esi, miesa un asinis tev to nav teikušas, bet Tēvs Debesīs[10].

Un Mārtiņš Luters, runādams par Jēzu Kristu un izskaidrodams mums to [trešajā] Ticības [apliecības] loceklī, saka: "Es zinu, ka es pats no sevis nevaru uz Jēzu Kristu ticēt un pie Viņa nākt, ja Svētais Gars man to nedod."[11] Pazīt Jēzu Kristu mēs varam tikai tad, ja Dieva Svētais Gars nāk apgaismodams. Mūsu cilvēciskā rēķināšana, domāšana, lai tā ir cik gudra, ir pretnieciga bijusi... Ne tie, kas Jēzu atmet, Viņu atraidīdami, ne tie, kas par Viņu jūsmo, Viņu it kā pieņemdami, viņi paiet Viņam garām – kā vieni, tā otri, jo viņi nav spējīgi saprast, viņi nav spējīgi saņemt to, ko Viņš ir runājis par savu miesu un asinīm kā par barību mūžīgai dzīvībai. Viņi nav varējuši to saņemt, ka Viņš ir dzīvības maize. Tikai tad to saņemam, kad Dievs Svētais Gars mums parāda šo maizi un barību, un tad mēs to satveram un saņemam. Neviens nevar nākt, ja Tēvs to nav devis. Un tāpēc ceļš pie Jēzus Kristus ir ceļš caur Dieva Svētā Gara palīdzību.

Pēteris arī parāda šo ceļu. Nav tā, nav tā, ka šie jūsmoņi, kas saka, tikai Gars un tikai Gars, kurš varētu nākt pār mums tanī brīdī, kad Viņam tas iepatīk. Un tikai Gars, kuru mēs kaut kādā veidā paši mēģinām satvert un tomēr it kā nevaram. Apustulis Pēteris saka ļoti skaistus, vienkāršus vārdus – mēs esam ticējuši un atzinuši. Šie divi ceļi ir kopā. Meklēšanas ceļš, kurā cilvēka prāts un domas meklē un tausta šo ceļu, un lūgšana, kas sniedzas augšā, vaicādama pēc Dieva Svētā Gara, lai tad tas tiktu atvērts un iedots. Mēs varam gan pasludināt, mēs varam gan runāt par Jēzu Kristu, bet, ja Dieva Svētais Gars neapgaismo,

---

[10] Tad Sīmanis Pēteris atbildēja un sacīja: "Tu esi Kristus, dzīvā Dieva Dēls." Un Jēzus atbildēja un viņam sacīja: "Svētīgs tu esi, Sīmani, Jonas dēls, jo miesa un asinis tev to neatklāja, bet Mans Tēvs, kas ir debesīs." (Mt 16:16-18) Sk. arī: Mk 8:29.

[11] Mazais Katehisms, III, 6.

ja Dieva Svētais Gars nenāk pār to, kas klausās, sludināšana paliek tukša, nesaprasta, atraidīta. – Kas var šinī valodā ieklausīties? Šī valoda ir grūta[12]. – Sevišķi tur, kur tā tiek jau iepriekš atraidīta ar iepriekšēju nodomu nepieņemt, negribēt, neklausīt, kā mēs to piedzīvojam mūsu tagadējā laikā. Bet arī mūsu tagadējā laikā, šinī atraidības laikā mēs piedzīvojam to, ka Dievs Svētais Gars nāk kā salauzējs pār cilvēka prātu. Viņš nāk kā zibins, kas nokrizdams aizdedzina šos tukšos salmus un rada savas liesmas. Ir tādi lieli un brīnišķi notikumi, un tomēr pamatā, Jēzus pazīšanas pamatā stāv tas, ko Pēteris saka – Dieva Svētā Gara žēlastības meklējums lūgšanā un nopietnā meklēšanā. Mēs esam ticējuši, mēs esam atzinuši. Mēs esam atzinuši, ka pie Tevis ir mūžīgās dzīvības vārdi. Mēs to esam atzinuši, un mēs saņemam viņus kā dzīvības vārdus tad, kad Svētais Gars liek viņiem iekvēloties mūsos un kļūt dzīviem un pārvarēt mūsu iekšējo cilvēku un apgaismot viņu cauri caurēm. Āmen.

Sprediķis teikts 1991. gada 23. oktobrī

---

[12] Tad daudzi no Viņa mācekļiem sacīja: "Šie vārdi ir smagi, kas viņos var klausīties?" (Jņ 6:60)

Trešajos Ziemsvētkos (Mt 5:23-26)

[Žēlastība un miers] lai jums visiem no Dieva, mūsu Tēva, un mūsu Kunga un Pestītāja Jēzus Kristus! Āmen.

Uzklausi, kristīgā draudze, svēto evaņģēliju, kas ir rakstīts pie Mateja 5. nodaļā, kur mūsu Kungs un Pestītājs tā uz mums runā: *Tāpēc, kad tu upurē savu dāvanu uz altāra un tur atminies, ka tavam brālim ir kas pret tevi, tad atstāj turpat altāra priekšā savu dāvanu, noej un izlīgsti papriekš ar savu brāli un tad nāc un upurē savu dāvanu. Esi labprātīgs savam pretiniekam bez kavēšanās, kamēr ar viņu vēl esi ceļā, ka pretinieks tevi nenodod soģim un soģis tevi nenodod sulainim, un tevi neiemet cietumā. Patiesi Es tev saku: tu no turienes neiziesi, kamēr nenomaksāsi pēdējo artavu.* (Mt 5:23-26) Āmen.

Mēs Tevi lūdzam, mēs Tevi piesaucam, Dievs Kungs, Svētais Gars, Tu apgaismotājs, Tu dievišķais padoma devējs Gars, nāc mūsu vidū ar Tavām dāvanām, ar Tavu žēlastību un spēku, ar Tavu iepriecu un ar Tavu gaismu, atdari mūsu gara acis redzēt un saņemt Tavu svēto patiesību. Dari mūs labprātīgus to piepildīt un apliecināt, jo Tavs vārds ir patiess [*nesaklausāms vārds*] mūžīgā patiesība. Āmen.

Kad tu upurē savu dāvanu – tas ir pielūgšanas, tas ir dievkalpojuma brīdis un notikums, par kuru šeit Pestītājs runā. Viņš grib mums pateikt, ka dievkalpojums sākas jau ārpus Dieva nama. Patiesībā tas arī tikai ievada dievkalpojumu – dievkalpojums, kas mūs ved sakarā ar savu brāli, ar savu tuvāko. Dievu mīlēt no visas sirds, dvēseles, spēka un prāta[13], – tas sākas

---

[13] Un tev būs To Kungu savu Dievu mīlēt no visas savas sirds un no visas savas dvēseles, un no visa sava prāta, un no visa sava spēka. (Mk 12:30) Sk. arī: Mt 22:37, Lk 10:27.

ar mīlestību pret savu tuvāko kā pret sevi pašu. Šī salīdzināšanās iepriekš, jo kā tu vari pazīt Dievu un mīlēt Dievu, ko tu neesi redzējis, ja tu nemīlēsi savu brāli un savu tuvāko[14]. Tāpēc, pirms tu upurē savu dāvanu, noej un salīdzinies.

Man tīk žēlastība, ne upuris[15]. [To] Dievs mums atgādina savā svētā patiesībā, un no tā mēs ņemam sev mierinājuma pilno drošību un jaukumu, ka Dievam nav vajadzīgi nekādi upuri no mums, bet Viņš parāda savu žēlastību pār mums. Šinī vārdā mēs kādreiz neieklausāmies līdz galam: žēlastība no Dieva puses ir dāvana, ko mēs bez nopelna, bez upura pienesuma saņemam kā Viņa mīlestības izpaudumu uz mums. Viņam tīk žēlastība, kas izlīst arī no mums uz mūsu apkārtni, ap mūsu tuviniekiem, ap mūsu brāļiem, uz mūsu tuvākajiem, kas mums ir.

Tā ir liela žēlastība [*nesaklausāmi vārdi*], un ir tā žēlastība, ko tu parādi otram, kas tev ir blakus. Upuris, ko tu nesīsi uz altāra, tam ir tikai vēl turpinājuma, apliecinājuma nozīme. Īstajam upurim jānotiek jau pirms Dieva nama sliekšņa – tur, kur mūsu sirds atveras mīlestībā, piedošanā un piedošanas lūgšanā pret savu tuvāko. Tāpēc atstāj Dieva priekšā, altāra priekšā savu dāvanu un vispirms upurē savu mīlestību, upurē savu lepnību, savu paštaisnību, savu vainas apziņu. Izlīdzinies.

Esi labprātīgs savam pretiniekam bez kavēšanās, kamēr esi ar viņu vēl uz ceļa. Kas tas ir par ceļu, par ko šeit runā Pestītājs? Viņš runā, ka divi iet pa vienu un to pašu ceļu, savā starpā pretinieki un naidnieki. Bet viņi dodas uz vienu un to pašu vietu pa vienu un to pašu ceļu. Un mēs saprotam, ka tas nav tikai tas, ko dzejnieki runā par dzīves ceļu, pa kuru mēs staigājam,

---

[14] Ja kāds saka: es mīlu Dievu, – un ienīst savu brāli, tad viņš ir melis; jo, kas nemīl savu brāli, ko viņš ir redzējis, nevar mīlēt Dievu, ko viņš nav redzējis. (1Jņ 4:20)

[15] Bet jūs eita un mācaities, ko tas nozīmē: Man patīk žēlastība un ne upuris. Jo Es neesmu nācis aicināt atgriezties taisnos, bet grēciniekus. (Mt 9:13) Sk. arī: Mt 12:7.

un mūsu mūža dienām, kurās esam saistīti ar cilvēkiem. Mēs ejam kopējā gājumā uz vienu un to pašu mērķi, vienu un to pašu vietu. Mūsu cilvēku dzīve visus mūs pēcgalā noved šinī vienā beidzamajā galapunktā. Un tas ir tā Soģa priekšā, kurš visas lietas zina, pirms mēs Viņam esam ko teikuši, un [kurš] mūs izšķir un iztiesā. Mēs ejam, un mums pa labi un kreisi ir tie, kurus mēs mīlam, tie, kuri mums ir dārgi, bet arī tie, kuri mūs ir sarūgtinājuši, arī tie, uz kuriem mūsu sirds vēršas ar pretniecību. Jā, kuriem mēs varam ko pārmest, kuri mums ir darījuši pārestību un sāpes, kuri mums sagādājuši rūgtumu un bēdas un kuriem mēs, kā tas tiešām notiek cilvēku starpā, nevaram to aizmirst līdz kapa malai. Arī tā mēs kādreiz redzam cilvēkus ejam šinī ceļā – ar apsūdzības pilnu prātu un sirdi par visām pārestībām, ko esam cietuši, par visiem pāridarītājiem, no kuriem esam saņēmuši sāpes.

Esi labprātīgs savam pretiniekam, kamēr tu vēl esi ceļā, jo iznākumu tu nezini. Mēs nezinām, ar kādu apsūdzību vērsīsies pret mums tie, kuriem mēs paši bijām soģi, kad mēs stāvēsim Soģa priekšā. Vai ir tā, ka tikai mēs esam cietuši? Vai nav arī tā, ka mēs esam kādam likuši ciest, raudāt un būt sāpinātam? Mēs redzam vienu pusi, mēs redzam tos sitienus, ko esam saņēmuši, bet neskaitām tos, kurus paši esam pretī situši. Ka tavs pretinieks tevi neapsūdz! Tu nezini, ko viņš par tevi sūdzēs un kā [*nesaklausāmi vārdi*]. Ka viņš nenodod Soģim, kurš nenodod tevi sulainim, kas neiemet cietumā, – neiziesi no turienes, kamēr nebūsi nomaksājis pēdējo artavu!

Mīļā draudze, mūsu Pestītājs atklāj mums šo ļoti nopietno, ļoti grūto, smago [*nesaklausāms vārds, iespējams,* darbu] – izlīdzināšanos. Izlīdzināšanos taisni tur, kur ir tik grūti kaut ko pārvarēt, pārestības piedot. Un kas ir mūsu pārestības? Vai mēs neesam diezgan savā dzīvē redzējuši? Un varbūt, ka mēs paši varam tās arī pie sevis atrast un [*nesaklausāms vārds*]. No niecīga sākuma cilvēku starpā sākas naids, šķelšanās, rūgtums un asaras – kāda skramba, kas piekērusi pašapziņu vai lepnību, ir likusi novērsties un nocietināties [*nesaklausāms vārds*]. Tu nemaz nezini, kāpēc ir noticis [tā], tu nemaz nezini, kas ir bijis viņa apziņā un vai tur maz ir bijis ļaunums, un vai tur maz ir bijis kāds iemesls vai griba tevi ievainot. [*nesaklausāms vārds*] ļoti maz. Pārvērtē par jaunu savas sāpes, savas brūces, savas bēdas, savus sarūgtinājumus! Mēs esam ļoti ātri savā sirdī novērsties [*nesaklausāms vārds*]. Atstāj savu upuri, atstāj to, ka tu domā, ka varēsi tagad stāvēt Dieva priekšā brīvi! Mēs esam saistīti, jo šie divi bauș̌li sader kopā – Dievu mīlēt un mīlēt savu tuvāku[16]. Mēs nevaram tos atdalīt, mēs nevaram nodoties mīlestībai uz Dievu, kamēr sirds dibenā ir rūgtuma piliens.

Pirms tu nāc Viņa priekšā, izlīdzinies! Šī izlīdzināšanās [notiek] ne tikai tai brīdī, kad mēs nākam Dieva namā un Dieva priekšā, un Dieva lūgšanā. Mēs nevaram pastāvēt Viņa priekšā, kā Pestītājs saka, ja mēs paši neesam tie, kas esam piedevuši. Un ne par velti, kad mācekļi lūdza, lai Viņš viņiem mācītu lūgšanas, kā lūgšanai jātop, lūgšanu vidū ir viena – piedod mums tā, kā mēs piedodam tiem, kas mums ir parādā[17], Pestītājs parāda šīs lūgšanas saturu [*nesaklausāms vārds*]. Un tikai tad, kad mums ir atvērta iespēja pieiet pie Viņa altāra un pienest savu upuri, kad mēs esam savai sirdij likuši upurēt tās paštaisnību, lepnību, aizskarto pašapziņu, savas cilvēciskās sarūgtinājuma bēdas un sāpes – tikai tad, kad tu beidzot piedod arī [*nesaklausāma frāze*]. Tu nemaz nezini, vai tavs parāds pret viņu nav lielāks nekā viņa parāds. [Tad] var notikt pārsteigums, šis ne ar ko vairs neizlabojamais un neatsaucamais pārsteigums – ka mēs esam vairāk vainīgi, nekā apvainot spējam, nekā apsūdzēt spējam. Tā apsūdzība, kas uz mums krīt, var būt lielāka un smagāka nekā tā, ar kuru mēs nākam

---

[16] Un tas atbildēja un sacīja: "Tev būs Dievu, savu Kungu, mīlēt no visas savas sirds, ar visu savu dvēseli, ar visu savu spēku un ar visu savu prātu un savu tuvāko kā sevi pašu." (Lk 10:27) Sk. arī: 1Jņ 4:20

[17] Un piedod mums mūsu parādus, kā arī mēs piedodam saviem parādniekiem. (Mt 6:12) Sk. arī: Lk 11:4

Dieva priekšā. Tas nekas [*nesaklausāms vārds*]. Arī tā var būt, var būt šī iespēja, un tās vairs nav. Tāpēc esi labvēlīgs, kamēr vēl ceļā. Ceļš ir tāls, gājums ir viens un tas pats, ceļa gals ir tas pats, un pretī stāvēšana Izšķīrējam ir katram priekšā. [Āmen.]

Sprediķis teikts 1991. gada 27. decembrī

Ticības atjaunošanas svētkos (Ps 118:19-20)

Žēlastība un miers lai jums visiem ir no Dieva, mūsu Tēva, un mūsu Kunga un Pestītāja Jēzus Kristus! Āmen.

Uzklausi, kristīgā draudze, Dieva svēto Vārdu, kas rakstīts 118. Dāvida dziesmā: *Atdariet man taisnības vārtus, es ieiešu pa tiem un pateikšos Tam Kungam! Šie ir taisnības vārti, taisnie pa tiem ieies.* (Ps 118:19-20) Āmen.

Mēs Tevi lūdzam un piesaucam, Dievs Kungs, Svētais Gars! Nāc ar Tavu gaismu, nāc ar Tavu spēku, nāc ar Tavu padomu, atdari mums Tavu svēto patiesību un atspirdzini mūs tajā, un dari, ka mēs arī esam tās apliecinātāji, jo Tavs Vārds ir mūžīga patiesība. Āmen.

Atdariet man taisnības vārtus, ka es pa tiem ieeju un Tam Kungam pateicos! Šodien, mīļā draudze, mūsu domas sniedzas dārgās un mīļās atmiņās un kavējas pie mūsu ticības tēva Mārtiņa Lutera. Tas šodien notiek visur evaņģēliskajā pasaulē. Un mēs vaicājam, kas mūs šodien tā īpaši saista pie viņa, kādēļ mēs viņu pieminam. Viņa piemiņa ir tūkstoškārtīgi daudzināta, izteikta, aprakstīta. Viņa drosme, varonība pastāvēt savā pārliecībā, nebīstoties nāves draudu, nesatrūkstoties ne ķeizara, ne pāvesta, ne visas valsts sapulces priekšā[18]. Viņu

---

[18] 1520. gada 15. jūlijā ar bullu *Exsurge Domine* pāvests Leo X (1475–1521, amatā 1513–1521) Luteru oficiāli ekskomunicēja (izslēdza) no Baznīcas. (Bullas valoda bija skarba: "Celies, Kungs, tiesā savu lietu, griez savas ausis mūsu lūgšanām, jo lapsas sacēlušās postīt Tavu vīna kalnu, arī kāda meža cūka un kāds briesmīgs traks kustonis grib to iznīcināt.") Luteram bija jāstājas Reihstāga (valsts sapulces) priekšā, lai atsauktu savus uzskatus. 1521. gada 17. aprīlī Vormsā viņš tika nopratināts, 18. aprīlī viņš sevi aizstāvēja ar slavenajiem vārdiem: "Ja vien es netieku pārliecināts ar Rakstu liecību vai skaidru saprātu [..] es esmu saistīts ar Rakstiem

pieminam kā vīru, kurš drosmīgi uzstājās pret tiem paradumiem un tām ierašām, kas bija kristīgo draudzi pielūžņājušas ar cilvēciskajām lietām, un viņš ar savu nesaudzību tās atraidīja. Jā, mēs bieži sastopamies ar Lutera varonības un drosmes cildinājumu, un, tiešām, tam ir arī savs pamats. Un mēs arī pie tā varam kavēties daudz un dažādi.

Bet šodien es gribētu pakavēties pie kā cita – pie kādas vēstules, ko Luters bija rakstījis vienam no saviem domubiedriem, kādam savam draugam – pēc gadiem ilgām cīņām un mokām, ko viņš bija izcīnījis klosterī, meklēdams kļūt īsts, patiess katolis, pildīdams visus noteikumus, kuri tiek uzlikti un prasīti no mūka un katoļu ticības cilvēka, tos noteikumus, kuriem ir jānodrošina cilvēka dvēseles pestīšana[19]. Patiesi, ja

---

[..] mana sirdsapziņa ir Dieva Vārda gūstā, es nevaru, un es neko neatsaukšu, jo tas nav nedz droši, nedz pareizi rīkoties pret sirdsapziņu. Te es stāvu un citādi es nevaru. Dievs, palīdzi man!" 1521. gada 25. maijā Sv. Romas impērijas ķeizars Kārlis V (1500–1558, amatā 1519–1556) Vormsā izdeva ediktu, kas pasludināja Luteru un viņa piekritējus ārpus likuma; tas nozīmēja, ka jebkurš viņu varēja nesodīts nogalināt vai aplaupīt, bet viņa rakstiem bija jātiek iznīcinātiem. (Lutera "Dievs, palīdzi man!" bija īsti vietā, jo viņš jau bija ekskomunicēts un nu izsludināts arī ārpus likuma. Tas nozīmē, ka viņš tika izraidīts ārpus visas tā laika sabiedrības; tam nav nedz precedenta, nedz salīdzinājuma mūsdienu sabiedrības izpratnē.) Kopumā Vormsa iezīmēja Lutera un Romas cīņas kulmināciju jautājumā par nepieciešamajām reformām Baznīcā. Politiski Luters bija izaicinājis pāvesta autoritāti, atraidot indulgenču tirdzniecību. Uzsverot, ka pestīšana tiek sniegta tikai no Dieva žēlastības (*sola gratia*), nevis pateicoties cilvēku nopelniem vai Baznīcas oficiālajām institūcijām, sakot, ka tā tiek saņemta tikai ticībā (*sola fide*), nevis ar cilvēku darbiem, kā arī apgalvojot, ka Baznīcas mācību nosaka tikai Sv. Raksti (*sola scriptura*), nevis Baznīca pati, kā arī atraidot jebkurus citus starpniekus (piem., Mariju vai svētos) starp Dievu un cilvēci kā tikai Kristu (*solo Christo*) un apgalvojot, ka viss gods pienākas tikai Dievam (*Soli Deo gloria*), jo pestīšana notiek, tikai un vienīgi pateicoties Viņa gribai un darbībai, nevis svēto vai Baznīcas hierarhijas dēļ, Luters bija izaicinājis Baznīcas autoritāti arī teoloģiski.

[19] Luters vēlāk rakstīja par savu mūka pieredzi: "Ja kāds spētu iemantot debesis kā mūks, es patiesi būtu starp viņiem." WA 38, 143.

varētu būt kāds svētais, kurš būtu godināms katoļu Baznīcā tā īsti, šeit būtu viens no tiem, kas ar dziļāko nodošanos, dziļāko rūpību un patiesīgumu tam visam ir sekojis. Un visam cauri gāja nemiers, bailes varenā, dusmīgā taisnības Dieva priekšā, [Viņa] priekšā viņš sevi juta grēcīgu un necienīgu, un Dieva tiesai pakļautu. Un tad bija brīdis, kad viņa acis atvērās un viņš ieraudzīja evaņģēliju. Un viņš ieraudzīja to, ka Kristus Jēzus patiesi [ir] Pestītājs, [kurš] mūs atraisa no visiem mūsu grēkiem un piedod, un izlīdzina tos[20]. Savā lielajā priekā viņš raksta: "Man bijā tā, it kā manā priekšā vārti atvērtos, un es ieeju paradīzē – tik neizsakāmi liels bija mans prieks!"[21]

Taisnības vārti bija atvērušies! Dieva Svētais Vārds – Bībele, kuru evaņģēliski luteriskā draudze tur par vienīgo mērauklu visām lietām, kas ir saistītas ar cilvēka dzīvi un mūžību – šie bija tie vārti, kas viņam bija atvērušies. "Atdariet man taisnības vārtus, ka es pa viņiem ieeju un Tam Kungam pateicu!"

---

[20] Vēlāk, savās "Galda runās" Luters vēstīja: "Vārdi "taisns" un "Dieva taisnība" [..] satrieca manu sirdsapziņu kā zibens spēriens, biedējot mani ik reizi, kad es tos izdzirdēju: ja Dievs ir taisns, tātad Viņš soda. Taču, pateicoties Dieva žēlastībai, reiz, kad es meditēju par šiem vārdiem tajā tornī, man piepeši ienāca prātā doma, ka, ja "taisnais dzīvos no ticības" un "Dieva taisnības" un ja ticības taisnība ir par pestīšanu ikvienam, kurš tic, tad tas nav mūsu nopelns, bet Dieva žēlastība. Tādējādi mana dvēsele tapa atspirdzināta, jo mēs topam taisnoti un pestīti caur Kristu, Dieva taisnībā." TR 3, 3232. "Agrāk ik reizi, kad es lasīju [..] "Glāb mani savā taisnībā" (Ps 71), es jutos izbiedēts, un es ienīdu vārdus "Dieva taisnība" [..] jo es uzskatīju, ka Dieva taisnība nozīmēja Viņa bargo sodu. Ja Viņš mani pestītu tādā veidā, tad es taptu uz mūžiem nolādēts. .. kad es uzzināju, ka Dieva taisnība nozīmē to taisnību, kurā Viņš attaisno mūs, taisnību, kuru mēs saņemam kā bezmaksas dāvanu Jēzū Kristū, jēga man tapa skaidra." TR 5, 5247.

[21] Savu darbu latīņu valodas izdevuma 1545. gada priekšvārdā Luters vēsta par šo 1519. gada t. s. "torņa pieredzi": "Tad es jutos kā no jauna piedzimis un iekļuvis paradīzē. .. citāts [Rm 1:17] no Pāvila vēstules man kļuva kā vārti uz paradīzi." WA 54, 183.

Ieiedams šajos taisnības vārtos, viņš sastapa to, kurš pats bija taisnība un patiesība, kurš taisnoja ne tāpēc, ka mēs savu miesu mērdējam un dvēseli mokām. Mūsu dvēsele sniedzas Viņam pretī lūgšanās, grēka nožēlas sāpēs un cerības drošinājumā.

Mīļā draudze! Mūsu skats sniedzas arī ap mums šodien. Un mēs vaicājam – kas ir evaņģēliski luteriskā draudze? Kas ir šī draudze, kas sekoja Mārtiņam Luteram un pieņēma dziļā nopietnībā to, ko viņš bija no Dieva saņēmis kā Viņa žēlastības atklāsmi? Mīļā draudze, mēs varam saprast to tikai tad, ja mērauklu liekam pie lietām, kas mums ir apkārt, ja mēs mērauklu liekam pie ticībām un ticētājiem, kuri tādās pašās mokās kā kādreiz Luters meklē, kā tikt Dievam tuvāk, kā nolikt savas nastas, kā iegūt savai dvēselei pestīšanu, kā pastāvēt Mūžīgās tiesas priekšā. Ja mēs vaicājam, kas ir mūsu evaņģēliski luteriskā ticība, tā ir šie taisnības vārti, kas atveras izsalkušai, izslāpušai dvēselei, pa kuriem tā ieiet, lai gavilētu priekā – Dieva taisnības priekā. Mūsu luterticība ir ieiešana pa šiem vārtiem, pa līksmības, paradīzes vārtiem, kas visas citas lietas atstāj aiz sevis, kuras cilvēkiem būtu varējušas likties tik svarīgas, saistošas. Skaistie ieradumi, jaukās parašas, dvēseles saviļņojumi un sašūpojumi – tas viss paliek ārpusē. Viena pati lieta – taisnība! Taisnība Dieva priekšā, ka es tieku atrasts, ka man nav citas taisnības, kā vien Kristus saka. Viņa māceklis [Pāvils], kas arī gāja pa šiem vārtiem, atstādams savas jūdu ticības dziļumus un augstumus, ko viņš bija piedzīvojis un mācījies, Kristū Jēzū [bija] tapis jauns radījums[22]. Nav pestīšanas nevienā citā kā Jēzū Kristū![23] Nav nevienu citu vārtu, pa kuriem mēs aizejam, pa kuriem mēs pieejam klāt Tam, kas ir neaizsniedzams mūsu cilvēciskajiem darbiem, mūsu cilvēciskajiem

---

[22] Tādēļ, ja kas ir Kristū, tas ir jauns radījums; kas bijis, ir pagājis, redzi, viss ir tapis jauns. (2kor 5:17)

[23] Nav pestīšanas nevienā citā; jo nav neviena cita vārda zem debess cilvēkiem dots, kurā mums pestīšana lemta." (Apd 4:12)

nopelniem, mūsu sevis apmierināšanas paņēmieniem. Mēs pieejam Tam, kas spriež taisnību. Viņa taisnība ir Viņa žēlastība. Viņa taisnība ir noliekšanās pār grēcinieku. Viņa taisnība ir Viņa Dēla upura asinis, kas mūs mazgā no visiem mūsu grēkiem[24].

Šie ir taisnības vārti, pa kuriem iegāja Lutera pulcinātā draudze. Šie ir tie vārti, kurus evaņģēliski luteriskā baznīca atver šodien ne tikai saviem draudzes locekļiem, bet visai slāpstošai, ilgu pilnai, dvēselē izmocītai, pagānisma tirdītai dvēselei, kas mūs tagad apstāj dažādos [veidos] un ceļos. Evaņģēliski luteriskā Baznīca saka: "Nāciet šeit! Veriet šos vārtus! Ieeita ar pateicību un ar slavu!" "Eita pa Viņa vārtiem ar pateicību, Viņa pagalmos ar gavilēm!"[25] saka citā vietā Dieva Vārds. Evaņģēliski luteriskā ticība ir gaviļu ticība. Tā ir šī lielā prieka ticība. "Es Dieva žēlastību teikšu, kamēr man mēle kustēsies," mēs dziedam kādā mūsu dziesmā[26]. Tā ir gavilēšana Dieva taisnības priekšā. Tā ir pasludinājusi lielo prieku vēlreiz, tāpat kā pasludināja toreiz ganiem eņģeļi: "Nebīstieties, jums ir Pestītājs dzimis."[27] Jums Debesu Tēvs ir atvēris šos vārtus – ieeita, nekavējieties! Un iegājuši visā sirds priekā un pazemībā uzgavilējiet, jo pie Viņa ir pestīšana un izglābšana no nāves. Jo Viņā ir visas pilnības bagātība, prieks un jaukums Viņa priekšā ir mūžīgi.

---

[24] Un daži no jums bija tādi. Bet jūs esat nomazgāti, jūs esat svēti darīti, jūs esat taisnoti Kunga Jēzus Kristus Vārdā un mūsu Dieva Garā. (1kor 6:11)

[25] Ieeita pa Viņa vārtiem ar pateikšanu, Viņa pagalmos ar teikšanu! (Ps 100:4)

[26] 332. dziesmas 10. pants: "Es Dieva žēlastību teikšu, Kamēr man mēle kustēsies, Šo slavu viņam atnest steigšu, Kamēr man sirds vēl atzīsies, Un kad vairs vārdos nespēšu, Tad nopūtās tev'pielūgšu." *Dziesmu grāmata Evaņģēliski luteriskām draudzēm.* Rīga: Valters un Rapa, 1929.

[27] Bet eņģelis uz tiem sacīja: "Nebīstaities, jo redzi, es jums pasludinu lielu prieku, kas visiem ļaudīm notiks: jo jums šodien Pestītājs dzimis, Dāvida pilsētā, kas ir Kristus, Tas Kungs." (Lk 2:10-11)

Tu mani esi aicinājis no tumsības gaismā[28]. Tu mani esi aicinājis un ietērpis šinī jaunajā tērpā. Cik daudz dažādos veidos cilvēka dvēsele ir meklējusi to izteikt! Un, ja mēs, evaņģēliski luteriskās draudzes locekļi, staigājam apmulsuši un bēdīgi, tad mēs patiesībā esam paši nodarījuši sev kādu vainu. Mēs esam pagājuši garām šiem vārtiem, mēs neesam pa tiem iegājuši, mēs neesam ieraudzījuši, kas ir aiz šiem vārtiem. Mēs neesam to satvēruši.

Šī ir svētku diena, mūsu gaviļu diena un mūsu pateicības diena Dievam. Un mēs pateicamies un slavējam Viņu, jo Viņš ir devis pravietīgajam vīram Mārtiņam Luteram dievišķo, godības pilno spēku – apliecināt, jo visa viņa dzīve ir bijusi kā ienākšana paradīzē pēc moku pilnās meklēšanas, šaubīšanās, un izmisuma. Viņš saka savam draugam, rakstīdams: "Mācies Kristu!" Tas ir – ieraugi Kristu! Kad tu esi iegājis pa šiem vārtiem, uzlūko Viņu! Viņā ir visa dievišķās gudrības būtība, visa palīdzība, viss darbs. Mēs šo dienu svinam. Mēs svinam un svētījam to tai pašā priekā un [*nesaklausāms vārds*]. Priekā, kas nedrīkst izsīkt, jo mums ir atvērti vienīgie vārti. Citu vārtu nav. Ne tie ir grieķiem, ne tie ir jūdiem, ne tie ir atvērti indiešiem, ne ķīniešiem, pēc tiem velti taustījās mūsu senči. [*Ieraksts apraujas.*]

Sprediķis teikts 1992. gada 31. oktobrī

---

[28] Es, gaisma, esmu nācis pasaulē, lai neviens, kas Man tic, nepaliktu tumsībā. (Jņ 12:46)

Ziemsvētku vakarā (Lk 2:10-12)

Dieva, Debesu Tēva, mīlestība ir atspīdējusi un visiem cilvēkiem atnesusi pestīšanu[29]. Žēlastība un miers lai ir jums visiem no Dieva, mūsu Tēva, un mūsu Kunga un Pestītāja Jēzus Kristus! Āmen!

Mēs uzklausām no šīs dienas svētā evaņģēlija vārdus, kas rakstīti Lūkas 2. nodaļā: *Bet eņģelis uz tiem sacīja: "Nebīstaities, jo redzi, es jums pasludinu lielu prieku, kas visiem ļaudīm notiks: jo jums šodien Pestītājs dzimis, Dāvida pilsētā, kas ir Kristus, Tas Kungs. Un to ņemieties par zīmi: jūs atradīsit bērnu autos ietītu un silē gulošu."* (Lk 2:10-12) Āmen.

Dievs, Svētais Gars, mēs Tevi lūdzam, nāc apgaismodams Tu mūsu iekšējo cilvēku, ka Tava svētā patiesība atveras mums, ka mēs to satveram un ka mēs arī tiekam tajā saņemti, stiprināti un kļūstam tās liecinieki. Āmen.

Šis evaņģēlijs satur kaut ko tik ļoti neparastu, ka mēs paliekam kādreiz lielā pārsteigumā un apmulsumā. Bet mēs neņemam vērā lietas to sakarībā. Šie vārdi, ko runā debesu vēstneši uz ganiem, izbiedētajiem lopu ganiņiem, šie vārdi nav cilvēku padoms, cilvēku gudrība, cilvēku idejas vai cilvēciskie skubinājumi. Līdz ar pašiem vēstnešiem šie vārdi ir atnesti no Debesu augstības. Tie ir runāti uz cilvēci, bet tie nav cilvēcē izdomāti un sacerēti. Tā ir vēsts, kas ir nākusi no lielāka tāluma, no augstākas vietas. Bet šī vēsts mūs pārsteidz ar neparastumu. Patiešām, mēs jūtam kādas citas mērauklas un citus priekšstatus, kuros mēs jūtamies vēl kā nezinātāji, vēl kā šaubīgie.

---

[29] Jo Dieva glābēja žēlastība ir atspīdējusi visiem cilvēkiem. (Tit 2:11)

Mēs ar izbrīnu, pārsteigumu un neizpratni kādreiz domājam par šiem vārdiem: "Nebīstieties, es jums pasludinu lielu prieku, kas visiem cilvēkiem notiks." Jau šie vārdi liek mums apstāties tādā kā apmulsumā, kā izbrīnā. Liels prieks, kas notiks visiem cilvēkiem, liels prieks, kas ir domāts tur, kur ir kādas lielas bēdas, un tas ir tik liels, ka tas aptvers visus cilvēkus. Vai mēs varam kaut ko tādu iedomāties, kas cilvēkiem, visiem cilvēkiem varētu būt vienādi svarīgs, vienādi sāpīgs, vienādi grūts? Vai ir tādas bēdas, kas cilvēkus tiešām vienotu? Katrs nes pats savas bēdas, katrs saka – tās ir manas bēdas un neviena cita. Un mēs arī to redzam, ka tanī brīdī, kad vieni cilvēki ir dziļā skumdinājumā noliekti, tai pašā laikā ir citi, kas turpat netālu priecājas par kādu savu īpašo prieku, kas atkal ir viņu pašu prieks, ar kuru ir grūti dalīties vai citam uzticēt. Cilvēku spēkā nav dot kaut ko tik apvienojušu, lai cik ļoti kādreiz cilvēku varenie valdnieki vai vienotāji, vai vadītāji gribējuši šādu aplaimošanu izdarīt, ka visi būtu vienādi priecīgi, ka visiem būtu vienādi noņemtas visas viņu bēdas. Tas nav cilvēku spēkā, lai kā cilvēki izdomātu savus paņēmienus cilvēku dzīves un apstākļu uzlabošanai – nekad, nekad šīs lietas neaptvers vienādi visus, nekad nebūs tā, ka ir noticis lielais prieks visiem cilvēkiem, ka ir noņemtas bēdas, kas tāpat ir bijušas visu kopīgās bēdas.

Mīļā draudze, tā ir eņģeļa vēsts, tā ir Dieva vēsts, un mēs varam būt izbrīnējušies par to, bet tā tomēr ir tā, kas tā ir. Tā ir dārgs apsolījums, kas ir nācis no Dieva žēlastības, no Viņa mīlestības uz mums, liels, dārgs apsolījums, atbilde cilvēkiem uz smeldzi, uz dziļu, dziļu bēdu, kas kaut kur dziļā dziļumā grauž un gruzd[30]. Pasaulē nav tādu cilvēku, kuri nemeklētu Dieva, arī tie, kas to skaļiem vārdiem noliedz, savā iekšienē meklē pieskari ar to – nezināmo, ar to, kam visa vara, ar to, kas it kā visas lietas kārto. Pat vārdā nesaukdami, viņi apliecina ar savu iekšējo nemieru un vaicāšanu, ka viņi tic, ka viņi ir

---

[30] Tas saskan ar Sv. Augustīna domu: "Mūsu sirdis ir nemierīgas, kamēr tās neatdusas Tevī."

pārliecināti[31], ka ir, ka ir Tas, kas visas lietas valda, kārto, kas visas lietas nes savā svētajā ziņā. Bet kur Viņš ir, un kas Viņš ir[32]?

Un otra lieta, kas tāpat dziļi guļ katrā cilvēkā, lai kā cilvēki to meklē izdzēst vai pārklāt ar ko citu, – tā ir apziņa, ka mēs nesam sevī kādu vainu[33], ka mēs nesam sevī grēku, mēs nesam sevī nesaskaņu un pretniecību ar to mums nepazīstamo, nepazīto, tomēr visu lietu kārtotāju Dievu. Tā ir šī gruzdošā sāpe, [un] kādi visādi paņēmieni ir meklēti, lai šo sāpi dzēstu, lai šo parādu nomaksātu, lai sirds būtu atvieglota no grēka nastas un vainas. Ne zelta kalni, ne viegla, tīksma dzīve, ne liela vara, ne lieli spēki – nekas nelīdz šinīs lietās.

Mūsu latviešu tautā ir kāda skaista pasaciņa, aizkustinoši skaista. Tā ir pasaciņa par garo pupu, ko bārenīte atradusi, iedēstījusi, un ir izaugusi gara, gara pupa, kas sniegusies līdz pat debesīm. Un bārenīte kāpusi pa pupas zariem un iekāpusi debesīs, un tur viņa redzējusi mīļo Dieviņu, un tur viņa satikusi savu mīļo mirušo tētiņu un māmiņu. Šī pasaciņa ir ārkārtīgi jauka, bet tā ir ļoti skumja, jo tādas garās pupas nav, jo tādas iekāpšanas debesīs nav, lai kā mums to piedāvā visādu gudrību un zinību, un Austrumu ticību piekritēji, kas ir izdomājuši gari garos domu klāstus. Lai ko viņi gribētu mums sacīt, viņi paliek turpat šais pupas zaros sapinušies un netiek uz augšu.

Kad laika piepildījums nāca, Dievs sūtīja savu Dēlu, dzimušu no sievas[34], padotu par sulaini. Dievs sūtīja savu Dēlu. Viņš

---

[31] Reliģijas filosofijā to pazīst kā t. s. reliģisko *a priori* – cilvēka apziņai jau sākotnēji piemītošu aksiomātisku atziņu par Dieva esamību.

[32] Jo, staigādams un aplūkodams jūsu svētumus, es atradu arī altāri ar uzrakstu: Nepazīstamam Dievam. Ko jūs nepazīdami godājat, to es jums sludinu. (Apd 17:23)

[33] Jon 1:1-13, īpaši 14. pants: "Tad viņi piesauca To Kungu un sacīja: "Ak, Kungs, nepazudini mūs šā cilvēka dvēseles dēļ un nepieskaiti mums par grēku viņa nenoziedzīgās asinis!""

[34] Bet, kad laiks bija piepildījies, tad Dievs sūtīja Savu Dēlu, dzimušu no sievas, noliktu zem bauslības. (Gal 4:4)

sūtīja Viņu pa ceļu, ko pirms tam bija staigājis cilvēks. Tas ir ceļš, kas savieno paradīzi ar zemi, bet pie kura ar liesmainu šķēpu stāv eņģelis un sargā cilvēkam ieeju[35]. Cilvēks reiz pa šo ceļu gāja negribot, kad viņš bija nācis ienaidā ar Dievu, kad viņš bija iekārojis paša Dieva godu sev – viņš krita grēkā, un viņš tika izraidīts. Viņš kāpa šo grūto, sāpīgo ceļu, grēkā krišanas ceļu, prom no Dieva svētā tuvuma uz pasauli, uz tās grūtumiem, ciešanām, uz tās grēku līdz pat elles vārtiem. Un pa šo pašu ceļu Dievs raidīja savu Dēlu. "Ņemieties to par zīmi, jūs atradīsiet bērniņu, silē gulošu, autiņos ietītu." Mēs apstājamies apmulsumā vēlreiz. Dievs, Viņš bija savus eņģeļus ietērpis spožumā, kad tie nāca vēsti nest izbiedētajiem ganiem. Savam Dēlam viņš šo redzamo spožumu nebija iedevis līdzi, Viņš viņu nolika zemāk par viszemāko. Viņam nebija pat savas mājvietas[36], Viņam nebija pat savas gultiņas, Viņš nonāca vispirms pie tiem nelaimīgajiem vergiem, kas kalpo cilvēka iegribām un labklājībām, pie kūtī sapulcinātajiem lopiņiem. Zemāk vairs nevar. Viņš nonāca zemāk par viszemāko.

Un ar to Viņš apliecināja kādu lietu, ka Dieva žēlastībai nav robežu. Mēs Viņu vēlāk redzam Viņa spēkā pārstaigājam Galileju un Jūdeju, mēs redzam Viņu godībā noliecamies pie slimajiem un sērdzīgajiem, svētījam grēciniekus, kas raud pie Viņa kājām, noņemdamu nastas no cilvēku sirdīm. Mēs redzam, ka Viņa priekšā nav robežu, un pat paši elles vārti, līdz kuriem Viņš nokāpj, arī tie nevar aizturēt tos, kurus Viņš ņem no turienes prom[37]. Viņš saka – tu būsi ar Mani šodien

---

[35] Un Viņš izdzina cilvēku ārā; un Viņš nolika uz austrumiem no Ēdenes dārza ķerubus un abpus liesmojošu zobenu, lai sargātu ceļu uz dzīvības koku. (1Moz 3:24)

[36] Un Jēzus tam saka: "Lapsām ir alas, putniem apakš debess ir lizdas, bet cilvēka dēlam nav, kur Savu galvu nolikt." (Mt 8:20) Sk. arī: Lk 9:58.

[37] Luteriskō Ticības apliecību – Vienprātības grāmatas Konkordijas Formulas 9. artikuls "Par Kristus nokāpšanu ellē" citē Lutera 1533. gada Torgavas sprediķi: "Kad nu esam Kungu Kristu guldījuši kapā un dzirdējuši, ka Viņš no šīs dzīves šķīries, mums atkal jāredz Viņa augšāmcelšanās

paradīzē[38] – tam nabaga nelaimīgajam, kas gaidīja nāvi un pēc nāves savu baismīgo pazušanu Dieva priekšā.

Dievs sūtīja savu Dēlu. Viņš Viņu sūtīja kā atbildi uz cilvēku mokām, uz cilvēku neziņu. Viņš teica: Es esmu patiesība, un Es esmu ceļš[39], Viņš pateica cilvēkiem, kas tas ir, ko cilvēki nojauš, bet nezina vārdā saukt. Viņš pateica cilvēkiem, kas tas ir, kuru viņi jūt un mana, un zina, ka viņiem jābūt no Viņa atkarīgiem, kuri mēģina uzminēt Viņa vārdu un saprast Viņa prātu un nomaldās paši savās domās. Viņš pateica – Tēvs debesīs, Tēvs debesīs, kas atvēris savas rokas, gaidīdams tos, kas nāks atkal Viņa apkampienos. Viņš pateica cilvēkiem, kas ir Dievs, ka ir Dievs, kāds ir Dievs, Viņš parādīja Dievu. Kad Viņa mācekļi prasīja – rādi mums Tēvu[40], Viņš saka: kas Mani redz, tas redz Tēvu. Un citā vietā evaņģēlijs saka: mēs redzējām Viņa godību, tādu godību kā vienpiedzimušā Dēla no Tēva[41]. Viņa vaigā mēs saskatījām Debesu Tēva vaibstus.

Un bija noticis brīnums, ka Dievs bija ienācis caur šo piedzimušo bērniņu šeit, pasaulē. Un ne tikai ienācis, lai pateiktu,

---

un jāsvin Lieldienas, kad Kristus ir iegājis citā – jaunā dzīvībā, kur Viņš vairs nevar mirt, un ir tapis Kungs pār nāvi un visu radību debesīs un virs zemes. To apliecina arī šis artikuls, kurā mēs sakām: "Nokāpis ellē, trešajā dienā augšāmcēlies no mirušajiem.." Jo, pirms Viņš augšāmcēlies un uzkāpis Debesīs, Viņš, vēl kapā būdams, ir arī nokāpis ellē, lai arī mūs, kam vajadzētu tur saistītiem gulēt, atpestītu no elles varas, tāpat kā Viņš ir gājis nāvē un ticis guldīts kapā, lai savējos no turienes izvestu."

[38] Un Jēzus tam sacīja: "Patiesi Es tev saku: šodien tu būsi ar Mani paradīzē." (Lk 23:43)

[39] Jēzus viņam saka: "ES ESMU ceļš, patiesība un dzīvība; neviens netiek pie Tēva kā vien caur Mani." (Jņ 14:6)

[40] Filips Viņam saka: "Kungs, rādi mums Tēvu, tad mums pietiek." Jēzus viņam saka: "Tik ilgi Es jau esmu pie jums, un tu vēl neesi Mani sapratis, Filip? Kas Mani ir redzējis, tas ir redzējis Tēvu. Kā tu vari sacīt: "Rādi mums Tēvu?"" (Jņ 14:8-9)

[41] Un Vārds tapa miesa un mājoja mūsu vidū, un mēs skatījām Viņa godību, tādu godību kā Tēva vienpiedzimušā Dēla, pilnu žēlastības un patiesības. (Jņ 1:14)

ka Viņš ir un kas Viņš ir, un kāds Viņš ir, bet nācis pateikt, ka Viņa vārds ir žēlastība, ka Viņa vārds ir mīlestība, ka Viņa vārds ir piedošana, ka Viņa vārds ir grēka deldēšana un izdzēšana. Tas grauzējs tārps, kas grauž cilvēka sirdsapziņā, tā uguns, kas neizdziest cilvēka garā un apziņā ar šo pastāvīgo pārmetumu sev: kāpēc, kāpēc, kāpēc es biju tāds, kāpēc man vajadzēja citādi? Uz šo sāpīgo nedzēšamo "kāpēc" Viņš ir nācis un atnesis Dieva žēlastību, kas ir augstāka par visu saprašanu. Atnesis mieru, Viņš ir nācis [pie] visiem cilvēkiem, jo visas bēdas, kādas pasaulē vien ir, tās ir mūsu tālums no Dieva, tikai daudz un dažādos ietērpos, tikai mēs paši tās palielinām vēl ar kaut ko tālāku par [*nesklausāms vārds*]. Šis tālums, šī svešniecība Dieva priekšā ir tā, kas šinī brīnišķajā naktī tiek atcelta. Nebīstieties! Es jums pasludinu lielu prieku, jums ir Pestītājs dzimis, kas ir Kristus Tas Kungs, Dāvida pilsētā. Nāciet un redziet, un pielūdziet, nāciet un redziet, un piederiet, nāciet un redziet, un tērpieties Viņā! Patiešām, tās lielās un vienīgās bēdas – tālums no Dieva un paša grēka grūtums, kas mūs šķir, tās ir atceltas Kristū. Tāpēc Viņš ir nācis, lai ciestu par mums un lai mums būtu pilnība un prieks, un jaunais vārds, un jaunais cilvēks. Slavēts lai ir mūsu Kungs un Pestītājs Jēzus Kristus! Lai katra mūsu diena, ko mēs sākam un beidzam, mūs atrastu tādā stāvoklī, ka mūsu sirds kaut neiztesiktos vārdos Viņam pasniegtos pretī, lai paskatītos Viņa mīļajā vaigā un lai pateiktu Viņam savu pateicību. Āmen.

[*Lūgsim Dievu.*] Kungs Jēzu Kristu, saņem mūsu sirds pateicību, saņem mūsu prieku, ka mēs šodien Tavā vārdā esam kopā. Mēs Tev pateicamies, Tu pasaules gaišums, kas, tāpat kā saule naktī, atspīdēja, lai parādītu visas lietas tā, kā tās patiesībā ir. Mēs Tev pateicamies, ka Tu esi patiesība, ka pāri pār Tevi nav nekas un visas lietas ir Tavā svētajā ziņā un skaidrībā. Mēs pateicamies Tev, ka Tu esi ceļš, ka Tu zini mūsu nedrošajiem soļiem dot šo gaišo, skaidro, labo ceļu, kas ved mūs atpakaļ Debesu Tēva svētajā tuvumā. Mēs pateicamies Tev, jo Tu esi dzīvība. Kas Tevis nepazīst, tas, dzīvs būdams, ir miris. Un mēs lūdzam, sūti Svēto Garu, atdzīvini, atdzīvini tos, kas Tevi nepazīst, un arī tos, kas Tevi nemeklē un negrib Tevi pazīt. Atdzīvini Tavu draudzi tās ticības atslābumā, atdzīvini savu Baznīcu, mūsu garīgo māti, ar Tavas patiesības, ar Tavu dievišķo spēku un ierosmi, palīdzi tai. Mēs Tevi lūdzam par savu tautu, mīļais Pestītāj.

Pāri par visu, kas būtu vajadzīgs un kārojams, pāri par katru prieku, kādu mēs mēģinām paši dzīvē radīt, stāvi Tu, Tu mūsu dvēseles ķēniņ, kas mūsu dvēselei dod mieru, augstāku par visu cilvēku saprašanu. Mēs Tevi lūdzam, tad, kad mūsu dienu mērs būs pilns, kad mūsu ceļš ies pretī nāves tumšajai ielejai, ļauj mums redzēt gaismu aiz šīm noslēpumainajām durvīm un būt tur, kur Tev tiek sacīta slava un pateicība, un gods par Taviem apžēlotājiem. Paklausi mūs un aizstāvi mūs pie Tēva, kad Tavā vārdā mēs uz Viņu tā saucamies, lūgdamies, kā Tu pats mums māciji:

Mūsu Tēvs Debesīs, svētīts lai top Tavs vārds, lai nāk Tava Valstība, Tavs prāts lai notiek kā debesīs, tā arī virs zemes, mūsu dienišķo maizi dodi mums šodien, un piedod mums mūsu parādus, kā arī mēs piedodam saviem parādniekiem. Un nieved mūs kārdināšanā, bet atpestī mūs no ļauna, jo Tev pieder Valstība, spēks un gods mūžīgi mūžos. (Mt 6:9-13) Āmen.

Sprediķis teikts 1992. gada 24. decembrī

Vecgada vakarā, 1. svētdienā pēc Ziemsvētkiem
(Ef 6:1-3)

Kungs, māci mums mūsu dienas tā skaitīt, ka gudru sirdi dabūjam. (Ps 90:12) Žēlastība un miers lai jums visiem no Dieva, mūsu Tēva, un mūsu Kunga un Pestītāja Jēzus Kristus. Āmen.

Uzklausi, kristīgā draudze, Dieva svēto vārdu, kas ir rakstīts Vēstulē efeziešiem 6. nodaļā, kur tā apustulis uz mums runā Dieva vārdā: *Bērni, klausait saviem vecākiem, jo tā pienākas. Godā savu tēvu un māti, – tas ir pirmais bauslis ar apsolījumu, proti: lai tev labi klājas un tu ilgi dzīvo virs zemes.* (Ef 6:1-3) Āmen.

Mēs Tevi lūdzam un piesaucam, Dievs Kungs, Svētais Gars, Tu patiesības, Tu dievišķais padoma devējs Gars, nāc Tavā žēlastībā. Dod mums Tavas žēlastības spēku, ka Tavs svētais Vārds mums atveras, ka mēs to saņemam un tas mūs dzīvina, un mēs paši topam Tavas patiesības apliecinātāji, jo Tavs Vārds ir mūžīga patiesība. Āmen.

Liekas tā savādi, ka mēs, šodien slēgdami aizgājušo gadu, pievēršamies vienam no baušļiem, kuru ir devis Mozus un kuru te vēl atkārto apustulis. Un tas ir ceturtais bauslis, kas runā par cieņu, kura tiek parādīta vai parādāma vecākiem. Katrs aizejošais gads mums rāda arī to, ka mūsu cilvēka dzīvība paiet, mūsu dzīve izbeidzas, ka mēs kaut ko izbeidzam un ka ar to iezīmējas arī mūsu dzīves gājuma īpatība. Tai pašā laikā gadu mija atgādina mums cilvēcisko vēlēšanos redzēt vēl arī nākamo gadu, redzēt, kas būs, kā piepildīsies tas viss, ko mēs šeit domājam, jūtam, ceram, ko mēs viens otram vēlējam. Mēs stāvam it kā uz sliekšņa starp to, kas ir bijis, un starp to, kam vēl ir jānāk. Mēs vēlam laimi, mēs novēlam cits citam prieku, sekmes, labu šo nākamo gadu. Un tanī pašā laikā mēs nezinām nevienu nākamo dienu, kāda tā būs, un nav mums nekādas cilvēciskas drošības par to, kas varētu šī nākamā diena būt un ko tā varētu mums nest. Un tāpēc tik ļoti savādi izklausās, ka Mozus, dodams Dieva pavēli mums, un apustulis, to atkārtodams, runā par labklājību un ilgu dzīvi virs zemes[42]. Tas skan mūsu dienās ļoti neparasti un tiešām ļoti savdabīgi.

Ja mēs lūkojamies atpakaļ aiztecējušajā gadā, ja mēs tā domās pārskatām, kāds šis gads ir bijis, vai mums nav jāsaka: "Mēs esam piedzīvojuši drausmīgu, baismīgu laiku visas pasaules un cilvēces vēsturē." Viss šis gads ir kara trokšņu pilns. Viss šis gads nesa tik daudz nelaimes, tik daudz posta, tik daudz izpostīšanas, tik daudz ciešanu, tik daudz nāves – daudziem cilvēkiem daudzās vietās šinī pasaulē[43]. Un, kur nepostīja karš, tur postīja bads, trūkums, sērgas, kas ņēma tūkstošus cilvēku, jā, pat vēl daudz lielākus skaitļus, kas aizrauti nāvē. Sevišķi tās kara briesmas, kuras mums pašiem bija tik tuvu nākušas, kur mēs arī esam redzējuši un lasījuši par veselām pilsētām, kas ir iznīcinātas tā, ka tur ir vairs palikušas tikai drupas vien un nonāvēto cilvēku kaudzes, palikuši apkārt klīstoši, izmisuši, nelaimīgi, ievainoti, aplaupīti cilvēki bez pajumtes, bez saviem tuviniekiem, no kuriem viņi ir atrauti. Cik drausmīgs ir šis gads! Cik drausmīgs ir bijis tas posts, ko mēs dzirdam par bērniem, kuri ir palikuši bez vecākiem, par bērniem, kuri ievainoti mirst turpat laukā, par bērniem, kuri palikuši bāreņi un noklīduši.

---

[42] Tev būs savu tēvu un savu māti godāt, kā Tas Kungs, tavs Dievs, tev to ir pavēlējis, lai tu ilgi dzīvo un lai tev labi klājas tanī zemē, ko Tas Kungs, tavs Dievs, tev dos. (5Moz 5:16)

[43] 1992. gada aprīlī Bosnijā un Hercegovinā sākās bruņots konflikts, kas ilga līdz pat 1995. gada novembrim. Pilsoņu karu Gruzijā izraisīja Abhāzijas separātisma centieni (1992–1993, citos avotos – 1994), notika arī karš Afganistānā (1992–1996, citos avotos – 2001).

Un visā pasaulē līdztekus šīm kara šausmām mēs dzirdējām cilvēku balsis, kas pacēlās un teica: "Glābiet! Glābiet bērnus! Glābiet bērnus, kas ir nevainīgi visās šinīs cilvēku drausmās, kara briesmās, glābiet viņu dzīvības! Tā ir nākotne, tā ir cilvēces nākotne – šie bērni. Glābiet viņus, pasargājiet viņus no kara briesmām, pasargājiet viņus no nāves badā, kas plosās daudzos novados!" Un cilvēku rokas arī sniedzās, cilvēku sirdis arī bija iekustinātas, cik bija spēts, bija tas darīts. Bēgļiem bija palīdzēts, badacietējiem palīdzēts, ievainotajiem, bāreņiem kristīgā mīlestība vērsās pretim. Glābiet bērnus! Bērni bija tie, par kuriem visvairāk rūpēja un sāpēja cilvēku sirds un arī sirdsapziņa.

Un uz šīm cilvēku tagadējām sāpēm un tagadējiem uzdevumiem šinīs briesmās un šausmās ļoti neparasti skan vārdi, ko prasa no mums, [neparasti skan] bauslis, kas saka: "Tev būs savu tēvu un savu māti godāt, lai tev labi klājas, lai tu ilgi dzīvo virs zemes."[44] Cilvēces nākotne un labklājība nav vis uzaudzinātos, labi apkoptos, aprūpētos bērnos, kas var bezrūpīgi un priecīgi savu bērnību pavadīt un izaugt par pieaugušiem cilvēkiem, un stāties pie darbiem šai pasaulē. Cilvēces nākotne un cilvēku nākotne, un tautu nākotne nav šie uzdevumi pirmā kārtā. Ne pirmā kārtā aprūpētie bērni ir tie, kas garantē tautām un pasaulei un cilvēcei dzīvību, bet godbijība pret tēvu un māti.

Ir divas tautas šinī pasaulē, kuru mūžs ir gadu tūkstošiem ilgs. Tā ir ķīniešu tauta, un tā ir jūdu tauta. Ķīniešu tautas pagātne sniedzas atpakaļ vairākos gadu tūkstošos. Viņi ir piedzīvojuši tās tautas, kuras sen ir iznīkušas, par kurām mēs tikai vēsturē mācāmies. Ķīnieši tos ir redzējuši. Israēla tauta tāpat ir redzējusi spēcīgās, varenās lielvalstis sev apkārt, daudzkārt spaidīta, daudzkārt nomākta un postīta no šīm varām,

---

[44] Tev būs savu tēvu un savu māti godāt, kā Tas Kungs, tavs Dievs, tev to ir pavēlējis, lai tu ilgi dzīvo un lai tev labi klājas tanī zemē, ko Tas Kungs, tavs Dievs, tev dos. (5Moz 5:16)

pārdzīvojusi šīs varas. Aizgājušas bojā lielvalstis, ka tikai drupu kaudzes, kuras smiltis tagad apklāj, par tām vēl liek atcerēties. Kādēļ? Pirms gadiem sešdesmit Ķīnā plosījās briesmīgs karš. Japāna bruka virsū Ķīnai, meklēdama to sev pakļaut[45]. Ķīnas biezi apdzīvotie apvidi jūras piekrastē bija karadarbībā, vienās ugunīs un vienās asinīs mirkdami. Miljoniem cilvēku glābās, bēgdami dziļāk zemes iekšienē, kur karš nesniedzās. Cilvēku pulki plūda uz turieni, tik vien nesdami sev līdzi, cik rokā var paņemt vai plecos. Veselas ģimenes devās prom. Māte nesa vismazāko, lielākie bērniņi piekērušies mātei un tēvam gāja līdz saviem sīkajiem solīšiem. Vecotēvu vai vecomāti dēls nesa plecos, jo viņi nespēja vairs paši paiet – šis vecaistēvs, šī vecāmāte. Viņus nevar atstāt, viņi ir lielākais dārgums. Pretēji tam, kā tas bija mūsu tautā, kad bija lielā bēgšana[46] no mūsu zemes prom drošībā no varmācības uzmākšanās, dēli un meitas ar savām ģimenēm steidzās prom un pameta šeit savus vecos tēvus un mātes, kas te mira tā, kā lapas krizdami rudenī, jaunajos baismīgajos apstākļos un atstātībā.

Israēla tauta. Mums viņa liekas kādreiz savāda un neparasta. Mēs daudz ko pie viņiem nesaprotam, liekas mums it kā kaut kas svešāds, un tomēr viņi ir daudzējādā ziņā spīdeklis šai pasaulē. Israēla tauta nepazīst nespējnieku patversmes. Tās nav viņiem vajadzīgas. Tēvs un māte nekad nebūs atstāti, un, ja dēli vai meitas būs miruši, tad citi tuvinieki pilnīgi pats par sevi saprotami ņem savā vidū šos vecos cilvēkus. Tev būs tēvu un māti godāt. Kādēļ? Tēvs un māte – viņi sevī glabā kādu dārgu lietu. To jau kādreiz arī atzīst. Dzejnieki runā par mātes mīlestību, viņi runā par tēva rūpēm, bet kādreiz arī visas šīs atzinības ir pabeigušās tikai pie šiem diviem vārdiem. Kad dēli un meitas ir izauguši, tad viņi tāpat kādreiz – lai Dievs piedod šo vārdu – tā kā meža zvēri aiziet no savas migas un

---

[45] T. s. Otrais Ķīnas-Japānas karš 1937.7.VII–1945.9.IX. Tas bija lielākais 20. gadsimta karš Āzijā.
[46] Domāta došanās trimdā 1944.–1945. gadā.

nepazīst vairs, kas aiz tās paliek. Šī jaunības drosme, šī jaunības viszinība un visprasme. Ko tie vecie zina, tas ir maz. Ko tie vecie spēj, tas nav nekas. Mēs esam spara pilni, mēs zinām, ko mēs gribam, mēs darīsim.

Mēs visi kādreiz esam bērnībā lasījuši stāstiņu par kādu jūrnieku, kas pēc kuģa bojāejas vientuļā saliņā bija izmests. Un tur nebija nekā, nekā no tās dzīves, kāda tā viņam bija parasta. Un šis cilvēks, Robinsons, sāka pats celt no zariem un koka gabaliem būdu, no dzīvnieku ādām apģērbu, samklēdams kādu nekādu barību, visādiem paņēmieniem to mēģinādams iegūt. Viņam bija jāsāk viss no jauna. Un viņš varēja šo dzīvi izvilkt, līdz kamēr viņu izglāba. Šis Robinsona darbs ir tik ļoti parasts diemžēl mūsu latviešu tautā. Tēvs un māte ir kļuvuši lieki. Priekš tiem ir tā sauktās nespējnieku patversmes, kur šos nevajadzīgos cilvēkus, kas vairs neder ar savu padomu un nespēj neko ar savām rokām, lai viņi netraucē jauno dzīvi, noliek šinīs savāktuvēs. Veco, nederīgo cilvēku savāktuvēs. Kādreiz jāsaka rūgts vārds – izgāztuvēs. Kur, tāpat kā izgāztuvēs, izmet nevajadzīgus, salauztus darbarīkus vai priekšmetus, tā šie nevajadzīgie cilvēki tiek tur izmesti, lai viņi tur beidzot nonīkst kā nevajadzīgi un tikai traucētāji.

Godā savu tēvu un māti. Tā ir kāda ķēde ar saviem zelta loceklīšiem, kas saslēdz kopā senos, tālos laikus, kur katra šī paaudze kaut ko ir ienesusi. Tēva un mātes lielais darbs ir ne tikai uzbarot, uzzīdīt, uzauklēt šo mazo, kas viņu rokās ir dots, bet iedot viņam šo mantojumu. Lai viņš no pirmās dienas jau zina un jūt, ka viņš ir iemantojis to, ko jau vectēvu vectēvi zinājuši, un viņš var tagad sākt savu dzīvi tālāk veidot. Viņš var sākt ne vairs no jūrmalas smiltīm, kurās viņš ir izmests kails plūdos vai kuģa bojāejā, kad jāmeklē kopā zari un koka gabali, lai kaut ko taisītu. Nē! Mums pieder daudz lielāka manta, mums pieder mūsu tēva un mātes bagātība, kuru nevar izsvērt un izmērīt ar ārējiem paņēmieniem un kur arī mīlestība un audzināšana vien vēl visu nedod, ko dod šī uzkrātā bagātība. Kādreiz saka arī kultūra, arī mantojums.

Un tā tas ir, zīmējoties vēl uz otru saiti, kas mūs saista. Kad mēs stāvam šinī vietā, mēs esam nākuši šeit pie tā, ko mēs sakām – "pie mūsu garīgās mātes, pie Baznīcas". Tas, ko mēs šeit redzam un dzirdam, tas nav šodien izdomāts, to neesam neviens no mums šeit ienesuši. Mūsu tēvi, tēvu tēvi un viņu tālie senči ir [nesaklausāms vārds] kopā tās debesu dāvanas un debesu mantas, ar kurām cilvēks tiek spēcināts un barots, tiek stiprināts un apgaismots, tiek vadīts, tiek par cilvēku veidots. Kristīgā Baznīca. Šodien daudzi šai mātei uzgriež muguru. Ir daudz interesantāk paklausīties, ko svešie dievekļu sludinātāji, ko svešie garīgie mulsinātāji ar saviem paņēmieniem blisina mums priekšā. Bet noliekties pie šī avota, pie šīs zelta ķēdes, kuras loceklīši sniedzas atpakaļ līdz pat apustuļiem un vēl aiz apustuļiem pie mūsu Pestītāja un caur Pestītāju pie Debesu Tēva. Šeit ir bagātība. Šeit nav jāsāk meklēt, kā mēs to kādreiz lasām pie mūsu dzejniekiem, kas domājas mums sakām kādu dziļu, dziļu gudrību, kādu lielu, lielu dvēseles [nesaklausāms vārds, iespējams, rosību] – viņi, Dieva meklētāji!? Kur tad Viņš ir paslēpies? Kāpēc tu esi aizgājis no Viņa? Kāpēc tu vispirms aizgāji meklēt savas patikas un iegribas un beidzot iedomājies, ka tev vajadzētu Dievu arī vēl atrast? Tu esi no Viņa atraisījies, tu esi pazaudējis dzīvības avotu, un tāpēc tev neklājas labi, un tāpēc tavs mūžs ir mezglains un slims, un nīkstams.

Tautas, tāpat kā cilvēki, dzīvo savu mūžu. Tautām, tāpat kā cilvēkiem, viņu dzīvībai ir vajadzīgi nepieciešamie spēki. Viņiem vajadzīgs palīgs, viņiem vajadzīga barība, viņiem vajadzīgs spēks. Kaili izmesti pludmalē, viņi nespēj no šīm smiltīm pārtikt. Cilvēkam jābūt pie tā avota un pie tā krājuma, kas ir barojis paaudžu paaudzes un kas ar katru paaudzi ir varējuši iet soli tālāk, soli augstāk, nekā gāja tēvs, nekā gāja māte. Tāpēc ir šis likums. Tā ir Dieva kārtība. Tā ir dievišķā kārtība, kas caur Mozu bija uzticēta Israēlam un caur Israēlu ir nākusi uz apustuļiem, un caur apustuļiem nākusi pie mums.

Mēs dzīvojam nopietnā laikā. Mēs visi vēlējam cits citam laimi, prieku, veselību, – kā kādreiz cilvēki saka, ka tas esot tas pats galvenais. Pats galvenais ir Dieva žēlastība. Bet dvēseles veselība – tā gan ir lielā manta, tā gan mums ir vēlama, tā gan mums ir arī ņemama, pēc tās mums arī ir jāsniedzas.

Uzmeklēsim par jaunu ceļu pie mūsu tēva un mātes sirds. Uzmeklēsim atkal ceļu pie viņu padoma, pie viņu gudrības, pie viņu mīlestības un pie viņu dievbijības! Pie viņu dievbijības. Un sāksim no šīs vietas. Un mēs redzēsim, ka mēs esam gājuši lielu, lielu, lielu soli pretī kādai lielai labklājībai, kādam lielam dzīvības spēkam. Latviešu tautai tas jāsāk mācīties par jaunu. Ieejot jaunajā gadā, iesākot jauno iesākumu, ja mums vēl ir dzīvi tēvs un māte – un varbūt Dievs ir bijis žēlīgs, ka arī vēl vecaistēvs un vecāmāte – nenoskūpstiet vispirms savu mīļo auklējumu, noskūpstiet savu māti un tēvu, viņu roku un viņu vaigu. Un tā sāciet savu jauno gadu. Un tad noliecieties pie mazā un apmīļojiet arī viņu. Ne mūsu bērnos ir mūsu nākotne. Mūsu uzticībā un saites uzturēšanā ar mūsu mīļajiem, dārgajiem – tēvu, māti un vēl tālāk atpakaļ aiz viņiem. Tas ir Dieva likums. Tur, kur cilvēki apvērš lietas otrādi, viņi ir zaudētāji. Mācīsimies šo Dieva likumu saprast un arī turēt. Āmen.

Lūgsim Dievu. Kungs Jēzu Kristu, mēs noslēdzam šo gadu, kurš bija Tavs gads, jo tas skaitlis, ko mēs rakstam, tas ir Tavs skaitlis, un mēs lūdzam svētību tam nākamajam gadam, par kuru arī rakstīts Tavs dzimšanas laika skaitlis. Mēs lūdzam Tevi, pasargi mūs vispirms jau no visa tā, kas mūs gribētu atraut no Tevis, kas gribētu mūsu gadus nolikt atkarībā no kādiem māņiem un mānekļiem, caur tumsas kalpošanām. Pasargi Tavu draudzi, pasargi un svētī mūsu mīļo garīgo māti, kas šinī aiztecējušā gadā ir daudz piemeklēta, no kuras Tu esi aizsaucis daudzus tās kalpus[47] un arī pašu vēl Virsganu līdzi.[48]

---

[47] Roberts Feldmanis izvadīja savu garīgo dēlu Ingu Indānu (1952.9.IX–1992.12.I), Krustpils un Vijciema draudzes mācītāju, un garīgo meitu Guntu Lejiņu (1949.13.XI–1992.7.IV).

[48] 1992. gadā 22. novembrī autokatastrofā gāja bojā LELB arhibīskaps Kārlis Gailītis (1936.3.III, amatā 1989.12.IV–1992.22.XI). Sk. arī 243. atsauci pie Mirušo piemiņas dienas sprediķa.

Mēs paļaujamies un zinām, ka tur, kur ir kāda liela pārbauda, aiz tās nāk kāda īpaša liela dievišķa svētība un palīdzība. Tu esi mūsu spēks un mūsu drošums.

    Savaldi mūsu cilvēku prātu un sirdi no cilvēciskās pārgalvības un pašpaļāvības, ļauj mums palikt uzticībā un mīlestībā uz mūsu mīļajiem vecākiem un mūsu mīlestībā un uzticībā uz mūsu garīgo māti, uz mūsu Baznīcu, kurā visi mūsu dzīvības spēki ir Tevis satverti un mums pasniegti. Mēs Tevi lūdzam, apžēlojies par mūsu draudzēm, ganiem, draudžu locekļiem, darbiniekiem, Dieva lūdzējiem, jā, visiem tiem, kas meklē gaismu un patiesību savā dzīvē, kas izsalkuši pēc patiesības. Sauc atpakaļ tos, kas nomaldījušies. Apžēlojies par tiem, kas ļauna spēka mocīti un vārdzināti. Svētī mūsu tautu un mūsu mīļo dzimteni un pasargi no visām briesmām, nelaimes, posta un piemeklējumiem. Pasargi no visiem uzbrukumiem, kas grib garīgi postīt mūsu mīļo tautu, sauc viņu pie Taviem dzīvības avotiem. Apžēlojies par visiem tiem, kas ir bēdās, pārbaudās, paciešanā, trūkumā un nelaimē, kas ir izmisumā un šaubās, kas ir kārdinājumos, kas ir vajāšanās un briesmās, slimības sāpēs, vecuma nespēkā un vārgumā, nāves paēnā. Un dod, ka tad, kad mūsu gadu skaits būs pilns un mūsu dienu mērs būs piepildīts, dod, ka mēs drīkstētu šeit visas lietas atstāt ar mieru un ar prieku doties tur, kur Tev skan pateicība un slava mūžīgi. Paklausi mūs, aizstāvi mūs pie Tēva mūsu lūgšanām, kā Tu mums esi solījis. [Āmen.]

Sprediķis teikts 1992. gada 31. decembrī

2. svētdienā Ciešanu laikā (Mt 15:21-28)

Žēlastība un miers lai ir jums visiem no Dieva, mūsu Tēva, un mūsu Pestītāja Jēzus Kristus. Āmen.

Uzklausi, kristīgā draudze, šīs dienas svēto evaņģēliju, kas ir rakstīts pie Mateja 15. nodaļā: *Un no turienes Jēzus aizgāja un atkāpās Tiras un Sidonas robežās. Un redzi, viena kānaāniešu sieva, kas nāca no tām pašām robežām, brēca un sacīja: "Ak, Kungs, Tu Dāvida dēls, apžēlojies par mani! Manu meitu ļauns gars nežēlīgi moca." Bet Viņš tai neatbildēja neviena vārda. Tad Viņa mācekļi pienāca, lūdza Viņu un sacīja: "Atlaid to, jo tā brēc mums pakaļ." Bet Viņš atbildēja un sacīja: "Es esmu sūtīts vienīgi pie Izraēļa cilts pazudušajām avīm." Bet tā nāca, metās Viņa priekšā zemē un sacīja: "Kungs, palīdzi man!" Bet Viņš atbildēja un sacīja: "Neklājas bērniem maizi atņemt un to nomest suņiem priekšā." Bet viņa sacīja: "Tā gan, Kungs! Bet tomēr sunīši ēd no druskām, kas nokrīt no viņu kungu galda." Tad Jēzus atbildēja un tai sacīja: "Ak, sieva, tava ticība ir liela, lai tev notiek, kā tu gribi." Un viņas meita kļuva vesela tai pašā stundā.* (Mt 15:21-28) Āmen.

Mēs Tevi lūdzam un Tevi piesaucam, Dievs Kungs, Svētais Gars, Tu apgaismotājs gars, nāc ar Tavām dāvanām mūsu vidū, atdari mums mūsu gara acis un atver mums Tavu svēto patiesību, ka mēs to saņemam, ka mēs topam atjaunoti paši un būtu līdzi apliecinātāji Tavai patiesībai, jo Tavs vārds ir mūžīga patiesība. Āmen.

Šis notikums mums liekas ļoti savāds, mēs esam gandrīz neizpratnē par mūsu Pestītāja stāju – Viņš, kas ir jūtīgs pret katra ciešanām un vajadzībām, šeit parādās tāds neparasti ciets, neparasti ass – mēs nevaram to pat iedomāties, ka Viņš būtu varējis tā runāt ar cilvēkiem, atraidīt kādu sievu viņas patiesi ļoti lielajā vajadzībā, grūtumā, viņas meitas ciešanās. Bet mēs kādreiz pieviļamies ar to, ka mēs arī par mūsu Pestītāju jau iepriekš uztaisām spriedumu un domājam, ka esam pareizi ko sapratuši, tā kā tie cilvēki, kas iztēlo un saka: "Jā, Viņš ir bijis tāds gaišais tēls, kas ir gājis apkārt, cilvēkus mīlēdams un viņiem tikai labu darīdams, tāds maigi, mīļi, poētiski jauks." Neaizmirsīsim, ka Pestītāja mutē ir kādreiz ļoti asi vārdi un ļoti spēcīgi, kas cērt kā asmens, kā smags ierocis. Un mēs redzam, ka Pestītājs runā ar saviem mācekļiem un taisa tādus salīdzinājumus un vērtējumus par cilvēkiem, kas mūs varbūt pārsteidz: "Nedodiet svētumu suņiem! Nemetiet pērles cūkām priekšā!"[49] Vai šie vārdi iederētos tāda maiga, visa laba darītāja, tāda brīnišķīga, maiga līdzi jutēja mutē? Pestītājs zina, ko Viņš saka. Pestītājs zina, kāpēc Viņš cieš klusu. Un Pestītājs arī zina, kas ir cilvēka sirdī, kas viņu nomāc.

Bet tas savādais ir tas, ka Pestītājs, atlaizdams šo sievu ar svētību un paklausīdams viņas lūgšanai, saka: "Lai tev notiek pēc tavas ticības." Un atkal mēs esam tādā izbrīnā – pēc ticības! Viņa taču savu ticību bija Viņam jau apliecinājusi, kad viņa sauca Viņu par Dāvida dēlu, kad viņa metās Viņa priekšā ceļos un lūdza: "Palīdzi man!" Viņa ticēja, ka Jēzus taču to spēj. Viņas ticība uz Jēzu taču bija viņu, tā sakot, spiedusi sekot Viņam un nepārtraukti lūgties, un nepārtraukti saukt. Bet savādi ir tas, ka, neraugoties uz ticības saukšanu, neraugoties uz sekošanu, neraugoties uz neatlaidību savā lūgumā, Jēzus viņu atraida un saka vēl tik ārkārtīgi asu vārdu: "Neklājas nomest maizi sunīšiem." Un Viņš saka šo vārdu par sievas ticību tikai tad, kad sieva Viņu uzrunā un saka: "Tā ir taisnība." Tā ir taisnība, ka sunīšiem nomet un viņi pārtiek no druskām, kas nokrīt no kunga galda. Un tad Viņš teica: "Sieva, tava ticība ir liela." Kur ir šīs ticības lielums? Viņa bija tik daudz saukusi un lūgusi un

---

[49] Nedodiet svētumu suņiem un nemetiet savas pērles cūkām priekšā, ka tās ar savām kājām viņas nesamin un atgriezdamās jūs pašus nesaplosa. (Mt 7:6)

nebija paklausīta, bet atraidīta. Un tikai tad, kad viņa nāca Viņa priekšā un sacīja: "Es esmu šis sunītis, kas nav cienīgs saņemt, suns, kas ir pagaldē, suns, kuram pasper ar kāju, suns, kas ir pelnījis sitienu." Ir vajadzīga liela ticība, lai cilvēka pašvērtību un paštaisnību salauztu. Lūgšanas neatlaidību cilvēki pazīst – daudz cilvēku viņu pazīst. Kristus godību un Viņa varenību tāpat daudzi zina un saprot un tāpēc iet Viņam pakaļ, lūgdamies un meklēdami Viņa palīdzību. Bet cik ir to, kas sava Pestītāja priekšā saka: "Es esmu suns, svētumu es neesmu cienīgs saņemt, un tomēr es no Tevis neatstājos."

Mēs mēdzam runāt par to, ka mūsu ticībai ir jābūt pārbaudītai. Kā mēs to saprotam? Mēs parasti to saprotam tā, ka mūsu ticības pārbaudījums ir kaut kāds ilgums, kurā mēs neatlaidīgi to pašu atkārtojam, to pašu meklējam, to pašu saucam. Ir pat cilvēki, kas saka, ka šī neatlaidīgā saukšana, ka mēs neatlaižamies, beidzot tomēr piespiež Dievu pievērst mums uzmanību. Varbūt, ka ir arī tā – kādreiz. Bet ticības pārbauda iet dziļāk – nevis tas, cik ilgi mēs spējam lūgt, cik ilgi mēs neatlaižamies savos vēlējumos un lūgumos uz Dievu, bet gan – cik dziļi mēs Dieva priekšā noliecamies. Noliecamies ne vairs lūgdami, bet atzīdamies Viņa priekšā, nevis apliecinādami, ka mūsu sirds uz Viņu deg, bet apliecinādami, cik dziļi, cik tālu un cik necienīgi mēs esam. Šī ir beidzamā pazemošanās, līdz kurai ne vienmēr cilvēki nonāk.

Parasti cilvēku ticība, brāzmainā ticība, brāzmainās lūgšanas noslēdzas kādā strupceļā, kaut kādā kritienā. Es esmu Dievu tik ilgi lūdzis, Viņš man nav paklausījis – es vairs Viņam neticu! Vai mēs esam dzirdējuši kādreiz tādu valodu no cilvēkiem? Ka tagad es Dievam atsakos – ja Viņš man nepalīdz, tad man Viņa nevajag. Tas ir kādreiz pat cilvēku valodā. Tie, kas ir atstājušies, kā viņi paši saka, no ticības, neskatoties uz savu lūgšanu ilgumu un neatlaidību –, šai ticībai ir trūcis šīs vienas lietas, ko mums atklāj un parāda samariešu sieva. Mēs neesam Dieva priekšā sacījuši: "Kungs, es neesmu cienīgs."

Cik savādi, ka šo ticību pazīst tie ļaudis ap Jēzu, kas nemaz nav jūdu cilvēki un nemaz nav jūdu ticības ļaudis. Viens bija tāds, par kuru mūsu Pestītājs bija izbrīnējies, un tas bija romietis. Tas bija kāds romiešu virsnieks, kura kalps gulēja smagi slims un kurš sūtīja pie Jēzus ar lūgumu palīdzēt. Un, kad Jēzus bija teicis savu piekrišanu – Es eju! – , tad viņš tā kā iztrūkdamies saka: "Kungs, es neesmu cienīgs, ka Tu nāc zem mana jumta, bet saki tikai vienu vārdu; jo es arī pavēlu – un mani paklausa, un man pavēl – un es paklausu."[50] Es neesmu cienīgs – lūk, tas ir ticības, varētu sacīt, kalna gals. Jebšu es lūdzu, jebšu man ir tik ļoti tas vajadzīgs, tik ļoti es degu tā dēļ, ko es uz Dievu runāju, bet tanī pašā laikā – Kungs, es neesmu cienīgs, es esmu kā tas kustonis, kuram labi, ja viņš saņem kaut ko nomestu, bet tikpat labi viņš saņem arī sitienus un spērienus. Ja mēs tik [*nesaklausāms vārds*], ja mēs nonākam pie šīs atziņas, tad Jēzus saka: "Sieva, tava ticība ir liela!" Tā ir liela. Vajag lieluma, vajag liela spēka, vajag lielas sevis atzīšanas, vajag lielas pazemošanās, lielas noliekšanās. Tur nepietiek tikai ar karstu sirdi kaut ko saukt, kaut ko apliecināt, kaut ko meklēt.

Un tāpēc šī sieva paliek kā tāda mums pa priekšu gājēja. Ticībā, ticības spēkā, ticības drosmē. Tanī ticībā, kas neatlaižas arī tad, kad Dievs pasaka taisnību, kad Dievs iesniedzas iekšā ar savu vērtējumu par mums un saka: "Necienīgs tu patiesībā esi, suns tu patiesībā esi, neklājas tev patiesībā neko saņemt." Un, ja mēs tad to spējam saņemt un sacīt: "Tiešām, Kungs, Tev taisnība, bet tomēr es Tevi lūdzu." Šī sieva ar savu ticības dziļumu, ar dziļumu, kas nevis tikai sniedzas uz augšu lūgumos pie Dieva, bet kas sniedzas dziļumā paša atzīšanā. Iz dziļumiem

---

[50] Bet kapteinis atbildēja un sacīja: "Kungs, es neesmu cienīgs, ka Tu nāci manā pajumtē; saki tik vienu vārdu, un mans kalps taps vesels. Jo arī es esmu cilvēks, kas stāv zem valdības, un man ir padoti kara vīri; un, kad es vienam no tiem saku: ej! – tad viņš iet, un otram: nāc šurp! – tad tas nāk, un savam kalpam: dari to! – tad tas dara." (Mt 8:8-9) Sk. arī: Lk 7:6-8.

es saucu uz Tevi, ak Dievs, klausi manu lūgšanu![51] Iz dziļumiem. Kad mēs lasām šo ārkārtīgi augsto Dāvida dziesmu, tad mēs domājam, ka mums ir no mūsu dziļuma Dieva priekšā jāsniedz mūsu sirds dedzība un mūsu mutes atziņas, un apliecinājuma vārdi un jāmeklē tas tik dziļi, cik vien mēs sevi varam apzināties. Šis dziļums ir lielāks. Tas ir tas dziļums, kurā mēs paši labprāt neieskatāmies, tas dziļums, kurā mēs nevienam neļaujam ielūkoties un kura priekšā mēs kādreiz slēpjamies arī no paša Dieva. Iz dziļumiem es Tevi piesaucu, Kungs! Un tad Viņš saka šo vārdu: "Lai tev notiek!" Āmen.

Sprediķis teikts 1993. gada 7. martā

---

[51] Svētceļnieku dziesma. No dziļumiem es piesaucu, Kungs, Tevi. (Ps 130:1)

Ciešanu laikā 1993. gadā (Mt 26:30-50)

Žēlastība un miers lai ir jums visiem no Dieva, mūsu Tēva, un mūsu Kunga un Pestītāja Jēzus Kristus! Āmen.

Uzklausi, kristīgā draudze, svēto evaņģēliju, kas ir rakstīts pie Mateja 26. nodaļā:

Un, pateicības dziesmu nodziedājuši, tie aizgāja uz Eļjas kalnu. Tad Jēzus saka tiem: "Jūs visi šinī naktī pret Mani apgrēcināsities, jo stāv rakstīts: Es sitīšu ganu, un ganāmā pulka avis izklīdīs. – Bet pēc Manas augšāmcelšanās Es jums pa priekšu aiziešu uz Galileju." Bet Pēteris atbildēja un uz to sacīja: "Kad visi pret Tevi apgrēcinātos, es nemūžam neapgrēcināšos." Jēzus sacīja tam: "Patiesi Es tev saku: šinī naktī, pirms gailis dziedās, tu Mani trīs reizes aizliegsi." Pēteris saka Viņam: "Jebšu man būtu jāmirst ar Tevi, taču nemūžam Tevi neaizliegšu." Tāpat arī visi citi mācekļi sacīja. Tad Jēzus aiziet ar Saviem mācekļiem uz kādu muižu ar nosaukumu Ģetzemane un saka mācekļiem: "Nosēdieties šeit, Es paiešu tālāk un pielūgšu Dievu." Un Viņš ņēma Sev līdzi Pēteri un abus Cebedeja dēlus un iesāka noskumt un baiļoties. Tad Viņš saka tiem: "Mana dvēsele ir noskumusi līdz nāvei: palieciet šeitan un esiet ar Mani nomodā." Un, maķenīt pagājis, Viņš krita uz Savu vaigu pie zemes, lūdza Dievu un sacīja: "Mans Tēvs, ja tas var būt, tad lai šis biķeris iet Man garām, tomēr ne kā Es gribu, bet kā Tu gribi." Un Viņš nāk pie mācekļiem un atrod tos guļam un saka uz Pēteri: "Tātad jūs nespējat nevienu pašu stundu būt ar Mani nomodā? Esiet modrīgi un lūdziet Dievu, ka jūs neiekrītat kārdināšanā. Gars ir gan labprātīgs, bet miesa ir vāja." Viņš atkal aizgāja otru reizi un lūdza Dievu, sacīdams: "Mans Tēvs, ja šis biķeris nevar Man iet garām, lai nebūtu tas jādzer, tad lai notiek Tavs prāts." Un Viņš nāk un atrod tos atkal guļam, jo viņu acis bija pilnas miega. Un Viņš tos atstāja un atkal nogāja un lūdza Dievu trešo reizi, tos pašus vārdus sacīdams. Tad Viņš nāk pie Saviem mācekļiem un saka uz tiem: "Jūs arvien vēl guļat un dusat! Redzi, tā stunda ir klāt, Cilvēka Dēls tiek nodots grēcinieku rokās. Celieties, eima! Redzi, kas Mani nodod, ir klāt." Un, Viņam vēl runājot, redzi, nāca Jūda, viens no divpadsmit, un viņam līdzi liels ļaužu pulks no augstiem priesteriem un tautas vecajiem ar zobeniem un nūjām. Bet nodevējs bija tiem devis tādu zīmi un sacījis: "Kuru es skūpstīšu, tas ir Tas, To gūstait." Un tūdaļ viņš piegāja pie Jēzus un sacīja: "Esi sveicināts, Rabi," – un skūpstīja Viņu. Bet Jēzus tam sacīja: "Draugs, kāpēc tu esi šeit?" Tad tie piegāja pie Jēzus, pielika Tam rokas un To saņēma. (Mt 26:30-50) Āmen.

Dievs, Svētais Gars, mēs Tevi lūdzam, izstaigājot līdzi mūsu Pestītāja gājumu, liec satrūkties mūsu sirdij sāpēs un bijībā un atdari mums Tavas patiesības avotus, ka tie mūs stiprina. Tavs Vārds ir mūžīga patiesība. Āmen.

Mīļā draudze! Mūsu Kungs un Pestītājs stāv sava lielā piepildījuma priekšā. Tas, ko sacīja Jānis Kristītājs toreiz, Viņu ieraudzījis nākam pie Jordānas: "Redzi, Dieva Jērs, kas nes pasaules grēkus!"[52] Pagāja laiks, kad Viņš nāca un pasludināja, ka Dieva valstība ir nākusi tuvu klāt[53] – pasludinādams, vadīdams, dziedinādams, svētīdams. Un tagad Viņš stāv tā uzdevuma priekšā, kas Viņam bija nolikts no Tēva no pirmā sākuma. Dieva Jērs, kas nes pasaules grēkus. Dieva Jērs, kas dodas, lai tiktu upurēts uz Dieva izlīdzinājuma altāra, lai ne tikai pasludinājums un atgādinājums par Dieva žēlastību un mūsu grēku nožēlu mums būtu dots, bet lai būtu piepildīts. Lai būtu piepildīts tas izlīdzinājuma upuris, dots par mums, kas Jēzus Kristus asinīs nomazgā mūs no visiem mūsu grēkiem.

---

[52] Otrā dienā Jānis ierauga nākam Jēzu un saka: "Redzi, Dieva Jērs, kas nes pasaules grēku." (Jņ 1:29)

[53] No tā laika Jēzus iesāka sludināt un sacīt: "Atgriežaties no grēkiem, jo Debesu valstība tuvu klāt pienākusi." (Mt 4:17) Sk. arī: Mk 1:15.

Tas ir Viņa beidzamais gājums – piepildīt tagad šo Tēva uzlikto uzdevumu. "Redzi, Es nāku darīt Tavu prātu," saka Viņš[54].
Tā ir smaga stunda. Viņš iet cauri vairākiem upuriem. Viņš iet arvien vairāk uz priekšu pretī šim upurim. Un pirmās atraisīšanās – sāpīga – ir atraisīšanās no cilvēkiem, no cilvēku draudzības, no cilvēku klātbūtnes, no cilvēku tuvuma. Tās ir lietas, kas mēdz ļoti daudz nozīmēt. Mēs, cilvēki, vienmēr meklējam viens otru. Mēs meklējam tad, kad mums ir grūti, mēs meklējam, ka būtu kāds, kas mūs saprastu, ka būtu kāds, kas par mums iežēlotos, ka būtu kāds, kas raudātu ar mums kopā, kad mūsu sirds lūst aiz bēdām un smaguma. Viņš aicina viņus līdzi šinī beidzamajā gājumā. Un Viņa mācekļi ir labprātīgi – tā, kā mēs, cilvēki, mēdzam būt labprātīgi tur, kur draudzība mūs aicina un kur mēs apzināmies, ka tas [ir] mūsu pienākums vai uzdevums. Viņš aicina Savus mācekļus līdzi, un viņi apstiprina, cik ļoti viņi ir gatavi būt ar Viņu līdz beidzamam brīdim, līdz pat nāvei kopā ar Viņu. Un, kad Viņš atgādina Pēterim, ka viņš būs vājš un nespēcīgs, Pēteris vēlreiz un vēlreiz apstiprina savu gatavību līdz pat nāves tuvumam iet ar Viņu kopā.
Pestītājs ir dvēseles lielajās pārbaudās. Mēs to varam saprast. Mēs saprotam, ka tur, kur mēs esam savās lūgšanās, kad esam savās dvēseles mokās, kā gribētos, ja kāds arī būtu līdzi nomodā, līdzi lūgtu, ja zinātu, ka man ir kaut kur kāds atspaids, ka es nerunāju tukšā, ka esmu dzirdēts arī no draugiem.
Jēzus atrod savus mācekļus aizmigušus. Viņu apņēmība izirst. Te iejaucas tas, ar ko mēs, cilvēki, cīnāmies, kad mēs šai cīņai ne vienmēr piegriežam vērību un neziedojam tai pienācīgo spēku un upurēšanos – nomodā palikt. Palikt par kaut ko nomodā – tas ir tik ļoti svarīgi, kur mums ir pienākums, kur mums ir apņēmība! Jā, kur pat mīlestība mūs spiež. Palieciet nomodā! Lūdziet Dievu! Lūdziet Dievu! Šeit ir cīņa, ir tādas

---

[54] Tad Viņš ir sacījis: raugi, Es nāku Tavu prātu darīt. Viņš atceļ pirmo, lai nodibinātu otru. (Ebr 10:9)

situācijas, kuras tik ļoti vēro tumsas kungs un tik ļoti jaucas tajās iekšā, lai viņš mūsu miesīgajam cilvēkam dotu savu ietekmi. Iemidzina viņu, padara nevarīgu, atbruņo viņu gara cīņā, lai viņš nespētu līdzi cīnīties. Esiet nomodā! Viņa pirmā atsacīšanās no tā, ko mēs, cilvēki, tik ļoti, tik labprāt kādreiz būtu gribējuši.

Un ir vēl viena cita atsacīšanās. Tā, ko mēs, cilvēki, piedzīvojam un kas dzeļ un šķeļ asāk par katru šķēpu, un tā ir nodevība. Nevis tikai nomoda trūkums, bet nomods uz ļaunu, nomods uz grēku, nomods uz pazudināšanu. Arī tas Viņam vēl ir jādzer. Pie tā biķera, kas Viņam tiek sniegts, nāk klāt vēl šis rūgtums.

Jā, bet kas ir ar Jēzu? Evaņģēlijs citā vietā mums vēstī to sīkāk, kur Viņš savā karstajā lūgšanā, asins sviedrus svīzdams, lūdz Tēvu, vai tas nevarētu būt arī novēršams. Un Tēvs Viņu stiprina. Biķeris, kuru Viņš gribētu atraidīt, Viņam tiek pasniegts. Viņš ir vairs tikai ar Tēvu, viens pats. Nekāda draudzība, nekādi apsolījumi, nekādas cilvēku palīdzības šeit vairs nesniedzas un arī nav vajadzīgas, un nav arī nepieciešamas. Savās vislielākajās lietās, savās visdziļākajās sāpēs, savās lielākajās pārbaudās mēs vienmēr stāvam tikai ar Dievu vien, vaigu vaigā, tikai ar šo jautājumu vien – vai tas var būt tā, vai tas nevarētu būt arī citādi? Mēs paliekam šinī sarunā ar Dievu, un tur neviens cits, vai nomodā vai aizmidzis būdams, neko nevar mums dot. Šai cīņai, šai sarunai ar Tēvu jānotiek no viena uz otru.

Viens cits – Viņa māceklis – arī šo cīņu ir pazinis. Kad viņš ir vairākkārt – trīskārt, kā viņš saka – lūdzis Tēvu, lai viņam noņem to krustu, to nastu, to grūtumu, to dzelonu, kas ir viņa miesā, Tēvs viņam atbildēja: "Tev paliek Mana žēlastība. Mans spēks parādās stiprs nespēcīgajos."[55] Jēzus, arī atbruņots no cilvēcīgās palīdzības, stāv vaigu vaigā ar Tēvu, lai varētu

---

[55] Un Viņš man ir sacījis: "Tev pietiek ar Manu žēlastību; jo Mans spēks nespēkā varens parādās." Tad nu daudz labāk lielīšos ar savu nespēku, lai Kristus spēks nāktu pār mani. (2kor 12:9)

to piepildīt, ko Tēvs no Viņa prasa. Viņš ņem šo kausu. Tavs prāts lai notiek! Un Viņš mums ir mācījis to arī lūgšanā katru reizi atkārtot: "Tavs prāts lai notiek."

Mēs nekad neesam domājuši tā īsti, ko tas nozīmē un cik tas ir vērts. Tas ir vērts to beidzamo sevis paša daļu atdot, piekalt pie krusta un likt tai izlāsot sāpēs un asinīs, atdot, un svētīts lai būtu tad Dieva Vārds un Viņa patiesība.

Tēvs zina, kāpēc. Tas, kas notika pie Jēzus, to mēs arī zinām. Tagad mēs to zinām, ko mācekļi toreiz nezināja. Šis rūgtais biķeris, kas Viņam netika atņemts Ģetzemanē, tas nozīmēja Viņa upuri par mums visiem. Dievs bija ņēmis no Viņa visu – Viņa paša gribu un cilvēcību. Dievs bija iedevis Viņam to, ko nevar aptvert neviens cilvēks. Dievs Viņam ir dāvājis vārdu, kas iet pāri pār visiem vārdiem – ka Jēzus vārdā būs locīt ceļus visiem, kas ir debesīs, virs zemes un apakš zemes, un katrai mēlei apliecināt, ka Viņš ir Kristus Tas Kungs Dievam par godu[56] un ka nav nevienā citā pestīšanas kā vienīgi Viņā[57]. Tas viss bija satverts Ģetzemanes notikumā, kad Tēvs neatrāva Viņam rūgtuma biķeri. Tēvs Viņam to pasniedza, un Viņš to pieņēma. Lai notiek Tavs prāts…

Un Viņš uzvarēja. Viņš modina savus mācekļus: "Celieties, eima!" Tas vairs nav Jēzus, kas asins sviedros noplūdis. Tas ir Ķēniņš, kas dodas uzņemt savu valstību. Tas ir Ķēniņš, kas ir tik brīvs un tik spēcīgs, ka Viņš savu nodevēju var uzrunāt par draugu: "Draugs, kāpēc tu esi šeit?" Neviens lāsta vārds, neviens lamu vārds nevarētu satriekt un ievainot tik dziļi viena nodevēja dvēseli un garu kā šis dievišķās līdzjūtības, dievišķā pārākuma un spēka uzrunājums – draugs, kāpēc? Kāpēc tu?

---

[56] Tāpēc arī Dievs Viņu ļoti paaugstinājis un dāvinājis Viņam Vārdu pāri visiem vārdiem, lai Jēzus vārdā locītos visi ceļi debesīs un zemes virsū un pazemē un visas mēles apliecinātu, ka Jēzus Kristus ir Kungs Dievam Tēvam par godu. (Flp 2:9-11)

[57] Nav pestīšanas nevienā citā; jo nav neviena cita vārda zem debess cilvēkiem dots, kurā mums pestīšana lemta." (Apd 4:12)

Kāpēc tu esi šeit? Kas tev daļas gar visu to? Un tad Viņa rokas tika saslēgtas.

Liels pulks ir liecinieku ap mums. Noliksim ikvienu nastu, kas mūs visai apstāj, un ar pacietību tecēsim mums noliktajā cīniņā un uzlūkosim Jēzu, mūsu ticības iesācēju un pabeidzēju, kas, godā varēdams būt, kaunu ir panesis, par pazemojumiem nav bēdājis, krusta nāvē gājis. Uzlūkosim Jēzu, mūsu ticības piepildītāju, sācēju un piepildītāju![58] Āmen.

Sprediķis teikts 1993. gadā (datums nav zināms)

---

[58] Tāpēc tad arī, kur ap mums visapkārt tik liels pulks liecinieku, dosimies ar pacietību mums noliktajā sacīkstē, nolikdami visu smagumu un grēku, kas ap mums tinas, un raudzīsimies uz Jēzu, ticības iesācēju un piepildītāju, kas Viņam sagaidāmā prieka vietā krustu ir pacietis, par kaunu nebēdādams, un ir nosēdies Dieva tronim pa labai rokai. (Ebr 12:1-2)

4. svētdienā pēc Lieldienām (Jņ 16:5-15)

Žēlastība un miers lai jums visiem ir no Dieva, mūsu Tēva, un no mūsu Kunga un Pestītāja Jēzus Kristus. Āmen.

Uzklausi, kristīgā draudze, šīsdienas svēto evaņģēliju, kas ir rakstīts pie Jāņa 16. nodaļā, kur mūsu Kungs un Pestītājs tā uz mums runā: *Bet tagad Es aizeimu pie Tā, kas Mani sūtījis, un neviens jūsu starpā Mani nejautā: kurp Tu eji? Bet, klausoties Manos vārdos, jūsu sirds ir pilna skumju. Tomēr Es jums saku patiesību: tas jums par labu, ka Es aizeimu. Jo, ja Es neaizietu, Aizstāvis nenāktu pie jums. Bet aizgājis Es to sūtīšu pie jums. Un Viņš nāks un liks pasaulei izprast grēku, taisnību un tiesu. Grēku – jo tie netic Man. Taisnību – jo Es aizeimu pie Tēva, un jūs Mani vairs neredzēsit. Tiesu – jo šīs pasaules valdnieks ir dabūjis savu spriedumu. Vēl daudz kas Man jums sakāms, bet jūs to tagad vēl nespējat nest. Bet, kad nāks Viņš, Patiesības Gars, Tas jūs vadīs visā patiesībā; jo Viņš nerunās no Sevis paša, bet runās to, ko dzirdēs, un darīs jums zināmas nākamās lietas. Tas Mani cels godā, jo Viņš ņems no tā, kas ir Mans, un jums to darīs zināmu. Viss, kas Tēvam pieder, pieder Man; tāpēc Es jums sacīju, ka Viņš ņems no tā, kas ir Mans, un jums to darīs zināmu.* (Jņ 16:5-15) Āmen.

Mēs Tevi lūdzam un Tevi piesaucam, Dievs Kungs, Svētais Gars, Tu dievišķais padoma devējs, Tu patiesības, Tu gudrības Gars. Nāc Tavā žēlastībā, mūs apgaismodams un stiprinādams, ka mums atveras Tava svētā patiesība un dara mūs dzīvus un ka mēs paši līdzi kļūstam apliecinātāji Tavai patiesībai, jo Tavs vārds ir mūžīga patiesība. Āmen.

Ir pēdējie brīži vai laiki mūsu Pestītājam ar Viņa mācekļiem. Viņš runā par pēdējām nopietnajām lietām un par to, ka Viņš aiziet no saviem mācekļiem un ka viņi to vairs neredzēs. Un evaņģēlijs saka: jūsu sirds ir tagad noskumusi. Tas ir tik ļoti skaidri un vienkārši saprotams. Šķiršanās, atvadīšanās un vēl tādā veidā, kā Pestītājs to saka – uz neredzēšanos – jā, kā lai tā neskumdinātu? Ir taču tik daudzas lietas, kas ar visu mācekļu vājību tik ļoti sēja viņus pie sava Kunga un Meistara, ka iedomāties būt bez Viņa – jā, tās bija, tikai vienā vārdā vien sakot, skumjas. Tas bija vēl daudz varbūt vairāk. Bet tas ļoti savādais, kas mūs tā pārsteidz un laikam arī pārsteidza pirmā kārtā mācekļus, bija tas, ka Pestītājs saka: "Bet tas jums ir par labu, ka Es aizeju. Tas ir par labu, ka mēs šķiramies, ka mēs neredzēsimies." Kā varētu tādas nesavienojamas lietas savienot kopā? Kā varētu tur, kur ir patiesas skumjas un patiess arī skumju pamats, kā varētu sacīt: "Tas tev ir par labu." Pestītājs saka šos vārdus, bet Viņš arī tos paskaidro: "Ja Es neaizeju, tad Aizstāvis, patiesības Gars, nenāks pie jums. Es aizeju, un Es jums Viņu sūtīšu. Viņš nāks pie jums un jums atgādinās visas lietas, un jūs pārliecinās visās lietās."

Mīļā draudze, šinī Pestītāja aiziešanā un tanī sūtībā, kādu Viņš tagad dara, patiesībā tanī ir dibināta visa kristīgās draudzes dzīve, patiesībā – visa kristīgā cilvēka dzīve, viņa ticības dziļums un viņa ticības drošība, viņa ticības pierādījums un parādījums. Šis Pestītāja apsolījums: "Es sūtīšu Aizstāvi, un tas jums atgādinās visas lietas, visu par Mani. Viņš ņems no Manis un dos jums" – ko tas nozīmē? Tas nozīmē ļoti daudz. Tas nozīmē visu kristīgās ticības un kristīgā cilvēka un kristīgās draudzes dzīvi – ka Svētais Gars ņem no Kristus un Viņa dievišķās gudrības pilnības un izdala to mums. Ja Viņš nenāks, ja Aizstāvis nenāks, tad tās būtu īstās, patiesās skumjas, – ja es jums Viņu nesūtu. Tas jums ir par labu, ka Es aizeju, citādi Viņš nenāks.

Kas notiktu tad, ja Pestītājs neaizietu pie Tēva, kā Viņš to arī saka: "Es eju pie Tā, kas mani ir sūtījis. Es atgriežos atpakaļ tur, no kurienes Es esmu nācis." Kas būtu? Mācekļos paliktu daudz mīļu, aizkustinošu atmiņu, daudz skumju atceru par to, kas ir bijis, pagājis un zudis. Vienai tiesai cilvēku

Kristus ir atmiņa tikai par to, kas ir kādreiz bijis, par to, cik tas ir bijis jauki. Un, kad mēs tā lūkojamies Viņā, mēs redzam Viņā daudz jauka un cilvēkam par priekšzīmi it kā atstāta. Un tomēr mēs esam tukšinieki. Un tomēr [ir] cilvēki, kas savu it kā ticību, balsta tikai uz šo Kristus atmiņu vien – par to, kāds Viņš ir bijis, kas Viņš ir bijis un ka tas viss tagad nu ir pagājis. Visas mūsu atmiņas ir kā noplūkti ziedi. Kādu brīdi tie vēl mūs priecina, un tad tie savīst un kalst. Un arī tad, kad mēs ieliekam šādu ziediņu starp grāmatu lapām un gribētu paturēt šo mīļo, skaisto atmiņu par kādu brīdi vai par kādu cilvēku – paiet gadi, un mūsu priekšā ir sakaltis, neglīts zieda atlikums bez smaržas, bez krāsas, bez izteiksmes un varbūt pat arī ārā metams.

Tas jums ir par labu, ka Es aizeju. Es jums sūtīšu Aizstāvi, kas jūs vadīs visā patiesībā, kas jums atgādinās visas lietas, kas ņems no Manis un dos jums. – Kristīgā ticība, mūsu ticība balstās ne tikai uz to, ko mēs atceramies vai atminam par Kristu. Šīs atmiņas paliek nedzīvas, ja tās nav iedzīvinātas ar šo Aizstāvi, kas mums dod liecību par patiesību, kas mums dod īsto apliecinājumu, kas patiesībā ir Kristus. Apustulis kādā vietā saka: "Neviens nevar saukt Jēzu par Kristu, kā vien tikai caur Svēto Garu[59], kā tikai tad, kad pār šo cilvēku ir nācis Aizstāvis, pārliecinātājs, dievišķais, varenais, gudrības un patiesības Gars, kurš atgādina." Noliek mūsu priekšā to dzīvi, kas mums ir tikai atmiņā glabājies kā kāda piemiņa. Tikai caur šo dievišķo gudrības, patiesības apliecinātāju Garu mēs zinām, kas patiesībā ir kāda lieta, mēs zinām, kas ir Kristus. Bez Svētā Gara tas nav iespējams.

Mūsu dienās mēs piedzīvojam, ka cilvēkos vienā lielā tiesā ir modusies vēlēšanās saņemt Svēto Garu[60]. Veseli ļaužu pulki

---

[59] Tādēļ es jums saku: neviens, kas runā Dieva Garā, neteiks: nolādēts lai ir Jēzus, un neviens nevar teikt: Kungs ir Jēzus, kā vien Svētajā Garā. (1kor 12:3)

[60] Domātas t. s. harismātiskas kustības.

sajūsmināti, sakustināti meklē paņēmienus, veidus, kā saņemt Svēto Garu. Jo visi jūt, ka Viņš ir kaut kas ļoti vērtīgs. Viņš ir lielu noslēpumu glabātājs un atslēdzējs, kāds spēks, kas ir vajadzīgs cilvēka dzīvei, un tāpēc ir jādabū Svētais Gars. Mēs redzam šos cilvēku pūļus, kā notiek Svētā Gara meklēšana, kā notiek Svētā Gara tveršana, burtiski – tveršana. Ar paceltām rokām pa gaisu kaut ko it kā tverot un uz sevi raidot, atgāztām sejām lūkojoties uz augšu un gaidot – nupat, nupat, nupat ir jānāk Svētajam Garam. Jo mēs tā gribam, jo mums liekas, ka tā ir labi, jo mēs tā vēlamies, lai mēs būtu spēka pilni. Ir šādi Svētā Gara satvērēji, kas gribētu Viņu satvert. Un mēs ar nožēlu redzam, ka cilvēki piekrāpj paši sevi un iztukšo Dieva patiesības saturus.

Dievs Svētais Gars nav kaut kas cilvēciski satverams uz cilvēka vēlēšanos un pieprasījumu[61]. Mēs nevaram iedarbināt debesu avotus ar savu roku kustībām, ar savām vārdu klaigām, ar saviem vēlējumiem un vēl kādiem citiem paņēmieniem. Notiek, ka pār šādiem lieliem cilvēku pūļiem nāk gars, bet tas nav Svētais Gars. Tas ir viņu pašu iekšienes sakustinājums, tas ir viņu pašu dvēseles saviļņojums, tā ir viņu dvēseles aizgrābtība, kurā pa virsu nāk šis otrs gars, šis tumšais padoma devējs, kas prasa: "Ko tu gribi, lai es tev dodu? Pielūdz mani, tas tev būs."

Aizstāvis, ko Es sūtīšu jums no Tēva, – patiesības Gars. Viņš jūs vadīs visā patiesībā. Un Viņš nāks un liks pasaulei izprast grēku, taisnību un tiesu. Un, kamēr šīs lietas netop izprastas, tikmēr mēs velti stiepsim savas rokas uz augšu un pletīsim savas acis skatīties zilās debesīs. Nekas nenāks lejā. Šis dievišķais, Pestītāja sūtītais padoma devējs un Aizstāvis vispirms strādā pie

---

[61] Augsburgas ticības apliecības 5. artikuls uzsver Sv. Gara suverenitāti, no vienas puses, un to, ka tas izmanto ārējus līdzekļus – Vārdu un sakramentu – no otras: "Caur Vārdu un sakramentiem kā instrumentiem tiek dāvāts Svētais Gars, kas – kur un kad Dievs to grib – rada ticību tajos, kuri uzklausa evaņģēliju."

mūsu iekšējā cilvēka. Viņš ir tas, kas mums liek šīs trīs lietas atskārst visā to spilgtumā un asumā, un nopietnībā: grēku, taisnību, tiesu. Par grēku varētu daudz runāt. Mūsu dienu pasaule un mūsu dienu cilvēki savā attieksmē pret dievišķām lietām bieži ir tādi, ka mēs varam visu katķismu[62] šķirt no sākuma līdz galam un apstāties pie katra baušļa, kas uzrāda grēku, un sacīt pie katra: "Jā, tā tas ir, un tādi mēs esam." Bet šeit ir runa par kādu lielo aptverošo grēku, kas velk sev līdzi, kas pamato un ierosina daudzus citus – visus pārējos grēkus – grēku, ka tie netic Man. Neticēt Kristum – tas ir grēks. Tas nav vis mans privātais viedoklis ticēt Kristum vai neticēt Kristum. Kā cilvēki to tagad saka: "Mēs varam izvēlēties Kristu, mēs varam izvēlēties Viņa vietā kādus no indiešu vai ķīniešu, vai ēģiptiešu gudriniekiem un Kristu pabīdīt nost. Viņš mums nav tik ērts kā šie pārējie." Mēs nevaram paiet garām Kristum, neiekrizdami grēka dziļumā.

Kāpēc Viņš nāca, kas tad Viņš bija, kas Viņš mums ir, kādēļ Viņš mums ir vajadzīgs? Nav neviena cita vārda, caur ko būs mūžīgi dzīvot, kā vien šis viens vārds, kas iet pāri pār visiem vārdiem[63] – Kristus. Viņā mājoja visa Dievības pilnība[64], Viņš ir ceļš un patiesība un dzīvība[65]. Taču būs cilvēki, kas stūrgalvīgi teiks: "Nē, es rāpšos kalnā, nevis iešu pa ceļu." Cilvēkam būs vajadzīga gaisma, bet viņš aizmiegs acis un teiks: "Man tās nevajag. Es varu tāpat iet, vienalga, apdauzīdamies gar nepamanītām lietām." Cilvēks var teikt: "Priekš kam man ir vajadzīga

---

[62] Tagad – katehisms. Katehisms ir īss un koncentrēts kristīgās ticības mācības izklāsts, tradicionāli jautājumu un atbilžu formā.

[63] Nav pestīšanas nevienā citā; jo nav neviens cits vārds zem debess cilvēkiem dots, kurā mums lemta pestīšana." (Apd 4:12). Sk. arī: Flp 2:9.

[64] Un Vārds tapa miesa un mājoja mūsu vidū, un mēs skatījām Viņa godību, tādu godību kā Tēva vienpiedzimušā Dēla, pilnu žēlastības un patiesības. (Jņ 1:14)

[65] Jēzus viņam saka: "ES ESMU ceļš, patiesība un dzīvība; neviens netiek pie Tēva kā vien caur Mani." (Jņ 14:6)

kāda cita dzīvība, ja es tikai šinī dzīvībā varu tā dzīvot, kā man patīk." Grēks pret Kristu. Atraidīt Kristu ir grēks un bojāeja cilvēkam. Vienalga, kādā virzienā mēs skatām cilvēka dzīvi, tā visos virzienos vienmēr atduras uz grēku, nāvi un bojāeju. Nost no Kristus ir nāve. Apzinīgi Viņu atraidīt, turēties Viņam pretī ir grēks, no kura aug visi tūkstoš pārējie.

Taisnība. Dievs Svētais Gars ir tas, kas vada mūs taisnībā – šinī vienā izšķirošajā taisnībā, par to, ka Es nu aizeju pie Tēva. Šī neparastā patiesība, šis cilvēku prātam tik ļoti grūti pieejamais vārds, ko Viņš ir atkārtojis vairākkārt, ka Viņš ir nācis no sava Tēva un ka Viņš iet atpakaļ pie sava Tēva. "Tas nevar būt, tas nevar būt, tas nevar būt," saka cilvēks, kas turas Viņam pretī. "Viņš bija cilvēks kā visi cilvēki, cilvēka ceļš ir dzīvot un mirt un kapā satrūdēt." Ja Kristus būtu palicis tur, kur Viņu nolika Lielās Piektdienas vakarā, visa mūsu ticība būtu velta un mūsu cerība būtu tukša[66] – saka apustulis. Kas mums daļas gar vienu cilvēku, kas ir dzīvojis cēli un jauki, kas ir nevainīgi miris un galu galā tāpat sadēdējis mirstībā kā mēs pārējie! Ko mēs no Viņa varam ņemt, ko Viņš mums var dot? Te cilvēki aiziet garām savai pestīšanai, savai dzīvības cerībai – Kristus ir augšāmcēlies. Un mēs, līdz ar Viņu aprakti nāvē, līdz ar Viņu ceļamies augšā ne vairs tikai šai dzīvei un dzīvībai, bet tai dzīvei un dzīvībai, kas nekad nebeigsies[67] un kas savā pilnībā visu to pārspēs, ko mēs nespējam iedomāt, un tas ir pie Tēva, pie kura Viņš aiziet. Viņš aiziet, mums sataisīdams ceļu un vietu, Viņš aiziet, mums dodams drosmi un zināšanu, un drošību, ka mums arī šis ceļš.

Un Dievs Svētais Gars ir tiesas nesējs. Nav tā, ka lietas nāk un aiziet kā vilnīši, kas smiltīs izsīkst – kas bijis, ir pagājis, labi

---

[66] Un, ja Kristus nav augšāmcēlies, tad veltīga ir mūsu sludināšana un arī veltīga jūsu ticība. (1kor 15:14) Sk. arī: (1kor 15:17)

[67] Jo mēs līdz ar Viņu kristībā esam aprakti nāvē, lai, tāpat kā Kristus Sava Tēva godības spēkā uzcelts no mirušiem, arī mēs dzīvotu atjaunotā dzīvē. (Rm 6:4)

vai ļauni, tumši vai gaiši, taisni vai līki. Kāda nu dzīve ir bijusi, tāda viņa bijusi. Tik daudzi cilvēki sevi mierina ar to: lai kādas ir bijušas šīs dzīves negantības, galu galā tas viss reiz pāries, kad smiltis mūs apsegs. Nepāries, nepāries. Tur, kur Dievs ir nolicis savu patiesību un rādījis ceļu, tur Dievs arī pārbauda šīs patiesības turēšanu un šī ceļa iešanu. Dievs Svētais Gars ir tas, kas ieskatās dziļāk mūsu iekšienē, nekā mēs paši to spējam vai gribam, un Viņš ved gaismā to, kas tur ir apslēpts. Viņš ir šis tiesātājs Gars, kuram nekāda netaisnība, nekāds tumšums, nekāds plankums nevar tikt aizbildināts, atvainots tikai tāpēc, ka mēs gribētu, lai tas tā nebūtu.

Šīs trīs lietas, šis Dieva svētais dievišķais padoma devējs – tas ir par svētību mums dots, tāpēc saka Pestītājs: tas jums ir par labu, ka es aizeju. Es aizeju, lai jūs saņemtu kaut ko tik lielu, no kā jūs dzīvosiet līdz pasaules galam, līdz kamēr šī pasaule pastāvēs. Viņa vārdi nezudīs[68], Viņš pats nezudīs, jo Dievs Svētais Gars būs tas, kas mums Viņu dos un rādīs. Tas nav cilvēku no gaisa sagrābtais jūsmības gars. Tas ir Gars, kas nāk no dievišķiem augstumiem, kas nāk ar dievišķo spēku un ar dievišķām dāvanām. Un šīs dāvanas ir tāpat kā tās liesmas, ar kādām Viņš nāk, kas reizē apgaismo un silda un reizē dedzina un iznīcina, savā tiesā iznīcinot un savā patiesībā apgaismojot. Mūsu Pestītājs ir devis mierinājumu saviem mācekļiem. Šis Viņa mierinājums ir kristīgās draudzes dzīves pamatu pamats. Šis Pestītāja mierinājums ir mūsu ticības sirds un serde. Šis Viņa mierinājums ir tas dzīvības avots, ka mēs Viņa gaismā redzam gaismu. Šis Viņa mierinājums [*ieraksts apraujas*].

Sprediķis teikts 1993. gada 9. maijā

---

[68] Debess un zeme zudīs, bet Mani vārdi nekad nezudīs. (Mt 24:35) Sk. arī: Mk 13:31, Lk 21:33.

6. svētdienā pēc Lieldienām

[*Sākas ieraksts*] .. ko Viņš ir devis, ka dzīvība nav dārgākā manta cilvēkam, bet piederība Viņam, paklausība Dievam, visa vara, un, no Stefana[69] dienām sākot, kad viņa nonāvētāji domāja, ka viņu rokās ir vara iznīcināt, viņš redzēja atvērtās debesis un Viņa godību[70], to, kam ir vara pār dzīvību un pār mūžību. Arī tad mums tas ir jāzina, arī tad mums ir jāzina, ka mums ir jāpasludina, ka mums ir jādziedina, ka mums ir jāizdzen tumsas spēki[71], ka mēs esam likti, un šeit Pestītājs neatrunā neko. Viņš šos apstākļus pazīst, par kuriem cilvēki saka: apstākļi spiež, apstākļi kavē, apstākļi neļauj. Viņa rokās ir vara arī pār šiem apstākļiem, ko piedzīvojam tie, kas uzdrošināmies. Uzdrošināmies ne tikai sajūsmināties par šiem spēka pilnajiem vārdiem, bet uzdrošināmies tos pārbaudīt to spēcīgumā. Un redzi, tad notiek tas, ka var staigāt pār odzēm, un nekāda inde neņem[72]. Un tumsas spēki bēg, un to Viņš

---

[69] Stefans (gr. – kronis) bija viens no 70 Jēzus mācekļiem, un viens no pirmajiem izraudzītajiem Baznīcas diakoniem – "vīrs, ticības un Svētā Gara pilns" (Apd 6:1-6), un pirmais martirs – viņš tika nomētāts akmeņiem savas liecības dēļ par Kristu (Apd 6-7). Notikumu vēroja jaunais Sauls, vēlākais apustulis Pāvils (Apd 7:58-8:1). Starp viņiem izveidojās tik dziļa iekšēja saikne, ka sv. Augustīns vēlāk teica: "Ja Stefans nebūtu lūdzies, Baznīcai nebūtu Pāvila."

[70] Bet viņš, Svētā Gara pilns, skatījās uz debesīm un redzēja Dieva godību un Jēzu stāvam pie Dieva labās rokas un sacīja: "Lūk, es redzu debesis atvērtas un Cilvēka Dēlu stāvam pie Dieva labās rokas." (Apd 7:55-56)

[71] Un Viņš tiem sacīja: "Eita pa visu pasauli un pasludiniet evaņģēliju visai radībai." Kas tic un top kristīts, tas tiks svēts, bet, kas netic, tiks pazudināts. Bet šīs zīmes ticīgiem ies līdzi: Manā Vārdā tie ļaunus garus izdzīs, jaunām mēlēm runās, čūskas aizdzīs, un, kad tie dzers kādas nāvīgas zāles, tad tas tiem nekaitēs. Uz neveseliem tie rokas uzliks, tad tiem būs labāki." (Mk 16:15-18)

[72] Turpat.

grib, lai tas pasaulē notiktu līdz tam brīdim, kad Viņš atkal atnāks, lai uzņemtu savu Valstību. Āmen.

Lūgsim Dievu. Kungs Jēzu Kristu, Tavas godības un Tavas visvaras priekšā mēs noliecamies un apliecinām, ka Tu esi Ķēniņš mūžīgi, un apliecinām, ka Tava vara ir tā, kas pār katru no mums izplesta ne tikai aicinājumā un uzdevumā, bet pavisam [*nesaklausāms vārds*] Tavā pasargāšanā, Tavā spēkā. Mēs lūdzam Tevi, Tu pats redzi, kas ir šī pasaule, no kuras Tu esi pacelts debesīs. Tu redzi visas šīs lietas, ka ir audzis augumā ļaunums un grēks, un netaisnība cilvēkos un tautās. Tu pats redzi, cik maz spēj cilvēka padoms un kā visas cilvēku domas maldās apmiglojumā un tumsā. Ceļš, patiesība, dzīvība esi Tu. Vara un spēks, un padoms ir pie Tevis. Mēs lūdzam, sūti šo Tavu apgaismojumu pār visām lietām: pār Tavu draudzi, mūsu mīļo garīgo māti, mūsu Baznīcu, pār mūsu jauno arhibīskapu[73] viņa nopietnajā uzdevumā, pār visām draudzēm, ganiem, draudzes locekļiem, darbiniekiem, Dieva lūdzējiem, pār visiem izslāpušiem un izsalkušiem pēc patiesības, pār visiem, kas cieš un vajāti taisnības dēļ, pār visiem tiem, kas izmisumā un šaubās, un neziņā un meklē ceļu, un neatrod, pār visiem tiem, kas raud savās neremdināmās bēdās, nevarēdami paši atrast izeju no saviem grūtumiem, un to viņi tiešām nevar bez Tevis, un pār visiem tiem, kas citāda veida grūtumos. Esi ar mūsu mīļo dzimteni, ar mūsu tautu. Sargi un pasargi to no visām briesmām, nelaimes un piemeklējumiem, stāvi klāt, vadīdams un kārtodams mūsu tautas likteņus un ceļus šinī izšķiršanās laikā. Apgaismo tos, kuriem priekšā stāv uzdevumi valsti vadīt, cilvēku dzīvi līdzveidot. Savaldi visu cilvēcīgo pārgalvību un neizpratni! Esi ar visiem tiem, kuri ir paciešanā un slimības sāpēs, vecuma vārgumā un nespēkā un kuri stāv uz nāves sliekšņa. Tavu žēlastību lūdzamies par meitiņu, kuru šeit savās lūgšanās ieliekam Tavās rokās. Un lūdzam Tevi, kad mūsu

---

[73] Jānis Vanags – dz. 1958.25.V, ordinēts 1985.1.XII, konsekrēts 1993.29.VIII.

dienu mērs būs pilns, kad mums būs jāstājas Tavā priekšā, ļauj mums būt tur, kur Tev tiek sacīta pateicība un slava no Taviem apžēlotajiem. Paklausi mūs, aizstāvi mūs pie Tēva ar mūsu lūgšanām, kā Tu mums to solīji. Āmen.

Sprediķis teikts 1993. gada 22. maijā

3. svētdienā pēc Trīsvienības svētkiem (Lk 15:1-10)

[Žēlastība un miers] lai jums visiem no Dieva, mūsu Tēva, un mūsu Kunga un Pestītāja Jēzus Kristus! Āmen.

Uzklausi, kristīgā draudze, šīs dienas Svēto evaņģēliju, kas ir rakstīts pie Lūkas 15. nodaļā:
Bet visādi muitnieki un grēcinieki pulcējās ap Viņu, lai klausītos Viņu. Un varizeji un rakstu mācītāji kurnēja un sacīja: "Šis pieņem grēciniekus un ēd kopā ar tiem." Tad Viņš tiem stāstīja šādu līdzību: "Kurš no jūsu vidus, kam ir simts avis un kas vienu no tām ir pazaudējis, neatstāj visas deviņdesmit deviņas tuksnesī, lai ietu pakaļ pazudušajai, līdz kamēr tas to atradīs? Un, to atradis, tas prieka pilns to ceļ uz saviem pleciem un, mājās nācis, sasauc savus draugus un kaimiņus un tiem saka: priecājieties ar mani, jo es savu pazudušo avi esmu atradis. Es jums saku, tāpat būs lielāks prieks debesīs par vienu grēcinieku, kas atgriežas, nekā par deviņdesmit deviņiem taisniem, kam atgriešanās nav vajadzīga. Jeb kura sieva, ja tai ir desmit graši un tā vienu no tiem ir pazaudējusi, neaizdedzina sveci un neizmēž māju, rūpīgi meklēdama, līdz kamēr tā to atrod? Un, atradusi to, tā sasauc savas draudzenes un kaimiņienes un saka: priecājieties ar mani, jo es savu grasi esmu atradusi, kuru biju pazaudējusi. Gluži tāpat, Es jums saku, ir prieks Dieva eņģeļiem par vienu grēcinieku, kas atgriežas." (Lk 15:1-10) Āmen.

Mūsu Svēto Rakstu brīnišķajā krājumā ir divas ļoti skaistas, dziļi iezīmīgas vietas, kas runā par Labo Ganu. Viena no tām ir Vecajā Derībā, kur dziesminieks un pravietis Dāvids runā par Labo Ganu, par šo brīnišķo priekšrocību būt Viņa ziņā, Viņa patvērumā un [par] to drošinājumu, ko Viņš dod, ka, arī staigājot nāves tumšā ielejā, nav izbīšanās. Un Jaunajā Derībā mūsu Pestītājs runā par šo pašu salīdzinājumu un dod šim salīdzinājumam arī viņa īsto, beidzamo izskaidrojumu ar tiem vārdiem, ko Viņš saka: "Es esmu labais gans."⁷⁴ "Es esmu tas, kas vada ganāmo pulku." Un līdz ar to Viņš mums ir parādījis, kādā dziļā dzīvības sakarībā mēs un mūsu dzīves gājums stāv ar Viņu. Šī saistība ar Viņu, piederība Viņam, uzticība Viņam un Viņa sardzības paceltais zizlis, Viņa acs, kas redz, kas vada tur, kur tas ir vajadzīgs, tur, kur tas ir tas nepieciešamais, uz ganībām pie atspirdzinājuma, uz piepildītu cilvēka dzīvi Viņa klātbūtnē. Būt ar Viņu – tas nozīmē palikt dzīvības pasargātāja, vadītāja un virziena rādītāja ziņā. Šodien mūsu Pestītājs runā arī par ganu un par ganāmo pulku, un Viņš rāda tās sekas, ko nozīmē atraisīties no Viņa ganāmā pulka. Šo līdzību Viņš stāsta cilvēkiem, kuri ar lielu, var teikt, nicināšanu un nepatiku nolūkojas uz tiem, kurus viņi tur zemākus par sevi, uz tiem, par kuriem viņi saka: "Tie tak ir apmaldījušies savā dzīvē, savā ticībā kļuvuši vāji un savos tikumos izlaidīgi un nekrietni." Cilvēki, no kuriem jānovēršas. Farizeji ar nicināšanu un ar tādu sašutumu redz, ka Jēzus taisni šiem pievēršas. Cilvēka Dēls ir nācis meklēt un svētu darīt to, kas ir pazudis. Nācis meklēt. Un šinī līdzībā Viņš runā par pazudušajiem un par meklēšanu.

Viņi ir bijuši kopā tanī pulkā ar visiem pārējiem. Viss ganāmpulks ir bijis kopā, šo ganāmpulku Viņš ir vadījis – vadījis tā, kā tas ir tanī zemē parasts, kur nav vienmērīga ganība, bet kur ir pastāvīgi jāpārvietojas uz tām vietām, kur ir zālājs – cauri tuksnešainām vietām, garām tukšajām, sausajām, neauglīgajām vietām. Mums nav jāpaskaidro tuvāk, mēs paši zinām un saprotam, ka Viņš ir domājis šeit, ka šis ganāmais pulks ir tas Viņam uzticētais pulks, ko Viņa Tēvs Viņam ir uzticējis un devis, tas ir, šī pasaule ar tās iedzīvotājiem, cilvēkiem, šī Viņa sapulcinātā un vadītā kristīgā draudze.

Šis ganāmais pulks, kuru Viņš vadīja, bija viss kopā. Un pēkšņi izrādījās, ka kāda avs vairs nav pie visiem. Tā ir kaut

---

[74] ES ESMU labais gans; Es pazīstu Savas avis, un Manas avis Mani pazīst. (Jņ 10:14)

kur noklīdusi, palikusi ceļā vai nomaldījusies. Kas varēja būt noticis? Varbūt viņa ir atpalikusi, kavēdamās tur, kur viņa ganījās, nesteigdamās, domādama, ka gan jau viņa panāks pārējos. Varbūt, ka viņa ir devusies pēc savas pašas iegribas kaut kur sānis, kur viņa redzēja kaut ko vilinošu, kaut ko labāku, lai noplūktu tur to labāko, skaistāko zāli. Varbūt viņu ir notrenkājuši stepes dzīvnieki, vilki. Viņa ir aiztrenkta kaut kur tālu prom, no visiem pārējiem prom. Varbūt, ka viņa ir sapinusies ērkšķos, no kuriem nav iespējams atbrīvoties, kur tikai saplosās arvien vairāk un nevar tikt uz priekšu. Varbūt, ka viņa ir iekritusi kādā aizā, bedrē, no kuras viņa nav spējīga izrāpties. Mēs kādreiz redzam tādos skaistos tēlojumos, kur dievbijīgi gleznotāji mums rāda, kā gans, pārliecies pār bezdibeņa malu, mēģina atbrīvot no briesmām un sāpēm avi, kas tur tanī ērkšķu krūmā, kas aug, pārkāries pāri pār malu, [sapinusies]. Varbūt tā ir bijusi viņas pašas īpatā pārgalvība – mēs nezinām. Mēs zinām tikai to, ka šajos notikumos ir ļoti daudz tā gleznainā satura, kas runā uz mums, uz cilvēkiem par tā sauktiem mūsu atsevišķajiem ceļiem, par tiem mūsu gājieniem, kur mēs ieraugām kaut ko labāku nekā šo ierasto iešanu līdzi visiem pārējiem, ierasto paklausību, piederību ganam un ganītājam. Lūk, cilvēks taču ir brīvs! Viņš var izvēlēties, viņš var saprast [to], ko nesaprot tie citi pārējie, viņš var meklēt arī savus ceļus! Mēs visu to varam ieraudzīt šinī gadījumā, kas tad lika atšķirties no ganāmā pulka.

Kādā bērnu stāstu grāmatiņā [ir] tāds mazs tēlojumiņš ar mazu pamācību bērniem. Tas stāsts ir par kazu, kas ir ganījusies labi, skaisti turpat dārzā un ieraudzījusi, ka uz kūtiņas jumta ir izaudzis viens zāļu kušķis. Un tas ir tik vilinošs viņas acīm un prātam, ka viņa katrā ziņā grib to dabūt un nogaršot. Ļoti sarežģīti pa visādām piebūvēm un visādām citām blakus lietām viņa kāpj un rāpjas ar pūlēm, kamēr viņa tiek uz slīpā kūtiņas jumta, uz kura nemaz nav tik droši stāvēt, un tiek beidzot pie šī zāļu kušķa. Izrādās, tas nemaz nav ne labāks, ne citādāks kā tie, kas viņai bija visu laiku zem kājām. Un nu ir lielā vilšanās. Bet nu arī vairs nevar tikt zemē! Tur, kur varēja uzrāpties ar zināmām pūlēm, tur nolaisties zemē vairs nevar. Un nu ir jābrēc un jāmeklē palīdzība. Tā tas kādreiz ir ar tā sauktajiem cilvēku patstāvīgajiem centieniem, ar tiem ideāliem, kas mūsu dienās ir daudz pārāki par visu, ko mēs esam līdz šim pazinuši. Un, kad nu mēs beidzot uzrāpjamies, tad izrādās, ka tās ir tās pašas vecu vecās lietas, kuras mēs tāpat esam zinājuši. Tikai mūsu lepnība, iedomība, mūsu nevēlēšanās iet baram līdzi, kas iet parasto kārtības ceļu, noved mūs neceļā. Varbūt tur ir arī trenkātāji zvēri, kas iztrenkājuši.

Man gadījās tikties ar kādu sievieti, kas bija ļoti satraukta savās dzīves lietās, pārmetumu pilna. Arī kristīgai draudzei. Viņa pateica tādu savādu vārdu – jā, tanī laikā, kad bija tie briesmīgie laiki, kad skolotāji bija apdraudēti, ja viņi gāja baznīcā, tad viņa nav gājusi baznīcā, sargādamās no [*nesaklausāmi vārdi*]. Bet tagad? Nu bet tagad? Nē, tagad viņa nevar nākt baznīcā, jo tur ir visi tie grēcinieki! Par to viņa zina šo un par to citu zina atkal to! Viņa savā nu, teiksim, vai svētumā, vai kā nevar nākt, lai ar šiem necienīgajiem, kādi sapulcējas baznīcā, būtu kopā, par kuriem tak visi zina, ka baznīcā taču nāk tikai liekuļi un tikai visāda veida grēcinieki. Un, lūk, viņa negrib viņiem būt klāt. Taisni tāpat kā te ap Jēzu, kad bija sapulcējušies visi šie nelaimīgie un izslāpušie un kad farizeji viebās un rūca: "Kāda daļa šiem? Mēs nevaram un negribam būt ar viņiem kopā."[75] Viens no tiem ceļiem, kas cilvēku noved paštaisnības strupceļā. Un izrādās, ka nevis tie muitnieki ir pazudušās avis, bet šie, kas iekrituši savas paštaisnības dziļajās bedrēs un nevar tikt vairs ārā.

Pestītājs runā par briesmām, ko tas nozīmē – atraisīties no Viņa. Lai kādi ir iemesli – vai tā ir pašu vaina, pašu iedoma, tā sauktie patstāvīgie ceļi par spīti tiem, kas ar saviem ierastajiem

---

[75] Un, kad rakstu mācītāji un farizeji Viņu redzēja ēdam ar grēciniekiem un muitniekiem, tad tie sacīja Viņa mācekļiem: "Vai tad Viņš ēd ar muitniekiem un grēciniekiem?" (Mk 2:16) Sk. arī: Lk 5:30, Mt 9:11.

ceļiem jau nu ir apnikuši, vai tā ir labuma meklēšana, kas šķiet labāks nekā tas, ko Labais Gans varētu piedāvāt savās ganībās. Varbūt tas zāles kušķītis tur, uz kūtiņas jumta, ir tiešām zelta vērts, salīdzinot ar to, kas viņam būtu ganībās. Kāda nu katram ir bijusi šī lieta. Un citu varbūt ir aiztrenkājuši vilki, kas ir teikuši: "Mēs tevi saplosīsim." Bet taisni tāpēc viņi jau arī trenc viņu, lai saplosītu, tāpēc viņi atšķir viņu no ganāmā pulka, lai padotu iznīcināšanas briesmām, kuras draud tam, kas ir atšķīries no Gana apsargātā pulka. Un Labais Gans – tagad mēs redzam Viņa svēto darbu.

Viņš neapmierinās ar to, ka pietiks ar atlikušajām avīm. Un ne ieguvums Viņu skubina, bet žēlums, apzinoties visas tās briesmas, kādas draud šai atšķirtībai. Tā mūsu Kungs un Pestītājs ir nācis meklēt un darīt svētu to, kas ir pazudis, jo Viņš zina, ka tās ir lielas briesmas – būt atšķirtam no Viņa. Tik lielas briesmas, ka pašapzinīgais, paštaisnais, pašlabuma meklētājs, pārgudrais cilvēks nemaz to nevar ne izdomāt līdz galam, ne saprast, bet Jēzus to zina. Viņš zina, cik apdraudēti mēs esam. Tas Labais Gans, kam Viņa avis ir zudušas, tas nebīstas pat krusta nāves[76], kā mēs dziedājām dziesmā. Sāpes, bailes un bēdas Viņa svētajā, mīļajā sirdī, kad Viņš mūs redz atšķirtībā no sevis. Viņš redz to iepriekš, ka ceļš bez Viņa ir nāves ceļš. Saplosīšanās tā sauktajos dzīves ērkšķos. Dzīve pārvēršas par vaimanām un pārmetumiem, un lāstiem. Dzīve pārvēršas par kritienu bezdibenā, kur visas lietas iet bojā. Dzīve pārvēršas par bailēm vilku priekšā, kas tīko beidzot arī pārraut viņa dzīvību. Viņš zina visu to. Viņš zina visas tās lietas, par kurām cilvēki saka: "Jūs jau to nesaprotat, kādas ir manas ciešanas... Jūs jau to nezināt, kā man klājas... Man neviens

---

[76] 156. dziesmas 1. pants: "Tas labais gans, kam savas avis Ir zudušas, tās neaizmirst, Viņš nebīstas no rūgtas nāves, Viņš labāki pie krusta mirst, Nekā tās sāpes izciestu, Ka viens pats jēriņš pazustu." *Dziesmu grāmata Evaņģēliski luteriskām draudzēm.* Rīga, 1929.

nevar palīdzēt manā nelaimē..." Ai, cik daudz mēs dzirdam šos vārdus! Kas ir aiz visiem šiem vārdiem? Aiz visiem šiem vārdiem ir mūsu klusētāja balss, kas nesalkst pēc Kristus! Šī nelaimīgā avs laikam ir brēkusi, lai varētu viņu atrast. Nav tādu bēdu, nav tādas nelaimes, nav tāda piemeklējuma, kuru Viņš nepazītu un kurā nebūtu Viņa vārds vietā, kur Viņš saka: "Nāciet pie Manis visi bēdīgie un grūtsirdīgie, Es jūs gribu atvieglināt!"[77] Nāciet atpakaļ, griezieties atpakaļ, ļaujieties atkal paņemt sevi svētajās rokās un celt uz pleciem, un nest. Novārdzināto un saplosīto nest uz mājām, lai priecātos.

Mūsu pazušana. Cilvēki ir pazuduši. Pazudušie grēcinieki. Briesmīgi skan šie vārdi! Kādreiz tos lieto kā zākājumus, un tomēr aiz tiem guļ dziļa patiesība.

Un šajā otrajā līdzībā mūsu Pestītājs runā par kādām lietām, par kurām, liekas, nevajadzētu nemaz runāt – kas tur nu sevišķs, ka no pirkstiem ir izslīdējis šis niecīgais naudas gabaliņš, ne jau zelts, ne sudrabs, laikam kāds vienkāršs vara gabaliņš, un aizripojis kaut kur un pazudis. Pazudis, nav tā! Visa meklēšana neko nedod. Tas pats arī nedod nekādu ziņu, tas ir mēms. Tas nevar palīdzēt meklētājam, tas nevar neko dot no sevis, nekādu ziņu. Tas kaut kur tik dziļi iekritis, tik dziļi iesprūdis kādā grīdas spraugā. Ieripojis kādos gružos un mēslos un paslēpies zem visa tā, un tam var staigāt klāt un garām, un pāri – neviens tā neatrod un nemeklē. Tas ir tas bēdīgais pazudamības stāvoklis. Šī cilvēka pilnīgā nevarība palīdzēt sev pašam. Bet varbūt pat negribība! Samierināšanās ar to tumsu, kurā viņš ir ieripojis, ar spraugu, kurā viņš ir iesprūdis, ar tiem mēsliem, kuros viņš ir iekritis. Viņam vienalga! Viņš var arī tā.

Dieva mīlestība mūsu Pestītājā. Tikai tad mēs saprotam, ko nozīmē Vārdi, ka Dievs ir mīlestība! Mēs šo vārdu bieži vien

---

[77] Nāciet šurp pie Manis visi, kas esat bēdīgi un grūtsirdīgi, Es jūs gribu atvieglināt. (Mt 11:28)

tā mētājam, nemaz nepadomādami tā dziļumu, nepadomādami tā bijājami lielo saturu, cik liela ir šī mīlestība. Šī aizdegtā svece, kura apgaismo tumsu, kura iespīd visos tumšajos kaktos, kura beidzot liek arī šim niecīgajam vara gabaliņam pretī paspīdināties. Šī Viņa svētā patiesība, kuru Viņš nes mums pretī un parāda, kur mēs patiesībā atrodamies un cik bezcerīgi mēs esam, un cik nožēlojami mēs esam savā stāvoklī, kur visa mūsu vēlēšanās sevi paglābt, izglābt ir neiespējama.

Ir tādas jocīgas jaunas ticības, kuras mums nes no Austrumiem nu šurpu. Tās saka, ka cilvēks jau nemaz nav grēcinieks, to izdomājuši tie kristīgie cilvēki. Viņš tikai nav īsti pilnīgs, un šo pilnību viņš iegūst tad, kad viņš tā īsti, pamatīgi sāk nodarboties pats ar sevi – ar savām domām, ar savu ēšanu vai neēšanu, ar savu sēdēšanu, ar visādām tādām lietām, ar savu elpošanu. Tad viņš arvien augstāk, augstāk, augstāk celsies un pacelsies beidzot tur, kur nu ir tie pilnības augstumi. Ak, tu nabaga grasīti! Kā tu lai pacelies, un ko tu gan vari iespēt, iesprūdis šīs dzīves un šo apstākļu un grēku spraugā? Ko līdz tas, ko mēs paši ar sevi darām? Ko līdz tas arī tam grasītim, ja tas tur sēž tumsā un iespīlējumā un domā augstas domas, ja tas ar visām domām tur neripo! Tam jāpalīdz! Tas nevar. Viss, ko tas varētu mēģināt savā iespīlētībā, savā grēka iespīlētībā, savā dzīves tā sauktō apstākļu iespīlētībā – tas viss to nepakustina no vietas, tas viss to nenes atkal ārā gaismā, tas viss nedod nekā. Tur ir vajadzīga Roka, kas vispirms parāda Gaismu un tad satver, un paceļ, un izceļ, un iznes atpakaļ, priecīgajā, siltajā saujā turēdams, atkal jaunai dzīvei.

Mūsu Kungs un Pestītājs mums rāda šajos daudzkārtējos salīdzinājumos, ko nozīmē Viņa vārds: "Es esmu dzīvība."[78] Ar Viņu ir dzīvība, bez Viņa tās nav. Mēs varam zaudēt, mēs varam noklīst, mēs varam pazust, bet Viņa mīlestība ne

---

[78] Jēzus viņai sacīja: "ES ESMU augšāmcelšanās un dzīvība; kas Man tic, dzīvos, arī ja tas mirs. (Jņ 11:25) Sk. arī: Jņ 14:6.

atkāpjas no mums. Bet mūsu dzīvība ir tikai pie Viņa un ne bez Viņa. Kur mēs esam atstāti tā sauktajiem apstākļiem, kā cilvēki tagad runā – viņi nerunā par saviem grēkiem, viņi runā par apstākļiem. Aiz šiem apstākļiem stāv grēks, kurā viņi neatzīstas. Tur mēs nevaram citādi kā tikai tā, ka mēs ļaujamies salīdzināties ar Dievu. Āmen.

Sprediķis teikts 1993. gada 27. jūnijā

5. svētdienas nedēļā pēc Trīsvienības svētkiem
(Apd 9:1-31)

Žēlastība un miers lai ir jums visiem no Dieva, mūsu Tēva, un mūsu Kunga un Pestītāja Jēzus Kristus! Āmen.

Uzklausi, kristīgā draudze, Dieva svēto Vārdu no Apustuļu darbu grāmatas 9. nodaļas!

Svētī, Kungs Dievs, Svētais Gars, Tu apgaismotājs un dievišķais patiesības Gars! Tava svētā patiesība arī mūs aptver, un mēs esam viņas atzinēji un piepildītāji un Tavas patiesības apliecinātāji! Āmen.

Bet Zauls, vēl draudus un nāvi šņākdams pret Tā Kunga mācekļiem, gāja pie augstā priestera un lūdza no tā vēstules sinagogām Damaskā, lai, atradis kādus šīs mācības piekritējus, vīriešus vai sievietes, tos saistītus vestu uz Jeruzalemi. Bet, viņam ejot, notika, ka, tuvojoties Damaskai, piepēši viņu apspīdēja gaisma no debesīm, un, pie zemes nokritis, viņš dzirdēja balsi, kas viņam teica: "Zaul, Zaul, kāpēc tu Mani vajā?" Viņš jautāja: "Kas Tu esi, Kungs?" Bet Viņš atbildēja: "Es esmu Jēzus, ko tu vajā; celies un ej pilsētā, un tev pateiks, kas tev jādara." Bet viņa ceļa biedri stāvēja kā mēmi, balsi gan dzirdēdami, bet nevienu neredzēdami. Zauls piecēlās no zemes un, acis atvēris, neko neredzēja; un viņi to pie rokas ieveda Damaskā. Trīs dienas viņš nevarēja redzēt un ne ēda, ne dzēra. Damaskā bija kāds māceklis, vārdā Ananija, un Tas Kungs parādībā viņu uzrunāja: "Ananija!" Viņš atbildēja: "Še es esmu, Kungs!" Tas Kungs viņam sacīja: "Celies un ej uz tā saukto Taisno ielu un uzmeklē Jūdas namā tarsieti, vārdā Zaulu; viņš lūdz Dievu un parādībā ir redzējis vīru, vārdā Ananija, ieejam un tam rokas uzliekam, lai atkal kļūtu redzīgs." Bet Ananija atbildēja: "Kungs, es no daudziem esmu dzirdējis par šo vīru, cik daudz ļauna viņš darījis

Taviem svētajiem Jeruzalemē; un te viņam ir augsto priesteru pilnvara saistīt visus, kas piesauc Tavu Vārdu." Bet Tas Kungs viņam sacīja: "Ej, jo viņš Man ir izredzēts ierocis nest Manu Vārdu pagānu un Izraēļa bērnu ķēniņu priekšā. Jo Es viņam rādīšu, cik daudz viņam Mana vārda dēļ jācieš." Ananija aizgāja un nonāca tanī namā un, viņam rokas uzlicis, sacīja: "Brāli Zaul, Kungs Jēzus, kas tev parādījies ceļā, pa kuru tu nāci, mani sūtījis, lai tu atkal kļūtu redzīgs un pilns Svētā Gara." Tūdaļ no viņa acīm nokrita kā zvīņas, viņš atkal redzēja un uzcēlies tika kristīts. Un viņš ēda un atspirga. Viņš palika dažas dienas pie mācekļiem Damaskā un tūdaļ sludināja par Jēzu sinagogās, ka Tas ir Dieva Dēls. Bet visi, kas to dzirdēja, uztraucās un sacīja: "Vai viņš nav tas, kas Jeruzalemē vajājis tos, kas piesauc šo vārdu, un vai viņš nav tāpēc šurp nācis, lai tos saistītus vestu pie augstajiem priesteriem?" Bet Zauls arvien vairāk iedegās un saviļņoja jūdus, kas dzīvoja Damaskā, pierādīdams, ka Jēzus ir Kristus. Kad labs laiks bija pagājis, jūdi nolēma viņu nonāvēt. Bet viņu nodoms Zaulam kļuva zināms. Viņi sargāja vārtus dienām un naktīm, lai viņu nonāvētu; bet mācekļi naktī viņu nolaida kurvī pār mūri zemē. Jeruzalemē nonācis, viņš raudzīja piebiedroties mācekļiem; bet visi no tā bijās, neticēdami, ka viņš ir māceklis. Bet Barnaba ņēma viņu savā aizsardzībā un veda pie apustuļiem un tiem stāstīja, kā viņš ceļā redzējis To Kungu un ka Tas ar viņu runājis, un kā viņš Damaskā atklāti sludinājis Jēzus vārdā. Un viņš bija pie tiem Jeruzalemē, nāca un gāja, droši sludinādams Tā Kunga vārdā. Viņš runāja arī un disputēja ar hellēnistiem; bet tie meklēja viņu nonāvēt. Brāļi, to manīdami, viņu aizveda uz Cēzareju un aizsūtīja uz Tarsu. Tad draudzei visā Jūdejā, Galilejā un Samarijā bija miers, un tā auga un dzīvoja Tā Kunga bijībā un pilnam baudīja Svētā Gara iepriecu. (Apd 9:1-31) Āmen.

Mīļā draudze! Šī nodaļa, šis īsais kopā savilktais vēstījums satur kādu milzīgu, lielu piepildījumu, kāda liela, neparasta, ārkārtīga dievišķa spēka izpausmi un godību – farizeja, vajātāja

Zaula atgriešanās. Farizeja, dedzīgā jūdu ticības cīnītāja, kļūšana par apustuli, kura darbošanās – tie gadi, kurus mums piemin Svētie Raksti, – tie gadi apvērsa visu tā laika garīgo pasauli. Šis vīrs ir tas, kura darba atspulgā un piepildījumā, turpinājumā arī mēs esam tas, kas mēs esam Kristū.

Kristīgā draudze kā rieksta kodols, ieslēgta cietajā čaumalā, bijībā un uzticībā kopa savu ticību pielūgšanā, lūgšanās uz Jēzu Kristu, tanī pašā laikā vēl daudzreiz skatīdamās atpakaļ uz bauslību un tās [*nesaklausāms vārds, iespējams,* jūgu]. Ar šo vienu, par kuru Dievs vēstīdams saka: "Es viņam rādīšu, cik daudz viņam Manis dēļ, Mana vārda dēļ būs jācieš," – šīs daudzās ciešanas, kuras pie Jēzus trīspadsmitā apustuļa iesākas gandrīz jau ar pirmo soli, [viņa ceļš] jau no pirmā soļa ir iezīmēts ar vajāšanām, nāves draudiem, dzīvības briesmām, neskaitāmām grūtībām visādos apstākļos.[79]

"Zaul, kāpēc tu Mani vajā?" – viņa pavadoņi dzird šos vārdus. Tie ir apliecināti vārdi, ka no augstības ir atskanējusi kāda vēsts. Svētie Raksti nav pārāk bagāti ar šādām vietām, kur Dieva balss tiek dzirdama cilvēkiem[80] – nevis praviešu atkārtojumā, bet tiešajā teikumā. Un vienmēr šis tiešais debesu atklājums nozīmē kaut ko dziļi būtisku. Tā nav tikai neparastība, satricinājums, kas pēkšņi cilvēkiem ir dots, lai viņus uz

---

[79] Tie ir ebreji? Es arī. Tie ir israēlieši? Es arī. Tie ir Ābrahāma dzimums? Es arī. Tie ir Kristus kalpi? Es runāju neprātā – es vēl vairāk: daudz vairāk darbā, daudz vairāk cietumos, bez mēra sitienus ciezdams, bieži nāves briesmās. No jūdiem es esmu dabūjis piecas reizes četrdesmit sitienu bez viena. Trīs reizes dabūju rīkstes, vienreiz mani mētāja akmeņiem, trīs reizes biju ūdens briesmās, visu dienu un nakti biju jūras viļņu varā. Bieži biju ceļojumos, ūdens briesmās upēs, laupītāju briesmās, briesmās savu ļaužu vidū, briesmās pagānu vidū, briesmās pilsētā, briesmās tuksnesī, briesmās uz jūras, briesmās viltus brāļu starpā, darbā un pūlēs, daudzās bezmiega naktīs, izsalkumā un slāpēs, daudzreiz badā, salā un kailumā. (2kor 11:22-27) Sk. arī: 2kor 1:8-9, Tim 3:10-11.

[80] Sk.: 1Moz 1:24-29, 1Moz 22:2, 1Ķēn 12:23-4, 2Lku 11:2, Ps 2:7, Jes 42:1, Mt 12:18, Mt 17:5, Mk 1:11, Lk 3:2-6, Lk 9: 35.

kaut ko samusinātu, sajūsminātu, kā mēs to varētu domāt: ka, lūk, [ir] tādas lietas, notiek tāda demonstrācija. Tās nedaudzās vietas, kur debesis atveras[81] un uzrunā – tās nav cilvēku domām domātas manifestācijas, izteiksmes. Tās ir kāda liela, īpaša, dievišķa nodoma vai sākuma atklājums.

"Šis ir Mans mīļais Dēls, klausiet Viņu!"[82] Tas notika toreiz, kad Jēzu kristīja, kad notika kas tāds, kas notika ar tūkstoš citiem cilvēkiem. Un no visas šīs vienveidības un parastības Dieva balss izcēla vienu no šiem daudzajiem ārā un apzīmogoja ar tādu zīmogu, kas ir palicis kā apliecības vārds uz visiem laikiem. Šeit notiek kaut kas īpati līdzīgs. Šeit tiek aicināts jauns Jēzus māceklis, tā Jēzus, par kuru ir sacīts – "Mans mīļais Dēls", Viņa jaunais māceklis.

"Kāpēc tu Mani vajā? Celies, un tev sacīs, kas tev jādara!"[83] Kā ar vienu svītru ir pārvilkts pāri pār to milzīgo piepūli, pašuzupurēšanos, darbošanos, nerimšanu, arī naidpilno spēku, kas atraisīts, vajājot atkritējus no viņa ierastās un mīļotās tēvu ticības. Kā ar vienu tādu vēzienu, kas visu maina – "Es rādīšu, cik daudz viņam Manis dēļ ir jācieš."[84]

Kā viņš [apustulis Pāvils] vēlāk atzīstas pats: "Es dzīvoju [*nesaklausāms vārds*] esmu Kristus [*nesaklausāms vārds*], es

---

[81] Notika tas trīsdesmitā gada ceturtā mēneša piektajā dienā, kad es biju aizvesto starpā pie Ķebaras upes; tad atvērās debesis, un es redzēju dievišķas parādības. (Ec 1:1) Sk. arī: Lk 3:21.

[82] Mācītājs R. Feldmanis acīmredzot domājis vārdus, kas tika sacīti, kad Kristus tika apskaidrots kalnā pirms ciešanām. "Tam vēl runājot, redzi, spoža padebess tos apēnoja, un redzi, balss no padebess sacīja: "Šis ir Mans mīļais Dēls, pie kura Man labs prāts; To jums būs klausīt." (Mt 17:5) Sk. arī: Mk 9:7.

[83] Un, pie zemes nokritis, viņš dzirdēja balsi, kas viņam teica: "Zaul, Zaul, kāpēc tu Mani vajā?" Viņš jautāja: "Kas Tu esi, Kungs?" Bet Viņš atbildēja: "Es esmu Jēzus, ko tu vajā; celies un ej pilsētā, un tev pateiks, kas tev jādara." (Apd 9:4-6)

[84] Jo Es viņam rādīšu, cik daudz viņam Mana vārda dēļ jācieš. (Apd 9:16)

mirstu ik dienas[85], ka es ar Viņu varētu būt vienāds Viņa ciešanās." Kad mēs lasām tālāk viņa vēstules, mēs nevaram vienaldzīgi palikt, dzirdēdami šo gatavību būt ar Kristu, krustā sisto. "Es esmu krustā sists ar Kristu."[86] Kaut kas vienreizīgs! Un vienreizīgs tāpat kā mūsu Pestītāja ciešanas, ar kurām Viņš ir miris par mums. Tā vienreizīgs [ir] tas ceļš, kur ar Zaulu [nesaklausāms vārds] tiek parādīts, kā Kristus ceļš ejams tagad un šeit, mūsu vidū, kur nav ne Golgātas kalna, ne krusta zīmes un kur mēs topam Viņam līdzīgi nāvē[87], ka mēs, visas lietas atmezdami, iemantojam Viņu. Kristus iemantošana, kļūšana līdzīgam ar Viņu nāvē – šī ir ne tikai vēsts, bet tas ir tas, ko mēs sakām – tā ir kristīga cilvēka prakse, dzīvesveids, dzīves izpausme, dzīves piepildījums. Ka es topu Viņam [nesaklausāmi vārdi, iespējams, līdzīgs nāvē], ka es topu līdzīgs šim Viņa māceklim, kas pats gāja nāvē un aicina sev līdzi [nesaklausāma frāze].

Ap šo notikumu ir vairāki cilvēki, kas mūs īpaši aizkustina un sasilda. Tie līdzjūtīgie cilvēki, kuri ir pārsteigti un tanī pašā laikā satriekti par nelaimi, kas ir notikusi ar viņu ceļabiedru. Viņš [ir] kļuvis akls! Lielākais piemeklējums, kas cilvēkam pie viņa miesas var notikt. Viņu ieved Damaskā. Viņš neēd un nedzer, viņš ir beigts cilvēks – cilvēku vērtējumā. Tāpat kā tie, kas kādreiz stāvēja ceļa malā un lūdzās tikt dziedināti. Viņš vairs nav nekas. Bet no šī "nav nekas" Dievs Tas Kungs, Kristus savā žēlastībā tikai sāk.

Tiek uzrunāts kāds cilvēks – Ananija. Vajag būt kādai ļoti dzirdīgai ausij, kādai atvērtai dvēselei, lai dzirdētu šos uzrunājumus. Mēs kādreiz varbūt esam tos dzirdējuši un aizmirsuši

---

[85] Es mirstu ik dienas, tik tiešām, ka jūs, brāļi, esat mans gods Kristū Jēzū, mūsu Kungā. (1kor 15:31)

[86] Līdz ar Kristu esmu krustā sists, bet nu nedzīvoju es, bet manī dzīvo Kristus; bet, cik es tagad dzīvoju miesā, es dzīvoju ticībā uz Dieva Dēlu, kas mani ir mīlējis un nodevies par mani. (Gal 2:20)

[87] Jo, ja mēs Viņam esam kļuvuši līdzīgi nāvē, mēs būsim tādi arī augšāmcelšanā. (Rm 6:5)

varbūt, jo šī balss, kas domāta un atskanējusi tikai vienam pašam cilvēkam, prasa no cilvēka kaut ko neiespējamu un ārkārtīgu. "Ej uzmeklē Zaulu!"[88] – kas bija lielais vajātājs. "Ej uzmeklē, viņš lūdz Dievu."[89] Katrā šinī vārdā ir iekšā šis lielais svars. Mēs arī labprāt kādreiz apmeklējam vienu otru [*nesaklausāms vārds*] un jūtamies nespēcīgi, ka nevaram neko [tādu] īsti iepriecinošu, mierinošu sacīt. [*Nesaklausāmi vārdi*] tā, kad Viņš mūs uzrunā mūsu lūgšanas laikā ar kādu īpašu vārdu, tas ir vienmēr kaut kas nopietns. Ne tā, ka to mēs gribētu vai gaidītu, ne tā, ka mēs to varētu saprast un sacīt: "Jā, es piekrītu, jo tas man ir patīkami!" Mūsu pašu sirds savā apbruņojumā, savā pretestībā ir pret [*nesaklausāms vārds*]. Viņš arī saka: "Kungs, es zinu, cik ļauns šis cilvēks ir pret Taviem vārdiem." Citiem vārdiem: "Tu mani sūti lauvas rīklē! Jo viņš tos saplosa, viņš tos iznīcina, kas Tavu vārdu piesauc."

Te ir dvēseles dialogs. Cilvēka pārliecībai, pieredzei, gudrībai un zināšanai par Dieva prasībām, Viņa neparastumu, neiespējamību, bīstamību. Un tomēr Dieva ceļš ir cits nekā mūsu bažas un bēdas, un bailes par savu dzīvību. "Es viņam rādīšu viņa ceļu!" Viņa ciešanu ceļu. Un, tikko mēs esam šo piekrišanu pāri pār mūsu šaubām, pāri pār mūsu gudro pieredzi tomēr šai Dieva neiespējamībai pavēruši, tas tikai ir sākums kaut kam daudz lielākam. Tas ir tas sākums, kas liek Ananijam pārējiem sacīt, ko viņš varbūt nebūtu varējis iedomāties pats. "Zaul, brāli!" viņš uzrunā šo baismīgo, bīstamo cilvēku, kad viņš [Ananija], rokas uzlicis [*nesaklausāms vārds*]. Un šeit ir tas pamats, no kā [*nesaklausāms vārds*], un ne tikai [*nesaklausāms vārds*]. Viņš [Ananija] uzliek savas rokas, un aklība nokrīt no viņa acīm. Ananija nekad nebija tā darījis. Mēs nezinām, nedzirdam, ka viņš kādreiz būtu staigājis apkārt, rokas uzlikdams un dziedinādams slimos un vārgos.

---

[88] Tas Kungs viņam sacīja: "Celies un ej uz tā saukto Taisno ielu un uzmeklē Jūdas namā tarsieti, vārdā Zauls; viņš lūdz Dievu." (Apd 9:16)

[89] Turpat.

Tajos uzdevumos, ko Dievs mums liek, kur Viņš mūs pārsteidz ar savām prasībām un ar uzdevumu smagumu un neiedomājamību, Viņš nekad mūs neatstāj mūsu pašu iedomu tukšībā. Viņš mūs [*nesaklausāms vārds*]. Un, ja Viņš saka Ananijam: "Šis ir mans ierocis, lai tautas atgrieztu"[90], – tad tanī pašā laikā Ananija ne domādams, ne gribēdams bija palicis par šo ieroci arī pats. Kur viņam šī spēja dziedināt? Kur viņam šī dāvana, uzliekot rokas, darīt brīnumus? Tā ir tur, kur viņam ir dots uzdevums. Dieva uzdevumi visi ir brīnišķīgi, viņi visi ir brīnumi cilvēku acīs. Tā, kā tas bija ar Ananiju, Zaulu.

Viņš top kristīts, no acīm nokrīt aklība. Viņš top kristīts un tūdaļ [*nesaklausāms vārds*] Kristu. Viņš apliecina, uzreiz zinādams – Jēzus Kristus ir [*nesaklausāms vārds*]. Kad viņš bija [*nesaklausāmi vārdi*], un viņš bija meklējis iznīcināt Viņa piekritējus, viņš nebija. Vienā brīdī viņš ir šīs Svētā Gara gudrības pilns. Nokrīt zvīņas no viņa neredzīgajām acīm, nokrīt spaidi un ierobežojumi, un tie slāpētāji, kas slāpē viņa dvēseli. Un šī dvēsele kā brīvais putns dodas tūdaļ debesu augstumā – brīvs, pārsteidzošs savā spēkā un spējās. Viņš tūdaļ atspirgst, un tūdaļ un tūdaļ viņš apliecina to – to, ko viņš bija aizliedzis un vajājis – Jēzus ir Kristus[91]. Jēzus ir tas, ko pravieši bija solījuši un redzējuši Israēlā. Viņš redzēja to vienā mirklī un uzreiz. Visa viņa lielā zināšana – un viņš bija izglītots vīrs, izglītots pasaules zinībās, tā laika filosofijas dažādos virzienos un – pār visām lietām – sēdējis pie slavenā jūdu ticības mācītāja Gamaliēla kājām, uzņemdams jūdu ticības izpratnes dziļumus. Tas viss vienā pēkšņumā, apgaismots Kristus gaismā, iegūst savu īsto, patieso nozīmi, vērtību un izskatu viņam. Un pēc tam viņš nav spējīgs pat to saturēt sevī, un viņš vienmēr plūst pāri, lai šo patiesību

---

[90] Bet Tas Kungs viņam sacīja: "Ej, jo viņš Man ir izredzēts ierocis nest Manu vārdu pagānu, un Izraēļa bērnu ķēniņu priekšā." (Apd 9:15)
[91] Bet šīs ir rakstītas, lai jūs ticētu, ka Jēzus ir Kristus, Dieva Dēls, un lai jūs, pie ticības nākuši, dzīvību iegūtu Viņa Vārdā. (Jņ 20:31)

apliecinātu, kurai jūdiem ir, kā viņš vēlāk saka, it [kā] kāds priekškars acu priekšā aizlaists[92], ka viņi nevar saredzēt, nevar saskatīt, nevar pazīt, lai gan patiesība ir viņiem blakus. Viņa patiesība laužas viņu sirdīs, un viņi nevar to saņemt! Pie šī patiesā, īstā [apustuļa] mēs redzam, kā nokrīt šis priekškars, kā apskaidrojas Jēzus.

Mēs sastopam cilvēkus, kuri [*nesaklausāmi vārdi*] jau Damaskā to zina, ka viņš ir bijis par briesmām Jeruzalemē tik daudziem. Jo Damaskā, tur, kur viņš uzstājās, apliecinādams Kristu, tur šie jūdaisti, gudrības ļaudis, nevarēdami viņam pierādīt pretī, kāro viņu nonāvēt. Parastais ceļš cilvēkos. Tur, kur izbeidzas pierādījumi, tur, kur nevar pārliecināt savā iedomātā patiesībā, tur ir vienīgais ceļš, kā uzvarēt savu pretinieku – viņu nokaut. Pasaules vēsture šādus gadījumus pazīst bez sava gala, kad gudrais, taisnais, dievbijīgais, skaidrais tiek nonāvēts kā ienaidnieks tikai tāpēc, ka viņu nevar pārliecināt par grēka nepieciešamību, vēlamību un saldumu. Ka viņu nevar pārliecināt, ka patiesība jāapvērš otrādi, lai cilvēkiem būtu viņu kārotā labklājība vai kas cits. Šis ir parastais cīņas paņēmiens starp meliem un patiesību, un patiesība kļūst šī vājā un nespēcīgā, un pretī [tai] gāžas nāves ieroči, nāves vara.

Viņu izglābj ticīgie cilvēki, kas jau bija satvēruši patiesību. Izglābj viņu tādā ārkārtīgā ceļā – pārlaižot viņu pāri pār pilsētas mūriem [*nesaklausāms vārds*]. Pilsētas vārtus sargā un uzmana, kad viņš mēģinās iet pa šiem vārtiem, tas nozīmēs viņam nāvi.

Viņš dodas uz Jeruzalemi – atpakaļ, no kurienes viņš bija nācis. Viņš mēģina piebiedroties apustuļiem, un viņš sastopas ar to pašu. Viņi nevar ticēt, ka šeit ir patiesība, ka te nav

---

[92] Bet viņu sirdis tika nocietinātas; jo līdz šai dienai tas pats apsegs paliek un, lasot Veco Derību, nevar tikt atsegts, jo tas zūd ar Kristu. Bet līdz šai dienai, kad lasa Mozu, apsegs paliek izklāts pār viņu sirdīm. Bet, līdzko atgriežas pie Tā Kunga, tur sega tiek noņemta. (2kor 3:14-16) Sk. arī: Rm 11:7-8.

izdomāts īpašs viltus – viens no tiem pasaules paņēmieniem, kā, tā sakot, samaitāt pretinieku, iekļūt viņu vidū draugu izskatā, pielabināties un tad no iekšpuses viņu nokaut. Tādas domas domā Pēteris, Jēkabs un pārējie.

Un bija viens cilvēks, tāpat kā Damaskā Ananija, tā Jeruzalemē Barnaba, ticīgs jūdu priesteris un [*nesaklausāms vārds*]. Par viņu tālāk vēstī Apustuļu darbi, ka viņš, šis pārliecības un dziļās Kristus gudrības un dievbijības pilnais vīrs, kļūst par Pāvila aizstāvi. Barnabu visi pazīst, Barnabu visi cienī. Barnaba ir liels un spēcīgs patiesības vīrs. Un šis ticībā gudrais vīrs nebaidās no nodevējiem, kuri varētu viņu samaitāt un no kuriem būtu jāvairās, kuri čukst čukstu valodā (visi varbūt bija vienisprātis) – ar bijušo Zaulu nāk kāds īpaši izsmalcināts nodevējs un samaitātājs. Barnabas skats ir savādāks.

Sirdsskaidrajiem cilvēkiem piemīt kaut kas no gaišredzības – tā cilvēki to sauc. Bet kuri sevi visu līdzi nodevuši Viņa žēlastībai, tiem Viņš atklāj savu apslēpto gudrību. Tāpēc Barnaba nebīstas, tāpēc Barnaba saka drošu vārdu: "Šis ir Kristus māceklis!"

Un viņu aizved, atkal glābj – no jūdiem, viņu naida un arī no [*nesaklausāms vārds*]. Cēzarejai vēlāk ir vēlreiz liela loma Zaula dzīves gājuma slēgumā un noslēgumā ķēniņa uzceltā pilsētā klajā jūras krastā, izbūvētā ar ostu. Un šī Cēzareja netālu no [*nesaklausāms vārds*] kalna[93], tagadējās Telavivas, ir satiksmes pilsēta. Un Barnaba [*nesaklausāma frāze*], jo Pāvils bija cēlies no Tarsas, un viņa vecāki jau bija Romas pavalstnieki. Tā bija retā privilēģija, kuru kā sevišķu atzinību Romas valsts valdnieks piešķīra – tā saukto pavalstniecību. Tā, kā mums tagad ir šī spēlēšanās ar pavalstniecības piešķiršanu. Tā viņš vairs nebija tikai Jūdu zemes, pakļautās jūdu kolonijas iemītnieks vai pilsonis, bet arī, kā mēdz teikt, romietis, kuram līdz ar to iet līdzi īpašas tiesības arī darīšanā ar valsti. Un, tāpat kā

---

[93] Iespējams, mācītājs R. Feldmanis domājis Karmela kalnu.

no Tarsas iesākās viņa dzīves jaunā lappuse, tā no šīs vietas, no [*nesaklausāms vārds*] Antiohijas iesākās ceļš pie mums. Šie uzrakstītie vārdi, ko Lūkass ir uzrakstījis, savākdams rūpīgi kopā arī Pāvila paša rakstus un sprediķus – šie raksti pieder kristīgai draudzei pie visdārgākajām mantām pasaulē. Ja evaņģēliji mums vēstī, kas ir patiesība, kas Kristus, tad apustulis Pāvils mums rāda, kā evaņģēliju dzīvot, kā evaņģēlijs ir [*ieraksts apraujas.*]

Sprediķis teikts 1993. gada 16. jūlijā

Ticības atjaunošanas svētkos (Rm 5:1)

Dieva Tēva un Dēla, un Svētā Gara vārdā. Āmen.

Tad nu mums, ticībā taisnotiem, ir miers ar Dievu caur mūsu Kungu Jēzu Kristu. (Rm 5:1)

Šinī augstajā svētku dienā mēs esam pulcināti kopā kā luteriskās draudzes pārstāvji – un ne tikai šeit, mūsu dzimtenē – bet arī mūsu mīļie ticības brāļi, kas apliecina to pašu ticību. Ne tikai to, ko mēs apliecinām kopīgi ar visu pārējo pasauli mūsu lielajās Ticības apliecībās[94], bet arī tanī īpašajā apliecinājumā, kas raksturīgs mums kā evaņģēliski luteriskās draudzes locekļiem – ticība mūsu Pestītāja[95] vienreizējai, ne ar ko neaizvietojamai žēlastībai, kas mūs salīdzina ar Dievu, mūsu Tēvu, un mūsu ticībai uz Viņa patiesību, kas mums ir atvērta bez starpniecībām, bez kādām ierunām un pretrunām tad, kad mēs atveram Dieva Svētā Vārda grāmatu.

Šī ir īpaša svētku diena, un mēs esam aicināti to apzināties, apzināties arī darbu, kas bija sākts toreiz, kad Mārtiņš Luters [bija] sarūgtināts un dziļi saviļņots par to, cik ļoti cilvēku ieradumi un laicīgie aprēķini nodara postu viņu dvēselei, maitājot

---

[94] Domātas trīs ekumeniskās Ticības apliecības: Apustuļu, Nīkajas un Atanāsija.

[95] Augsburgas ticības apliecības 3. artikuls saka: "Tiek arī mācīts, ka Vārds, tas ir, Dieva Dēls, ir pieņēmis cilvēka dabu svētlaimīgās Jaunavas Marijas klēpī, tā ka divas dabas – dievišķā un cilvēciskā – ir nedalāmi vienotas vienā personā: viens Kristus, patiess Dievs un patiess cilvēks, piedzimis no Jaunavas Marijas, patiesi cietis, krustā sists, miris un kapā guldīts, lai mums dāvātu izlīgumu ar Tēvu un taptu upuris ne tikai par iedzimto vainu, bet arī par visiem cilvēku izdarītajiem grēkiem."

ticības pamatus, to vietā liekot cilvēciskos priekšrakstus, pavēles, aizliegumus un uztiepjot tos cilvēkiem[96], kuru dvēseles slāpst pēc patiesības, pēc pestīšanas.

To mēs šodien apzināmies kā evaņģēliski luteriskā Baznīca, draudze un šīs ticības locekļi, kas izkaisīti pasaules lielajā plašumā. Un mēs pieminam šo lielo notikumu, kas bija sākts toreiz, sākts it kā nevilšus, ceļot iebildumus pret grēku piedošanas un taisnošanas pazemināšanu par gluži vienkāršu cilvēcisku izdarību, kas [grēku piedošana un taisnošana] ar zīmogotu papīriņu [indulgenci] it kā spēku varētu mums tikt dota, ka varētu iespaidot pašu Dievu debesīs, runājot uz Viņu mūsu cilvēcisko aprēķinu valodā. Aicinājums "atgriezieties no grēkiem un ticiet uz evaņģēliju"[97] – tas bija teikums, ar kuru Mārtiņš Luters iesāka šo lielo ticības skaidrošanas, jaunnostiprināšanas, jauniedegšanas gājumu[98]. Šis teikums paliek dzīvs. Tas nav pateikts tikai tai reizei, un tas nav izskanējis tikai toreiz. Tas ir palicis ne tikai kā piemiņa mums, kuru mēs pieminam. Tas ir uzaicinājums katram cilvēkam un visai pasaulei, un visai cilvēcei – atgriezieties no grēkiem un ticiet uz evaņģēliju![99] Tad jūs saņemsiet Dieva žēlastības dāvanu,

---

[96] Pāvests Bonifācijs VIII (ca. 1235–1303, amatā 1294–1303) bullā *Unam Sanctam* (izsludināta 1302.18.XI) sacīja: "Mēs paziņojam, pasludinām, nosakām, ka ir absolūti nepieciešams katra cilvēka pestīšanai pakļauties Romas pāvestam." Tāpat šī bulla, atsaucoties uz Lk 22:38, noteica garīgās varas pārākumu pār laicīgo.

[97] Laiks ir piepildīts, un Dieva valstība ir tuvu atnākusi! Atgriezieties no grēkiem un ticiet uz evaņģēliju. (Mk 1:15)

[98] Pirmā no Lutera 95 tēzēm skan: "Mūsu Meistars un Kungs Jēzus Kristus, sacīdams: "Atgriezieties no grēkiem", grib, lai visa ticīga cilvēka dzīve uz zemes būtu pastāvīga jeb nepārtraukta atgriešanās no grēkiem."

[99] Laiks ir piepildīts, un Dieva valstība ir tuvu atnākusi! Atgriezieties no grēkiem un ticiet uz evaņģēliju. (Mk 1:15)

kā turpina pie šiem pašiem vārdiem vēlāk apustulis Pāvils[100], apustulis Pēteris[101].

Mīļā draudze! Mēs kā luteriskā draudze šodien svētījam šo dienu, atceramies, kādu ļoti lielu uzdevumu ir atstājis Mārtiņš Luters, lielu, vēl nepabeigtu darbu[102], lielu uzaicinājumu, kas joprojām ir dzīvs un attiecas uz katru cilvēku. Vēl vairāk – attiecas tāpat uz senajām Baznīcām, kas daudzkārt paļaujas uz saviem ieradumiem, parašām, uz savām skaistajām izdarībām un tēliem, un veidojumiem. Šis aicinājums attiecas ne tikai uz tām [senajām Baznīcām], bet arī uz visām tām, kas top par jaunu, it kā meklēdamas Dieva žēlastību, it kā aizgūdamas patiesības pa labai un kreisai no pagānisma. Visur ir šis aicinājums – šodien reformācija vēl nav pabeigta. Reformācijas darbs vēl nav noslēgts! Šodien tas ir tikpat svarīgs, cik bija toreiz, Mārtiņa Lutera dienās.

Un mēs, pieminēdami mūsu ticības tēvu Mārtiņu Luteru, pieminam viņu šodien pasaules vidū, kur mēs stāvam ne tikai kā luterieši, ne tikai kā kristīgi cilvēki, bet arī kā visi cilvēki visā pasaulē kopā. Mēs viņu pieminam kā cilvēku, cilvēces, kristīgās Baznīcas sirdsapziņu. Mārtiņš Luters ir sirdsapziņas modinātājs, biktstēvs, pie kura vilcinās un kavējas, un pretojas nākt tie, kas joprojām ieslēdzas savos paradumos, ierašās, savos brīnumos un tēlos, un cilvēcīgās izdarībās. Bet no viņa [šīs sirdsapziņas] nevar izvairīties! Kā pamodinātā sirdsapziņa nerimst, kā bikts aicinājums nedziest, tā turpinās šodien arī šis darbs. Un mēs pateicamies un slavējam Dievu, ka tā tas ir palicis, ka tā joprojām nav tikai piemiņa par seniem laikiem un seniem notikumiem, bet tas ir šodienas uzaicinājums pie

---

[100] Par šī evaņģēlija kalpu es esmu kļuvis, saņemdams Dieva žēlastības dāvanu, ko Viņš Savā lielajā spēkā man piešķīris. (Ef 3:7)

[101] Bet Pēteris tiem atbildēja: "Atgriezieties un lieciet kristīties ikviens Jēzus Kristus vārdā, lai jūs dabūtu grēku piedošanu un saņemtu Svētā Gara dāvanu." (Apd 2:38)

[102] Šajā nozīmē luteriskā Baznīca ir aicināta būt *ecclesia semper reformanda* (lat.) – Baznīca, kas vienmēr atjaunojas.

katra cilvēka, pie katras Baznīcas – katras, ne tikai evaņģēliski luteriskās! Un arī pie visas cilvēces. Un mēs, evaņģēliski luteriskā draudze un Baznīca, lai cik vāja sevī juzdamās, lai cik nozākāta, nopelta un nesaprasta šinī pasaulē, mēs turam un glabājam, un nesam tālāk šo uzdevumu, un nedrīkstam to nedarīt tālāk, jo ir teikts – kas grēcinieku nepamāca uz atgriešanos, tam[103] [ieraksts apraujas].

Sprediķis teikts 1993. gada 31. oktobrī

---

[103] Kad Es saku bezdievim: tev jāmirst! – un tu to nepamāci un nebrīdini, lai bezdievis atgrieztos no sava ļaunā ceļa un tas paliktu dzīvs, tad bezdievis gan nomirs savos grēkos, bet viņa asinis Es prasīšu no tavas rokas. (Ec 3:18)

22. svētdienā pēc Trīsvienības svētkiem (Mt 18:23-35)

Žēlastība un miers lai jums visiem ir no Dieva, mūsu Tēva, un no mūsu Kunga un Pestītāja Jēzus Kristus. Āmen!

Uzklausi, kristīgā draudze, šīs dienas svēto evaņģēliju, kas ir rakstīts pie Mateja 18. nodaļā, kur mūsu Kungs un Pestītājs tā uz mums runā: *Tāpēc Debesu valstība ir līdzīga ķēniņam, kas ar saviem kalpiem gribēja norēķināties. Un, kad viņš iesāka norēķinu, viņam pieveda parādnieku, kas tam bija parādā desmit tūkstošu talantu (podu). Bet, kad tas nespēja samaksāt, tad kungs pavēlēja to pārdot ar sievu un bērniem un visu, kas tam bija, un samaksāt. Tad kalps krita pie zemes un viņu gauži lūdza, sacīdams: cieties ar mani, es tev visu nomaksāšu. Tad kungam palika kalpa žēl, un viņš to palaida un parādu tam arī atlaida. Bet šis pats kalps, izgājis ārā, sastapa vienu no saviem darba biedriem, kas tam bija simts denāriju parādā; viņš to satvēra, žņaudza un sacīja: maksā, ko esi parādā! Tad viņa darba biedrs krita tam pie kājām, lūdzās un sacīja: cieties ar mani, es tev samaksāšu. Bet viņš negribēja un nogājis to iemeta cietumā, tiekāms tas savu parādu samaksā. Kad nu viņa darba biedri to redzēja, tad tie ļoti noskuma, tie aizgāja un izstāstīja savam kungam visu, kas bija noticis. Tad viņa kungs to pasauca un tam sacīja: tu blēdīgais kalps! Visu šo parādu es tev atlaidu, kad tu mani lūdzi. Vai tad tev arīdzan nebija apžēloties par savu darba biedri, kā es par tevi esmu apžēlojies? Un viņa kungs apskaitās un nodeva to mocītājiem, kamēr tas samaksā visu, ko viņš tam bija parādā. Tā arī Mans Debesu Tēvs jums darīs, ja jūs no sirds nepiedosit ikviens savam brālim viņa pārkāpumus.* (Mt 18:23-35) Āmen.

Mēs Tevi lūdzam, mēs Tevi piesaucam, Dievs Kungs, Svētais Gars, apgaismo Tu mūs, nāc ar Tavām dāvanām, atver mums Tava vārda patiesību un liec, ka mēs to saņemam un, tajā atjaunoti un atdzīvināti, esam Tavas patiesības apliecinātāji, jo Tavs Vārds ir mūžīga patiesība. Āmen!

Debesu valstība! Debesu valstība, kura reiz stāvēs mūsu priekšā, kad mēs tiksim tajā aicināti, kad mums sacīs: "Nāc šurpu, tavs laiks te ir pabeigts, nāc šinī citā valstībā!" – tanī valstībā, kur mēs stājamies visusvētā, mūžīgā, patiesā Dieva priekšā. Tā Dieva priekšā, kurš mūs ir radījis, mūs uztur, mūs apdāvina un kurš arī no mums prasa atbildi. Ieiešana Debesu valstībā ir ieiešana cauri kādai tiesai, nopietnai tiesai. Tā ir tik nopietna, ka tam, kas stāv tās priekšā, ir jāiztrūkstas kā tam kalpam, kuru Kungs bija saucis izlīdzināties, kurš bija parādā neaprēķināmi milzīgu summu un kuram acīmredzot nebija ne mazākās izredzes, ne mazākās iespējas nomaksāt, ne mazākās iespējas pastāvēt. Kāds drausmīgs stāvoklis! Cilvēka stāvoklis Dieva priekšā, Dieva taisnības priekšā.

Kamēr virs zemes ir cilvēki, vienalga, kurām tautām vai kultūrām viņi pieder, vienalga, kurām ticībām viņi pieder, vai viņi garīgi sniedzas uz augšu lūgšanās, vai viņi klanās darinātu tēlu priekšā, visus pavada šī viena parāda apziņa – kā pastāvēšu, kā atbildēšu Dieva priekšā? Ne tikai tas, ko mums evaņģēlijs saka. Tā sauktās pagānu ticības kādreiz ar vēl lielākām šausmām tēlo to, ka viņiem reiz būs jāstāv viņu baismīgo dievekļu priekšā, un viņi jau priekšlaikus sāk plosīt savu miesu, locekļus, lai kaut kā attaisnotos savu dievekļu priekšā un tās tiesas priekšā, kas viņus gaida.

Protams, tas nav tas, ko mums saka evaņģēlijs, bet evaņģēlijs tāpat runā par ļoti nopietnu lietu. Tas runā par norēķinu, un tas runā par cilvēka stāvokli Dieva priekšā. Kur glābšos, kā maksāšu? Viens no kristīgās ticības lielajiem, galvenajiem ticības jautājumiem. Mēs pašlaik vēl stāvam Ticības atjaunošanas svētku atspīdumā, un šinī Ticības atjaunošanas spēku atspīdumā mēs redzam, ka galvenais jautājums, ko Mārtiņš Luters pacēla kristīgās pasaules priekšā [bija] – kā pastāvēsim Dieva priekšā?

Katoļu Baznīca no pirmā vārda jau tūdaļ bija saniknota un metās virsū ar pārmetumiem un lāstiem šim mūkam, kurš bija dziļās sirds mokās un lūgšanās meklējis pieeju Dieva žēlastībai. Katoļu Baznīca ar pilnu muti apgalvoja: "Nāciet šurpu! Pērciet šeit par naudu, samaksājiet! Te ir pāvesta zīmogs, kas apliecina, ka jums grēki ir piedoti!" Pāvestam vajadzēja naudu, viņam vajadzēja celt greznu baznīcu[104], un viņš ar vieglu roku deva šīs zīmes un prasīja, lai ticīgie cilvēki tās pērk, un apsolīja, ka viņu grēki būs piedoti. Viņi būs izdarījuši kādu labu darbu. Labie darbi varēja būt arī citi – Dieva lūgšanas, svētceļojumi, svēto atlieku godināšanas, lūgšanu skaitīšanas pēc lūgšanu krellēm. Katra tāda lieta ir jau kaut kāds kapitāls, ar ko deldēt šos desmit tūkstošus podu Dieva priekšā. Cilvēkiem tika dota pārliecība, ka ar saviem labiem darbiem [viņi var ieiet Debesu

---

[104] Domāta 1506. gadā pāvesta Juliusa II (1443–1513, amatā 1503–1513) laikā iesāktā Sv. Pētera bazilika (*Basilica Sancti Petri*, arhitekti Bernini, Maderno un Mikelandželo), kuru pabeidza tikai 1626. gadā. Tā bija sava laika lielākā arhitektūras celtne un iecerēta, lai aizvietotu veco Sv. Pētera baziliku, kuru iesāka celt imperators Konstantīns starp 326. un 333. gadu. To uzbūvēja pār relikvāriju, kas iezīmēja sv. apustuļa Pētera kapavietu, kur atdusējās arī daudz pāvestu, miruši laikposmā pēc apustuļa Pētera līdz 15. gs. Tā kā vecā bazilika bija sliktā stāvoklī, pāvests Nikolajs V (1397–1455, amatā 1447–1455) iesāka celt jaunu baziliku, bet daudzo politisko problēmu dēļ būvniecībā tika paveikts maz. To turpināja pāvests Leo X (1475–1521, amatā 1513–1521). Grandiozais projekts prasīja milzu līdzekļus, kuru pāvestam nebija. Šī problēma tuvināja viņu kardinālam Albrehtam fon Hohencolernam (*Albrecht von Hohenzollern*, 1490–1545, Magdeburgas arhibīskaps 1513–1545; Maincas arhibīskaps 1514–1545), kurš bija iegādājies Magdeburgas un Halberštates bīskapa amatus un vēlējās pirkt arī Maincas bīskapa amatu, jo tas deva tiesības vēlēt imperatoru. Viņš bija aizņēmies 21 000 dukātu no Vācijas bagātākā baņķiera Jēkaba Fugera (*Jakob Fugger*, 1459–1525). Leo X ļāva Albrehtam tirgot indulgences Albrehta diecēzē, lai Albrehts atmaksātu parādu un pusi no iegūtā nosūtītu viņam. Indulgenču tirdzniecība tika uzticēta vācu dominikāņu sludinātājam Johanam Tecelam (*Johann Tetzel*, 1465–1519), kurš kļuva bēdīgi slavens ar savu moto: "Tiklīdz nauda lādē krīt, dvēsle debesīs tūlīt!"

valstībā]. Un kas bija šie labie darbi? Arī krusta karš bija labais darbs[105], kad drīkstēja iet un kaut neticīgos un ņemt viņu mantu – arī tas skaitījās Dieva priekšā par šī parāda deldējumu, kas guļ uz cilvēka dvēseles Dieva priekšā. Grēka piedošana.

Šis mūks, zākātais un ienīstais, bija cīnījies lūgšanās un bija saņēmis atbildi, atverot Svētos Rakstus, ka mēs tiekam taisnoti bez nopelna[106] tik vien caur Jēzus Kristus žēlastību, Viņa asinīm, ciešanām, Viņa nopelnu. Tā bija Reformācija. Tā vēl šodien nav līdz galam notikusi, jo vēl šodien ir cilvēki, kas paļaujas uz to, ka viņi Dieva priekšā izlāpīsies ar saviem labiem darbiem un nodeldēs Debesu bankā milzīgo parādu. Nav taisnība. Nav taisnība. Un katrs šāds labais darbs, vai tas ir svētceļojums un lodāšana uz ceļiem apkārt svētajām lietām, vai tie ir gavēņi, vai tās ir garu garās krelles[107], kas tiek skaitītas simtām reižu – tas nenodeldē neko. Tas ir tikpat kā narkotika, kas mazina sāpes, kas apmulsina, apdullina cilvēku, ka viņš nejūt, cik viņš ir slims. Jūs zināt, ka ļoti lielās mokās, slimībā, kas ir jau pašas nāves satvēriens, kad cilvēki nav spējīgi izturēt žņaudzošās, plosošās sāpes, viņiem dod ļoti spēcīgus līdzekļus, pretsāpju līdzekļus – viņi nejūt, viņi var mierīgi gulēt, viņi var mierīgi arī nomirt.

---

[105] Sv. Bernards no Klervo (1091–1153), kurš kopā ar pāvestu Eiženu III (?–1153, amatā 1145–1153) bija Otrā krusta kara (1147–1149) motivētājs, rakstīja: "Nav tāda likuma, kas aizliegtu kristietim pacelt zobenu. [..] Evaņģēlijs ir aizliedzis tikai netaisnus karus kristiešu starpā. Priekš tiem, kas izvēlējušies sev karavīra taku, nav cēlāka uzdevuma, kā nogalināt pagānus.. Lai ticības bērni ņem katrā rokā pa zobenam un ceļ tos pret ienaidnieku!" (Bernhard von Clairvaux. *Sämtliche Werke lateinisch/deutsch*. Ad milites Templi. De laude novae militiae. An die Tempelritter. Lobrede auf das Rittertum. III. De nova militia. Innsbruck: Tyrolia-Verlag, 1990. Bd. 1. S. 276–280.)

[106] Bet Dievs Savā žēlastībā tos taisno bez nopelna, sagādājis tiem pestīšanu Jēzū Kristū. (Rm 3:24)

[107] Domāts rožukronis.

Lūk, šie labie darbi. Tie noreibina mūs. Šie nopelni liek nepamanīt, cik slimība patiesībā ir nopietna un ka tas nav glābiņš – šī apreibināšanās, pašapziņa – es esmu tik un tik daudz lūgšanu noskaitījis, es esmu tik un tik daudz reižu nolodājis uz ceļiem visapkārt gar svētām lietām. Tas viss ir tukšs. Šī taisnība, kura joprojām dzīvo lielā daļā kristīgo cilvēku, ir tukša. Ir tikai viens parāda deldējums. Kungs, esi man žēlīgs! Krišana Viņa vaiga priekšā. Noliekšanās pie Debesu palīdzības spēka. Kad jūsu grēki arī būtu sarkani kā asinis, tie taps balti kā sniegs[108]. Avots, no kura plūst dzīvība – Kristus žēlastība, Dieva iežēlošanās Kristū.

Cilvēks top taisnots žēlastībā, ne no bauslības darbiem[109] – atgādina mums apustulis, rādīdams uz mūsu Pestītāju, uz Viņa ciešanām, uz Viņa mīlestību, uz to milzīgo parādu, ko Viņš ir ņēmies uz saviem pleciem mūsu vietā. Un arī tad mēs nevaram būt brīvi un droši. Vienā brīdī arī to mēs varam pazaudēt, vienā brīdī tas viss var izkrist no mūsu rokām, ne par velti Pestītājs lūgšanā, ko Viņš mums mācījis lūgt katru dienu – "Piedod mums mūsu parādus"[110], turpina tālāk – "kā arī mēs piedodam saviem parādniekiem"[111]. Tai brīdī, kad šī lūgšana ir turēta tikai līdz pusei, tā zaudē savu vērtību un svaru, kā tas notika ar to cilvēku, kas noreibis savā priekā par to, ko viņš ir iemantojis, savu nikno sirdi parādīja savam brālim.

Šīs lietas stāv kopā. Vienā brīdī visas mūsu lūgšanas var kļūt tukšas, kad mūsu sirds iedegas pret mūsu brāli, kas mums arī bija parādā. Un kurš mēs neesam [otram] parādā? Un kurš

---

[108] Tad nāciet, turēsim tiesu, saka Tas Kungs. Kaut jūsu grēki arī būtu sarkani kā asinis, tomēr tie paliks balti kā sniegs; kaut tie arī būtu kā purpurs, tomēr tie kļūs kā vilna. (Jes 1:18)

[109] Bet Dievs Savā žēlastībā tos taisno bez nopelna, sagādājis tiem pestīšanu Jēzū Kristū. (Rm 3:24)

[110] Un piedod mums mūsu parādus, kā arī mēs piedodam saviem parādniekiem. (Mt 6:12)

[111] Turpat.

mēs neesam parādnieki – reizē aizdevēji, reizē ņēmēji? Mēs stāvam šī viena nosacījuma priekšā – ieiešana Dieva valstībā. Norēķināšanās Dieva priekšā, norēķināšanās arī savā starpā. Un tikai tā. Bet bez visiem šiem trikiem un Dieva mānīšanas paņēmieniem, apzīmogotām zīmēm, ar kurām toreiz apkrāpa pusi pasaules, ievelkot milzīgus līdzekļus Pētera baznīcas celšanai. Tā bija krāpšana, cilvēku lētticība, cilvēku māņticība, ko pati Baznīca nepārtraukti kopa, un māņticības dēļ vēl viņus mānīja ar grēku piedošanu, ko nevarēja šis papīriņš dot. Tas arī šodien[112] to nevar dot, arī svētceļojumi[113], arī gavēņi un

---

[112] Romas katoļu Baznīca joprojām atzīst indulgences (atlaidas), kaut arī vairs netirgo tās par naudu. Romas katoļu Baznīcas kanoniskais likums (*can.* 992) un oficiālais Katehisms to definē šādi: Nr. 1471. "Atlaida ir laicīgā soda atlaišana Dieva priekšā par grēkiem, kuru vaina jau ir izdzēsta. Noteiktos apstākļos to saņem kristietis, kurš ir attiecīgi noskaņots, pateicoties Baznīcas darbībai, kura kā pestīšanas augļu dalītāja ar savu varu piešķir un piemēro gandarīšanas augļus no Kristus un svēto, kuri par mums gandarījuši, nopelnu krātuves." "Jebkurš ticīgais var iegūt atlaidas [..] sev pašam vai arī piemērot tās mirušajiem." *Katoliskās Baznīcas Katehisms.* Rīga: Rīgas Metropolijas Kūrija, 2000. 382. lpp.

[113] Lai iegūtu pilnīgu atlaidu, ticīgajam jābūt žēlastības stāvoklī; jābūt iekšēji nošķirtam no grēka, pat ikdienišķa grēka; jābūt sakramentāli izsūdzējušam savus grēkus; saņēmušam Sv. euharistiju; jālūdz par pāvesta nodomiem. Lai ticīgais iegūtu Jubilejas atlaidu 2000. gadā, bija jāizpilda minētie nosacījumi un jāveic vēl sekojošie dievbijības vai reliģijas darbi: svētceļojums uz Jubilejas svētnīcu vai vietu (Romā uz vienu no četrām patriarhālajām bazilikām – Sv. Pētera, Sv. Jāņa Laterāna, Sv. Marijas, Sv. Pāvila; minētas arī citas vietas citās zemēs) un jāpiedalās tur Sv. misē vai citā liturģiskā norisē (laudes vai vesperes), vai dievbijīgā norisē (krustaceļš, rožukronis etc.); jāveic žēlsirdības darbi kolektīvi vai individuāli; jāveic gandarīšanas darbi vismaz vienu pilnu dienu – jāatturas no nevajadzīga patēriņa (smēķēšana, alkohols u. tml.) vai jāgavē, vai jāatturas no gaļas (vai citas barības saskaņā ar Bīskapu konferences īpašajām normām) un jāziedo atbilstošs naudas daudzums nabagajiem. Pēc oficiālās Romas katoļu Baznīcas mājaslapas ziņām: http://www.vatican.va/roman_curia/tribunals/apost_penit/documents/rc_trib_appen_pro_20000129_indulgence_en.html

klosteri, un uzrīkojumi, lai cik spoži, Dieva priekšā pastāvot, tie mums nenāks līdzi. To lai zina katrs kristīgs cilvēks! Vienalga, kurā ticībā, to lai viņš zina, ka Mārtiņš Luters klaudzina pie visas cilvēces sirdsapziņas – atgriezieties no grēkiem un ticiet uz evaņģēliju[114]. Āmen!

Lūgsim Dievu! Kungs Jēzu Kristu, Tu patiesības saule, Tu visas žēlastības avots! Mēs pateicamies Tev un slavējam Tevi, ka Tu esi atvēris avotu, kurā no visām mūsu vainām mēs tiekam skaidroti Tavās svētajās asinīs, Tavā dārgajā upurī. Mēs pateicam Tev, ka Tu savam kalpam toreiz to rādīji un atklāji, un liki viņam apustuļa spēkā to apliecināt pasaules priekšā, ka Tu esi mūsu vidutājs, mūsu spēks un aizstāvis pie Tēva un ka mūsu ieiešana Viņa valstībā ir tikai caur Tevi un nekādiem citiem spēkiem. Mēs Tev pateicam un slavējam, ka mēs drīkstam piederēt tai draudzei, kurai Tu pirmā kārtā esi atstājis šo dārgo mantu, un mēs pateicam Tev, ka Tu modini un dod arī kādreiz Svētā Gara spēkā to apliecināt mūsu draudzēs, un dod žēlastību, ka draudzes to saņem kā Tavu vēsti.

Mēs Tevi lūdzam, apžēlojies par mūsu mīļo garīgo māti, par mūsu mīļo evaņģēliski luterisko Baznīcu mūsu dzimtenē, par tās arhibīskapu Jāni Vanagu, par visiem ganiem, par visām draudzēm, par visiem draudzes locekļiem, par visiem diakoniem un diakonisēm, par visiem izsalkušajiem un izslāpušajiem pēc patiesības, par visiem taviem apliecinātājiem.

Mēs Tevi lūdzam arī par mūsu mīļo dzimteni un tautu, svētī to. Svētī tos, ko Tu liec tās priekšgalā kārtot visas lietas valsts un tautas dzīvē, liec Tavam svētajam evaņģēlijam arī tur tikt apliecinātam un piepildītam. Svētī mūsu mīļos un dārgos, tos mūsu mīļos un dārgos, kas ir ceļā pie mums, liec Taviem eņģeļiem pasargāt ceļā un visam labi izdoties. Esi pie tiem, kas

---

[114] Laiks ir piepildīts, un Dieva valstība ir tuvu atnākusi! Atgriezieties no grēkiem un ticiet uz evaņģēliju. (Mk 1:15)

ir bēdās un grūtumā, kas ir pārbaudās un paciešanās, kas ir savas sirdsapziņas mokās, kas ir visāda veida cilvēciskās raizēs, šaubās un izmisumā, vajāšanās un briesmās, slimības sāpēs, vecuma vārgumā un nāves paēnā. Un lūdzam Tevi arī par mūsu draudzes [*nesaklausāmi vārdi*] viņa sakārtošanai pēc sava labā prāta.

Un, kad mūsu dienu mērs būs pilns, tad ļauj, ka mēs drīkstam būt pie tiem, kuriem Tu atļausi būt Tavu apžēloto pulkā. Paklausi mūs, aizstāvi mūs pie Tēva mūsu lūgšanā, kā Tu mums to solīji! [Āmen]

Sprediķis teikts 1993. gada 7. novembrī

Valsts svētkos, 23. svētdienā pēc Trīsvienības svētkiem (Ps 118:23-25)

Teici To Kungu, mana dvēsele, un viss, kas iekš manis, Viņa svēto vārdu. Teici To Kungu, mana dvēsele, un neaizmirsti, ko Viņš tev labu ir darījis. (Ps 103:1-2)

Žēlastība un miers lai jums visiem no Dieva, mūsu Tēva, un mūsu Kunga un Pestītāja Jēzus Kristus! Āmen.

Uzklausi, kristīgā draudze, šīs svētku dienas Dieva vārdu, kas rakstīts 118. Dāvida dziesmā: *Tas ir Tā Kunga darbs, un tas ir brīnums mūsu acīs. Šī ir tā diena, ko Tas Kungs devis: priecāsimies un līksmosimies šinī dienā! Ak, Kungs, palīdzi! Ak, Kungs, lai labi izdodas!* (Ps 118:23-25) Āmen.

Mēs Tevi lūdzam un piesaucam, Dievs Kungs, Svētais Gars, nāc, apgaismodams mūs, un liec mums saņemt Tava svētā Dieva vārda patiesību, atvērdams mums viņu un atvērdams arī mūsu garu Tev sekot, jo Tavs vārds ir mūžīga patiesība. Āmen.

Mīļā draudze, šī diena mūsu tautai ir nesalīdzināmi un neizsakāmi liela svētku diena. Mēs to izjūtam dziļi un izjūtam to daudzējādā ziņā, un sveicinām cits citu ar šiem augstajiem lielajiem svētkiem. Un tas ir pareizi, ka to darām. Mēs nedrīkstam pie sevis paglabāt vai noslēpt mūsu prieku. Sveicinādami cits citu, mēs pieminam Dieva neizsakāmi lielo žēlastību, ka mēs esam kādas lielas mantas iemantotāji un paturētāji – mūsu mīļās dzimtenes [atgūtās] brīvības, mūsu tautas atelpas un jauna spēka sākt darbus un uzdevumus [ieguvēji].

Tas ir šīs dienas raksturs, un pareizi dara tie, kas šinī dienā ar pacilātu sirdi svētī šo dienu. Bet arī Dieva Vārds uz mums runā šinī dienā, un tas īpaši izceļ šīs dienas un šo notikumu lielumu un nozīmi. Kādā vietā Dieva vārdā ir teikts – Dievs dažādos laikos dažādi ir runājis uz cilvēci[115]. Šinī vārdā ir liela, dziļa patiesība. Ja mēs apdomājam to, ko atkal Dieva vārds mums atgādina – Dieva svētā būtība nav palikusi apslēpta ne no viena cilvēka, arī no tiem ne, kas Kristu nepazīst. Jo visa pasaule, lai cik vienkārši ir tās iedzīvotāji primitīvās tautās, lai cik augsti viņi ir kāpuši savās kultūras kāpnēs, viņi visi zina, apjauš, saprot Dieva esamību, klātbūtni.

Šie ceļi ir vairāki. Dievs runā uz mums savā radībā[116] un mūsos katrā. Cik daudz dzejnieku un rakstnieku jūsmojuši, nolūkodamies dabas parādībās, nolūkodamies uzplaukušā ziedā, nolūkodamies varenajos ūdenskritumos un kalnos, sirds aizkustinājumā slavējuši Dieva godību, kas sevi ir atklājis tik vareni un tik brīnišķi, ka, palūkojoties vismazākajā lapiņā, mēs redzam Viņa gudrību, ar kādu tā ir veidota. Tas ir no Dieva, un tas ir brīnums mūsu acīs.

Dievs runā uz mums cilvēka likteņos. Tik ļoti daudzreiz notiek, ka cilvēks, kas nekad nav par Viņu domājis, pēkšņi kādā īpašā savas dzīves notikumā sajūt, ka kāda roka ir viņu tvērusi, ka kāda roka ir viņu satvērusi bezdibeņa malā un pacēlusi viņu no kritiena, ka Dieva roka ir viņu nospiedusi lejā sāpēs tai brīdī, kad viņš savā pārgalvībā ir meklējis savus paša ceļus. Cik varens ir Dievs! Nav tāda cilvēka, kurš nekad nebūtu izjutis, ka pār viņu ir šī visuvarenā, visuspēcīgā vadītāja – gan sargātāja, gan brīdinātāja, gan pārmācītāja roka. Dievs dažādi runājis dažādos laikos. Dažādi viņš runā ar katru no mums – kādreiz savā īpašajā valodā. Tas ir no Dieva, un tas ir brīnums mūsu acīs.

---

[115] Dievs vecos laikos daudzkārt un dažādi runājis caur praviešiem uz tēviem. (Ebr 1:1)

[116] Jo, ko par Dievu var zināt, tas viņiem nav apslēpts: Dievs pats viņiem to atklājis. Viņa neredzamās īpašības, tiklab Viņa mūžīgā vara, kā dievišķība kopš pasaules radīšanas gara acīm saskatāmas Viņa darbos. (Rm 1:19-20)

Dievs runā tautu likteņos un tautu dzīvē[117]. Un reti ir kāda tauta, kas tik lielā mērā to būtu piedzīvojusi, kā to ir piedzīvojusi latviešu tauta. Kad mēs skatāmies atpakaļ septiņdesmit piecus gadus un varbūt pat vēl pāri tam, mīļā draudze, mēs lasām Dieva dievišķo darbu un dievišķo noslēpumu grāmatā. Tveriet mūsu tautas vēsturi, atšķiriet tās grāmatas, kas jums ir mājās, kurās mūsu tautas vēsture ir rakstīta. Un, ja jūs, tās lasīdami, neizjutīsiet to pašu drebējumu kā tad, kad lasām Dieva vārda nopietnību, tad mēs nebūsim manījuši Dieva svētās klātbūtnes darbu.

Mēģināsim drusku pārstaigāt šos ceļus un neuzlūkosim to kā tikai vēstures skatījumu šai brīdī, kad mēs dievnamā un dievkalpojumā skatāmies uz to, kas notika, kā notika, kā tas varēja notikt pirms septiņdesmit pieciem gadiem 18. novembrī. Rīgā aukstajā novembra dienā sanāca mūsu tautas pārstāvji un pateica, ka ir pasludināta jauna valsts, latviešu tautas valsts, Latvija. Vajadzēja būt lielām gavilēm. Tās bija dziļi, dziļi paslēptas, jo šie vārdi bija izskanējuši, un visus pārņēma izbrīns. Šai valstij nebija robežu, šai valstij nebija teritorijas, šai valstij nebija karaspēka, šai valstij nebija līdzekļu. Šī valsts bija pilna sveša karaspēka, kuram vajadzēja atstāt šo zemi. Un no otras puses nāca virsū baismīgais sarkanais nezvērs un apdraudēja šo sākumu. Svecīte vējā – nekas vairāk toreiz tā nebija. Nepagāja ilgs laiks, kad tiem, kas bija nostājušies tautas priekšgalā, vajadzēja atstāt Rīgu, jo nāca virsū lielais, baismīgais sarkanais postītājs, kas Vidzemi un Latgali jau bija iznīcinājis asinīs un, ienākdams Rīgā deviņpadsmitā gada trešajā janvārī, piecus mēnešus[118] trakoja asinīs, postīšanā. Kur bija Latvija? Rīgā tās nebija, Jelgavā tās nebija, tā bija gājusi līdz Liepājai, un arī Liepājā tai vairs nebija vietas, jo

---

[117] "Tu vadīji Savu tautu kā avis ar Mozus un Ārona rokām." (Ps 77:21) "Es sakustināšu visas tautas." (Hag 2:7)

[118] Līdz 22. maijam, kad vācu karaspēks ieņēma Rīgu.

tur cēlās sveši spēki pret šo vārgo sākumu. Latvija bija patvērusies uz kuģa[119].

Un sākās atbrīvošanas cīņas ar mūsu drošsirdīgajiem karavīriem, saujiņu[120], kuriem nāca palīgā arī vēl vietējo vācu vienības[121], kad, no Ventas sākot, sāka dzīt atpakaļ sarkano zvēru. Un deviņpadsmitā gadā maijā Rīga bija atbrīvota, vajadzēja novākt neskaitāmos upurus[122], un asarām bija jālīst, ka visa Vidzeme bija viena vienīga bēru māja. Pēc visa tā, kas bija noticis, kā varēja notikt šis atkal [*nesaklausāms vārds*], un arī tas vēl nebija viss. Vēl nebija diezgan no visa tā, kas jāiztur, kad vasaras vidū cēlās Vidzemē pretspēki[123], kas gribēja samalt tiklab Latvijas, kā Igaunijas tautas, pakļaut tiem kungiem, kas pār viņiem bija gadu simtiem valdījuši. Atkal šeit stāvēja saujiņa pret pārspēku. Un atkal notika tas, ka Dievs pacēla savu roku un lika brīvībai atkal tapt[124]. Tas ir no tā Kunga, tas ir brīnums mūsu acīs. Drīz gavilēm vajadzēja atkal apklust, jo atkal no

---

[119] Norāde uz faktu, ka 1919. gadā pēc balvācu īstenotā Aprīļa puča no 16. aprīļa līdz 27. jūnijam kuģis "Saratow" bija Latvijas Pagaidu valdības paglābšanās vieta.

[120] Domāts Oskara Kalpaka komandētais latviešu atsevišķais bataljons. Pēc atkāpšanās no Rīgas 1919. janvārī K. Ulmaņa vadītajai valdībai lojāli bija palikuši 436 karavīri, no tiem frontē O. Kalpaka vadītajā bataljona atradās tikai 220 karavīri.

[121] Domātas Landesvēra (*Baltische Landeswehr*) vienības.

[122] Precīzs Sarkanā terora upuru skaits piecu mēnešu ilgajā lielinieku valdīšanas laikā Rīgā nav zināms. Kopējā bojā gājušo skaita aplēses sniedzas no dažiem simtiem (P. Stučka savās atmiņās atzina, ka Rīgā un Jelgavā tika nogalināti 500 cilvēki) līdz 1549 cilvēkiem.

[123] Domātas Latvijas un Igaunijas nacionālo armiju cīņas pret Landesvēru un Dzelzsdivīziju Vidzemē 1919 jūnijā – jūlijā, kuru kulminācija bija Cēsu kaujas (1919.6.–22.VI) un kuras noslēdzās ar Strazdumuižas pamieru 1919.3.VII.

[124] R. Feldmanis poētiski apcerējis uzvaru Cēsu kaujās un tās konsekvences – izdevās atgūt Vidzemi un Rīgu, Ulmaņa valdība atgriezās Rīgā.

otras puses nāca virsū jauni spēki un varas[125], spēcīgi un lieli, samaldami Lietuvu, samaldami Kurzemi un pie Daugavas nostādamies. Mūsu Daugavas krasts bija karalauks, tajā mira ne tikai karavīri, mira arī mūsu cēlās sievietes[126] – Elza Žiglevica[127], kopdama, palīdzēdama karavīriem. Veselu mēnesi šķēps bija pacelts pār Rīgu un Latviju, un tad šķēps salūza[128], un spēki postīdami atkāpās. Latvija bija atkal brīva. Tas ir no tā Kunga, tas ir brīnums mūsu acīs. Un no tās cīņas tālākas, kas lika atbīdīt nost tumsas spēkus, kas bija pārņēmuši Latgali, [*nesaklausāma frāze*] līdzi.

---

[125] Domāts bermontiādes sākums, kad Pāvela Bermonta-Avalova komandētā Rietumu brīvprātīgo armija pārņēma savā kontrolē Kurzemi, Zemgali un Ziemeļlietuvu un 1919.8.X devās uzbrukumā Rīgai.

[126] Neilgi pirms Bermonta uzbrukuma Rīgai tika izveidots Sieviešu palīdzības korpuss, kuram kauju laikā bija svarīga loma ievainoto aprūpē un karavīru apgādāšanā ar pārtiku.

[127] Elza Žiglevica (1898.25.VIII Kroņa Bērzmuižā–1919.29.X Rīgā) mācījusies Lomonosova ģimnāzijā Rīgā, pēc tam fon Dervisa ģimnāzijā Maskavā. 1916. gadā apmeklējusi Maskavas Augstākos sieviešu kursus, Fizikas un matemātikas fakultāti. 1917. gada pavasarī atgriezusies Rīgā un iestājusies Baltijas Tehniskās augstskolas Komerczinību fakultātē. 1918. gadā strādājusi Latvijas Preses birojā par angļu preses referenti, 1919. gada 27. septembrī iestājusies Latvijas Augstskolas (vēlāk – LU) Tautsaimniecības un tiesību zinātņu fakultātē. Bermontam sākot Rīgas ieņemšanu, iesaistījās Sieviešu palīdzības korpusa darbos – galvenais uzdevums bija nogādāt ēdienu karavīriem uz kaujas pozīcijām. Vienā šādā gājienā Elza pie Esplanādes 10. oktobrī tika smagi ievainota kājās. Kāds kareivis, pacēlis viņu uz rokām, satriekts ieminējās, ka kājas laikam pagalam. Elza atbildējusi: "Kas nu par bēdu par manu kāju, bet to Rīgu gan noturiet!" Mira no ievainojuma. 1928. gadā apbalvota ar pēdējo izsniegto Lāčplēša kara ordeni (nr. 2073). Apglabāta Rīgas Lielajos kapos.

[128] Domāts Latvijas armijas pretuzbrukums un Bermonta vadītā karaspēka sakāve. Latvijas armijas uzbrukums sākās 1919.3.XI, 11.XI tika atbrīvota Pārdaugava, 21.XI Jelgava, bet pēdējās Bermonta armijas vienības tika padzītas no Latvijas 1.XII.

Kad 1920. gada vasarā tas viss bija norimis[129], mūsu mīļā zeme, sadragāta, izpostīta, asinīm aplaistīta, varēja atelpot. Mīļā draudze, tas bija no Tā Kunga, un bija brīnums mūsu acīs. Reta ir tauta, kurā Dieva roka tik ārkārtīgi spēcīgi, tik pretēji visam cilvēka prātam ir sevi parādījusi kā šī vairākkārtīgā izraušana no uguns un asinīm. Un tagad ir pagājuši daudzi gadi, un tie ir bijuši smagu pārbaudu pilni. Vairāk ir bijis nebrīvības šajos gados nekā brīvības – un jūs paši to zināt un redzējāt daudzi, kā tas bija toreiz, tanī [1991. gada] aukstajā ziemā, kad ugunskuri bija Doma laukumā, pie tiem sildījās mūsu brāļi, tēvi un dēli un nāca cilvēki ar to, kas viņu rokās, lai viņiem palīdzētu. Apkārt bija visa lielā, milzīgā pasaules vara, kas gadu desmitiem bija biedinājusi un drebinājusi visu pasauli ar savu varu, varmācību. Kā tas varēja notikt?[130] Kā tas varēja notikt, ka tā sabruka šo ugunskuru priekšā un to priekšā, kas tur stāvēja sargādami. Tas ir no Tā Kunga, tas ir brīnums mūsu acīs. Reti kurai tautai pieklājas tik zemu noliekties pateicībā un slavā, un pieminēšanā kā latviešu tautai.

Tas ir brīnums, tas ir no Tā Kunga. Un tāpēc mēs sakām tā, kā Dieva vārds mums saka: šī ir tā diena, ko Tas Kungs ir devis. Šī. Taisni vēl šī. Tā ir diena, kurā Viņš mums ir devis, lai mēs redzam, lai mēs saprotam, lai mēs atzīstam Viņa varenību. Lai

---

[129] 1920.1.II tika noslēgts pamiers starp Latviju un Krieviju, kas iezīmēja aktīvas karadarbības beigas pēdējā Brīvības cīņu frontē Latgalē. Šeit pavasarī un vasarā turpinājās tikai atsevišķas sadursmes ar izlūku piedalīšanos. 1920.11.VIII tika noslēgts Latvijas – Krievijas miera līgums, kas oficiāli noslēdza Brīvības cīņu periodu.

[130] *Baltijas brīvības ceļš*: Baltijas valstu nevardarbīgās cīņas pieredze pasaules kontekstā. Sast. J. Škapars. Rīga: Zelta grauds, 2005. Eglitis O. *Nonviolent Action in the Liberation of Latvija.* Cambridge, Mass: Albert Einstein Institution, 1993. *Janvāra barikādes kā tautas pretestības forma totalitārajam režīmam un tās mācības.* Starptautiska konference sakarā ar barikāžu atceres 10. gadadienu Baltijas valstīs 2001. g. 19. janvārī. Rīga: LZA, 1991. *Nevardarbīgās pretošanās loma Latvijas neatkarības atjaunošanā.* Letonikas otrā kongresa sekcijas materiāls. Rīga: LZA, 2008.

mēs atzīstam Viņa rokas spēku, lai mēs atzīstam to, ka tautu likteņi tāpat ir Viņa rokās kā lauku puķīte, kā cilvēka dzīve un dvēsele. Mēs esam liecinieki tam. Un Dieva vārds mums saka: priecāsimies un līksmosimies arī. Vai var būt prieks pēc tik daudz ciešanām, cik ir cietusi mūsu tauta? Mīļā draudze, tam ir jābūt – šim priekam, tam ir jābūt – šim priekam, jo Dievs mūs ir pamācījis, ka Viņš mūs nepamet nāvē un ka Viņš laikam gan tur mūs savā sirdī, tāpat kā savās rokās. Un mēs zinām Viņa patvērumu, un šis patvērums dara mūs drošus un priecīgus. Tikai tad, kad mēs pateicībā to atzīstam un priekā Viņam pretī atveramies – tikai tad mēs esam jaunai nākamai dienai, jauniem nākamiem darbiem svētīgi un sagatavoti. Un mūsu ticības spēks tiek atjaunots ne tikai ar to, ko mēs savā lūgšanā [sakām], bet ka Viņš pastiprina šīs lietas ar saviem brīnuma darbiem mūsu vidū. Dieva Vārds mums saka: palīdzi, ak, Kungs, lai labi izdodas, ak, Kungs!

Katrā valstī, katrā tautā, arī mūsu tautā, ir valsts vadītāji, lietu kārtotāji, domu domātāji. Katrā tautā, katrā valstī ir pavalstnieki, un tie esam mēs, kuru sirds tāpat dzīvo līdzi katrai dienai, dzīvo līdzi savai un dzīvo līdzi savas tautas dzīvei, sprauž mērķus, iedomā savus nākamos ceļus – meklē veikt savus darbus. Tā ir tā sauktā dzīve, ikdiena. Mēs stāvam ikdienas priekšā katru dienu, bet mēs stāvam tās priekšā kā kristīgi cilvēki. Un tā ir mūsu atbilde Dievam, un tā ir mūsu atzīšana Viņa darbam un Viņa žēlastībai, ka mēs stāvam Viņa priekšā nevis kā tie apstulbotie, kas saka – izdevās labi, gadījās, notika, laimējās, paveicās. Mēs atraidām šos vieglprātīgos, nesaprātīgos teicienus, ar kuriem cilvēki pieiet paši savai dzīvei un ar kuriem viņi domājās kārtojam un palīdzam kārtot visas tautas dzīvi. Tie ir tukši vārdi – izdošanās, laimēšanās. Mūsu tautas vēsturē mēs nevaram atrast tos pielietot. Tur to [vārdu "izdošanās", "laimēšanās"] nav, tur nav ne laimēšanās, ne izdošanās, tur ir Dieva augstie ceļi. Tāpat ne uz kādu laimēšanos un izdošanos mēs nelūkojamies tur, kur mēs lūkojamies savā dzīvē vai mūsu tautas nākotnē. Palīdzi, ak, Kungs, lai labi izdodas, ak, Kungs – tāpēc mēs esam šodien dievnamā. Tāpēc mēs būsim šinī dievnamā diendienā, jo tā ir vienīgā vieta, kurā mēs atrodam piepildījumu, kā lai veic to, kas mums ir darāms.

Mūsu tautai kādreiz gāja līdzi goda vārds, ka tā ir dievbijīga tauta, un tas bija arī tas ciešais spēks, kas ļāva izturēt un saprast Dieva lielos darbus. Mīļā draudze, ir kādreiz sacīts tāds ticīgi pārgalvīgs vārds: latviešu tauta – Dieva tauta[131]. Tas ir ticamāk vēlējums, tas nav konstatējums. Mēs zinām un redzam, cik daudz grēka un vājību guļ mūsos pašos un visās tanīs lietās, ko mēs darām. Viss, ko Dieva roka pie mums ir darījusi, liek mums dziļi noliekties ne tikai pateicībā un slavā, bet arī dziļā sava grēka un vainas apziņā. Lūgšanā pēc atjaunotas sirds, pēc par jaunu iedegtas ticības, kura ir it kā dzisusi, tai ir atkal jāiekvēlojas – mūsu piederībai mūsu Kungam un Pestītājam Jēzum Kristum. Viņš ir mūsu spēks. Ko Viņš nepadara, kur Viņš neceļ namu, tur velti ir strādāts, tur velts ir cilvēku pūliņš[132]. Palīdzi, ak, Kungs, lai labi izdodas, ak, Kungs – to mēs gribētu līdzi vēlēt, mūsu tautai ieejot nākamajā gadā, un to mēs apņemamies, mēs vēl katrs par sevi, dziļā pazemībā zinādami – bez Manis jūs nenieka nespējat darīt[133] – to teica mūsu Kungs un Pestītājs. Tāpēc visas mūsu lūgšanas, arī šodien, cauri pateicībai, cauri Dieva žēlastības atzīšanai ir šī lūgšana: ak, Kungs, palīdzi, ak, Kungs, lai labi izdodas, ak, Kungs, nepamet un neatstāj mūs! Jo Tu pats esi teicis, bez Tevis nenieka mēs nespējam, kā nespēj bez tevis tās lielās varenās pasaules varas, tās visas lietas ir cēlušas uz savu prātu, uz savu varu, uz savu [*nesaklausāms vārds*]. Mēs negribam būt tādi [*nesaklausāms vārds*]. Kungs, palīdzi, Kungs, svētī, apžēlojies par mums. Āmen.

Sprediķis teikts 1993. gada 18. novembrī

---

[131] Sk. 231. atsauci.

[132] Ja Tas Kungs namu neuzceļ, tad darbojas velti, kas gar to strādā. Ja Tas Kungs pilsētu neapsargā, tad velti sargs nomodā. (Ps 127:1)

[133] ES ESMU vīnakoks, jūs tie zari. Kas Manī paliek un Es viņā, tas nes daudz augļu, jo bez Manis jūs nenieka nespējat darīt. (Jņ 15:5)

4. Adventā (Jņ 1:6-13)

Žēlastība un miers lai jums visiem no Dieva, mūsu Tēva, un mūsu Kunga un Pestītāja Jēzus Kristus! Āmen.

Uzklausi, kristīgā draudze, šīs dienas svēto evaņģēliju, kas ir rakstīts pie Jāņa 1. nodaļā:
Nāca cilvēks, Dieva sūtīts, vārdā Jānis. Viņš nāca liecības dēļ, lai liecinātu par gaismu, lai visi nāktu pie ticības caur viņu. Viņš pats nebija gaisma, bet nāca, lai liecinātu par gaismu. Tas bija patiesais gaišums, kas nāca pasaulē, kas apgaismo ikvienu cilvēku. Viņš bija pasaulē, un pasaule caur Viņu radusies, bet pasaule Viņu nepazina. Viņš nāca pie savējiem, bet tie Viņu neuzņēma. Bet, cik Viņu uzņēma, tiem Viņš deva varu kļūt par Dieva bērniem, tiem, kas tic Viņa vārdam, kas nav dzimuši ne no asinīm, ne no miesas iegribas, ne no vīra gribas, bet no Dieva. (Jņ 1:6-13) Āmen.

Mēs Tevi lūdzam un piesaucam, Dievs Kungs, Svētais Gars! Tu apgaismotājs, Tu dievišķais padomdevējs un iepriecinātājs Gars, nāc Tavā žēlastībā pie mums, atdari mums Tava vārda svēto patiesību, ka mēs viņā topam atdzīvināti un arī paši topam viņas apliecinātāji, jo Tavs vārds ir mūžīga patiesība. Āmen.

Mīļā draudze! Ir kāds īpašs salīdzinājums vai pat kāda īpata atkārtošana. Kad mēs atšķiram Svētajos Rakstos pašu pirmo nodaļu un lasām tur pašus pirmos sākuma vārdus, mēs lasām notikumus par pasaules radīšanu. Šos notikumus, ko Bībele mums vēstī, cilvēki vienmēr ir uzņēmuši ļoti dažādi. Vieni ir tie, kas, nešaubīdamies un arī daudz nepārdomādami, saka tieši un skaidri: "Šis ir Dieva Vārds, kas mums parāda notikumus, kā notikumi ir risinājušies, kā Dievs saka un sauc vārdā lietas, pirms viņām tapt un kļūt. Kā, Viņa vārdu izrunājot, ir tapusi gaisma un tumsa ir atkāpusies." Citi saka: "Mēs nespējam to saprast! Mēs nevaram iedomāties, ka tādas rīcības ir varējušas notikt, ka ar Dieva vienu pašu vārdu tas ir darīts." Un vispār – vai nav tā, ka dziļā gudrība, ar kādu cilvēki kādreiz dižojas, mums saka, ka pasaule radusies kaut kā pati no sevis, no nekā viņa tapusi un kļuvusi aizvien citādāka vai pilnīgāka, un šie [Dieva pasaules radīšanas] notikumi paliek it kā malā un sāņus.

Mēs klausāmies cilvēku dažādajā valodā. Un beidzot mēs zinām arī to, ka šie cilvēki, kas saka – šī pasaule pati no sevis ir kaut kā radusies un tapusi, – ka viņi ar katru dienu vairāk un vairāk, asāk un asāk sāk izprast, ka tas nemaz nav iespējams, ka kaut kas var tā pats no sevis tapt – no itin nekā un itin kā pats ar savu vietu, spēku, gribu. Ir cilvēki, kas sāk domāt dziļāk un, lai arī neizrunādami Dieva vārdu, kādreiz saka: "Jā, te ir kāds sācējs, ir kāds lielais darītājs, lielais spēcīgais."

Mēs viņiem palīdzam un sakām: "Runāsim līdz galam to vārdu! Tas jau ir tas, ko saka Svētie Raksti!" Šis Visuvarenais, Visuspēcīgais un Mūžīgais, kura neaprobežotais spēks ir licis tam notikt, ka Viņa izrunātais vārds pēkšņi ir licis ataust gaismai, nošķirties tumsai, veidoties visam tam, kas ir tapis, beidzot arī [*nesaklausāms vārds*], nosaukts vārdā [*nesaklausāma frāze*]. Lai top gaisma! Un tapa gaisma.[134] Dieva svētais, brīnišķais, apbrīnojamais darbs – pasaules radīšana.

Un, kad mēs lasām un ieklausāmies Jāņa evaņģēlija sākumā, ir tā savādi un tā neparasti, ka mēs arī tur atrodam šos pašus vārdus priekšā. Mēs atrodam šos vārdus par patieso gaišumu, kas ir nācis pasaulē, kas apgaismoja cilvēku. Viņš bija pasaulē, un pasaule caur Viņu ir radusies, bet pasaule Viņu nepazina.

Mēs dzīvojam Adventa laikā. Mēs stāvam uz Ziemassvētku sliekšņa. Jau turpat divi tūkstošus gadu mēs svētījam šo notikumu, kad tumšā naktī atspīdēja brīnišķa gaisma un neparasta

---

[134] Un Dievs sacīja: "Lai top gaisma." Un gaisma tapa. (1Moz 1:3)

vēsts tika sacīta izbiedētiem ganiem par kāda bērniņa nākšanu pasaulē. Un par šā bērniņa nākšanu evaņģēlijs runā kā par pasaules īsto gaišumu, kuram vajadzēja nākt un apgaismot katru cilvēku. Kristus. Mūsu Kungs un Pestītājs. Kristus, kas ir teicis: "Es esmu pasaules gaisma. Kas Man iet pakaļ, nestaigās tumsībā, tam būs dzīvības gaisma."[135] Arī tad, kad Dievs Tas Kungs lika tapt gaismai, kas apspīd visu redzamo pasauli, notika tas, ka cilvēki vairs nestaigāja, viņiem nevajadzēja staigāt vairs tumsībā. Viņi varēja atšķirt savu ceļu, viņi varēja zināt un atšķirt dienu un nakti, darbu un atpūtu.

Kāda savāda sakrišana! Un tomēr tā ir tikai viena un tā pati – šis Dieva svētais radīšanas darbs, kas vispirms nāca pār mēmo pasauli, pār viņas ārējo izskatu un veidu. Un ka šis Dieva svētais darbs [nesaklausāma frāze]. Viņš ir licis savai gaismai nonākt mūsu vidū, kas apgaismo katru cilvēku, nevis tikai katru priekšmetu, nevis tikai kalnus un lejas, bet kas apgaismo iekšējo cilvēku. Viņam vajadzēja nākt pasaulē, bet pasaule Viņu nepazina... Cik Viņu pazina un cik Viņu pieņēma, tiem Viņš deva vaļu kļūt par Dieva bērniem.

Starp pasaules lielo radīšanas notikumu un starp šo notikumu, kad nāca šis mazais bērniņš Betlēmē, ir lielais, ilgais laiks, kad cilvēks, gan tiekdamies pēc redzamās gaismas, gan tiekdamies pēc visa tā un atkal tā, ko apspīd redzamā gaisma, pazaudēja savu lielo, dārgo ieguvumu – savu tuvumu svētajam, mūžīgajam Dievam, visu lietu radītājam, uzturētājam, visa sākumam un galam. Viņš iestiga šinī pasaulē, viņš iestiga tās spožumos un tās dārgumos, tās priekos un tās izdarībās un aizgāja prom no tā, kas nebija tikai Radītājs vien, kas bija Tēvs – mūžīgais Tēvs, visusvētais Tēvs, kas cilvēku pēc savas līdzības veidoja un savu dvašu viņam iedvesa, un savu radniecību un tuvību ar viņu turēja [nesaklausāms vārds]. Dievs

---

[135] Tad Jēzus atkal runāja uz viņiem, sacīdams: "ES ESMU pasaules gaisma; kas seko Man, tas patiesi nestaigās tumsībā, bet tam būs dzīvības gaisma." (Jņ 8:12)

Tas Kungs ir šo pasauli radījis un [*nesaklausāms vārds*] ar to brīdi, kad Viņš pats, iemājodams cilvēka miesās, ienāca pasaulē kā šis mazais bērniņš. Viņš ienāca kā pasaules patiesais gaišums. Patiesais gaišums, kas ne tikai ārējas lietas apspīd, bet kas apspīd un izgaismo iekšējo cilvēku, kas ved gaismā iekšējā cilvēka apslēptākās lietas – arī to tumsu, kas ir ieperinājusies cilvēkā viņa pārgalvības, viņa paštaisnības un pašmīlības dēļ[136]. Arī to čūsku midzeni, kas tur kustas tumsā un nemeklē gaismu – arī to Viņš apspīd un sauc vārdā, un ar savu spēku liek tumsas spēkam atkāpties.

Viņš ir nācis meklēt un darīt svētu to, kas ir pazudis[137]. Viņš ir nācis iedegt par jaunu to, kas ir apdzisis. Viņš ir nācis iedvest viņā to, ko aizdedz Svētais Gars svētā nemierā, arī svētā ilgošanā, svētā mīlestībā pēc Dieva un tanī piekritībā, ko dod cilvēks, kurš nestaigā tumsībā un nepiedauzās naktī[138] un kuram ir ceļš, ceļš, par kuru Viņš pats ir teicis: Es esmu ceļš. Es esmu gaisma, bet Es arī esmu ceļš. Es esmu mūžīgā dzīvība. Es esmu patiesība[139].

Šīs lietas nav satveramas mūsu rokām. Šīs lietas nestāv blakus kokiem, akmeņiem, netek līdzi viļņiem un nebrāzas līdzi vējiem. Šīs lietas nāk pēc tā paša svētā Vārda, kuru Dievs runāja toreiz – lai top gaisma![140] Šo vārdu Viņš runā par katru cilvēku šodien, tagad. Par katru cilvēku. Lai top gaisma! Vieta Viņa svētajam ugunskuram, Viņa svētajai gaismai, kas reizē dedzina

---

[136] Bet šī ir tā tiesa, ka gaisma ir nākusi pasaulē, bet cilvēkiem tumsība ir bijusi mīļāka par gaismu, tāpēc ka viņu darbi bija ļauni. Jo ikviens, kas dara ļaunu, ienīst gaismu un nenāk pie gaismas, lai viņa darbi netiktu atklāti. Bet, kas dara patiesību, nāk pie gaismas, lai būtu redzami viņa darbi, ka tie Dievā darīti. (Jņ 3:19-21)

[137] Jo Cilvēka Dēls ir nācis meklēt un glābt pazudušo. (Lk 19:10)

[138] Bet, ja kāds staigā naktī, tas piedauzās, jo viņam nav gaismas. (Jņ 11:10) Sk. arī: Jņ 8:12.

[139] Jēzus viņam saka: "ES ESMU ceļš, patiesība un dzīvība; neviens netiek pie Tēva kā vien caur Mani." (Jņ 14:6)

[140] Un Dievs sacīja: "Lai top gaisma." Un gaisma tapa. (1Moz 1:3)

un kausē, reizē sasilda un iepriecina, reizē liek par jaunu tapt un sadegt visam tam, kas ir negants un netaisns, un reizē nāk ar cerību un beidzamo piepildījumu, lielo piepildījumu atpakaļ [*nesaklausāms vārds, iespējams,* pie Tēva]. Jau šeit, jau tagad, jau šinī dzīvē! Cik Viņu uzņēma, tie tapa par Dieva bērniem! Kas ticēja Viņam, tam nebija jāgaida nāves stunda un pārvēršanās vairs nemiesīgā veidā. Jau šeit [ir] šī pārvēršanās, pārveidošanās, arī degsme, tapšana par Dieva bērniem, Dieva svētā vadība. Viņš to [lai top gaisma] ir izrunājis Viņš to ir izrunājis. Viņš to ir izrunājis uz visu cilvēci, izrunājis uz katru atsevišķo cilvēku. Viņš runā to katru dienu par jaunu, tāpat kā katru dienu par jaunu Viņš liek uzaust redzamajai saulei pār mums, tāpat katru dienu atgriežas mūžīgās patiesības un gaismas Saule, [kas] pār mums spīd un [mūs] iepriecina, svētī un apgaismo, atjauno, stiprina un mierina. Un Viņš sauc [*nesaklausāmi vārdi*] – atgriezieties! Pienākusi jau tuvu klāt ir Dieva valstība[141]. Tik tuvu, cik elpa ir tuvu mums. Tik tuvu, cik gaiss ir tuvu mums visapkārt. Tikpat tuvu, cik saules gaisma, kas mūs apspīd ārīgi. Tikpat tuvu ir uzaususi šī gaisma pār mums. Slavēts ir Dievs! Slavēts ir mūsu Kungs Jēzus Kristus, patiesais gaišums, gaisma no gaismas, patiess Dievs no patiesa Dieva, kas mūs ir jaunradījis savā žēlastībā. Āmen.

Sprediķis teikts 1993. gada 19. decembrī

---

[141] Atgriezieties no grēkiem, jo Debesu valstība ir tuvu klāt pienākusi. (Mt 3:2) Sk. arī: Mt 4:17, Mt 10:7.

Vecgada vakarā, 1. svētdienā pēc Ziemsvētkiem
(Jņ 8:31-36)

Jēzus Kristus vakar un šodien tas pats un mūžīgi! (Ebr 13:8) Žēlastība un miers lai jums visiem no Dieva, mūsu Tēva, un mūsu Kunga un Pestītāja Jēzus Kristus! Āmen.

Uzklausi, kristīgā draudze, šīs dienas evaņģēliju, kas ir rakstīts pie Jāņa 8. nodaļā: *Tad Jēzus sacīja jūdiem, kas bija sākuši ticēt Viņam: "Ja jūs paliekat Manos vārdos, jūs patiesi esat Mani mācekļi, un jūs atzīsit patiesību, un patiesība darīs jūs brīvus." Tie Viņam atbildēja: "Mēs esam Ābraama dzimums un nekad neesam bijuši neviena cilvēka vergi. Kā tad Tu saki: jūs būsit brīvi?" Jēzus viņiem atbildēja: "Patiesi, patiesi Es jums saku: ikviens, kas grēku dara, ir grēka vergs. Bet vergs nepaliek visu mūžu mājās; Dēls gan paliek visu mūžu. Ja nu Dēls jūs darīs brīvus, jūs patiesi būsit brīvi.* (Jņ 8:31-36) Āmen.

Dievs, Svētais Gars, mēs Tevi lūdzam! Tu apgaismotājs un iepriecinātājs, Tu dievišķais padoma devējs Gars, nāc mūsu vidū ar Tavu žēlastību, ar Tavām dāvanām, atdari mums Tava vārda patiesību, ka mēs tajā tiekam iedzīvināti un ka mēs paši topam tās apliecinātāji, jo Tavs vārds ir mūžīga patiesība! Āmen.

Ja jūs paliekat Manos vārdos. Mīļā draudze! Šis vakars cilvēku paradumos un cilvēku apziņā ir iegūlies kā tāds šķirtnes brīdis, kurā nošķiras tas, kas ir bijis, no tā, kas vēl nāk. Patiesībā to mēs varētu attiecināt uz katru vakaru un katru nākamo rītu. Bet, kad mēs iezīmējam nobeigumu un sākumu ar jaunu gada skaitli, tad cilvēku apziņā un arī visu tautu apziņā, un visas pasaules apziņā spilgtāk iespiežas nopietnais šķiršanās, izšķiršanās, šķirtnes brīdis. Kas bijis, ir pagājis, tas, kā vēl nav, ir tikai cerībā skatāms.

"Pasaule paiet,"[142] saka kādā vietā Dieva Vārds. Paiet viss, kas tajā ir bijis. Un arī cilvēku apziņā paiet tik ļoti daudz kas. Daudz kas, ko mēs bijām šī gada sākumā iecerējuši, ir izgaisis kā neziņā, daudz kas nepiepildījies, bet daudz kas vispār vairs nav atstājis ne piemiņas pēdas. Tas ir kaut kur aiztecējis. Un cilvēki savā dzīvē [*nesaklausāma frāze*] ar šo lietu paejamību, lietu nepastāvību lielā mērā ir samierinājušies – lietas nāk, un lietas paiet. Turklāt ļoti dažādi – tāpat nāk un paiet prieki, tāpat nāk un paiet bēdas, tāpat nāk un paiet cilvēku ieskati un iedomas. Mēs it kā plūstam straumē, kurai nav pieturas. Ir pietura!

Gads, ko mēs noslēdzam, ir iezīmēts ar kādu skaitli, un nākamais gads sākas ar jaunu skaitli, un abi divi skaitļi norāda vienu un to pašu – tie norāda, ka šie gadi ir Jēzus Kristus gadi[143]. Un ir lietas, kas nedrīkst paiet un nedrīkst aiztecēt prom. Tās ir tās, par kurām šodien runā mūsu Kungs un Pestītājs, kad Viņš, uzrunādams ļaudis, kas bija ap Viņu, saka: "Ja jūs paliekat Manos vārdos... Ja jūs paliekat Manos vārdos, jūs topat Mani mācekļi, jūs atzīsiet patiesību, patiesība darīs jūs brīvus." Pestītājs runā par to, kam ir jāpaliek mūsu vidū, kam mēs nevaram ļaut aiztecēt no mūsu apziņas un dzīves, no kā mēs nevaram un nedrīkstam šķirties un [ko mēs nevaram] atstāt kā kādu pārejošu lietu, kā izlasītu avīzes lapu, noklausītu cilvēku baumu, pārciestu savu paša prieku vai bēdu. Ir lietas, kas nevar un nedrīkst aiziet prom no mūsu apziņas.

---

[142] Pasaule paiet un viņas kārība; bet, kas Dieva prātu dara, tas paliek mūžīgi. (1Jņ 2:17) (Citēts pēc: *Bībele. Vecās un Jaunās Derības Svētie Raksti*. No Britānijas un Ārzemes Bībeles biedrības izdoti. Leipcigā. Drukāti pie Poeschela un Treptes, 1905.) Sk. arī 1kor 7:31.

[143] *Anno Domini* (vai *Anno Domine*; *AD*) – lat. – "Tā Kunga gadā". Pirmais zināmais *Anno Domini* lietojums ir 1512. gadā. Tas iezīmē laika atskaiti, par sākuma punktu ņemot Kristus dzimšanu; šī laika atskaites lietošana sākās 525. gadā, bet plaši lietota kopš apm. 800. gada. Lietots Juliāna un Gregora kalendāra sistēmā.

Latviešu tauta jau astoņus gadu simteņus stāv Jēzus Kristus krusta paēnā. Viss, kas latviešu tautā ir tapis – tās augšupejā, tās garīgajā izaugsmē, tās tikumā un krietnumā, tās pastāvēšanā, pārbaudās, tās sasniegumos, gara un patiesības, un mīlestības lietās – tas viss ir iezīmēts ar Kristus gadu skaitļiem[144]. Un tas mūs piesaista pie tā, kas bija vakar, un pie tā, kas nāk arī šodien. "Ja jūs paliekat…" Aiz šī "paliekat" stāv liels un ārkārtīgs apsolījums.

Mēs zinām – kādā citā vietā Pestītājs vēlreiz runā par šo palikšanu ar Viņu, par palikšanu pie Viņa – un tas ir tanī ļoti skaistajā līdzībā, kurā Viņš runā par vīnakoku un zariem, kurā Viņš sevi sauc par vīnakoku un kur par mums, Viņa mācekļiem, Viņa ticībā pieaugušiem un piesaistītām dvēselēm, Viņš saka: "Jūs esat zari. Palieciet Manī!"[145] Viņš saka: "Palieciet Manī!" Un palikšanas pamatojums ir tik ļoti vienkāršs, tik ļoti skaidri redzams [pat] mazam bērnam – zars nevar nest augļus, ja tas nepaliek pie vīnakoka. Zars nokalst un tiek izmests, ja tas atvienojas no dzīvības devēja koka. "Palieciet Manī!" Viņš saka. "Bez Manis jūs nenieka nespējat darīt!"[146] Un mēs to redzam.

---

[144] Jāpiemin R. Feldmaņa uzskats, ka tās tautas, kas pieņēma kristietību, līdz ar to arī saņēma milzu garīgo potenciālu savai tālākai attīstībai atšķirībā no tām, kuras, pretojoties kristīgai ticībai, zaudēja turpmākas attīstības perspektīvas, tika iznīcinātas vai asimilētas. Runājot par Latvijas kristianizāciju, R. Feldmanis teica: "Baltijas ciltis tuvojās likteņīgās izšķiršanās brīdim: vai pieņemt Jēzus Kristus pestīšanas vēsti, vai iznīcināt citai citu nepārtrauktajos asiņainajos karos (tāda pati alternatīva bija divus gadusimtus agrāk ģermāņu ciltīm, vienu gadusimtu agrāk slāvu ciltīm utt.). Ar citiem vārdiem sakot: vai noslēgties sevī, savā lokā, […] vai pieņemt kristietību, saņemot spēcīgu garīgās attīstības impulsu. Un vēl īsāk formulējot šo alternatīvu, mēs varam izmantot […] Šekspīra frāzi: "Būt vai nebūt!"" Citēts no: Simakins J. *Kristietības sākumi Latvijā (garīgie un psiholoģiskie aspekti)*. Bakalaura darbs Baznīcas vēsturē. Rīga: LU Teoloģijas fakultāte, 1994. 15. lpp.

[145] Es esmu vīna koks, jūs tie zari. Kas Manī paliek un Es viņā, tas nes daudz augļu, jo bez Manis jūs nenieka nespējat izdarīt. (Jņ 15:5)

[146] Turpat.

Mēs pārlaidām baismīgu laikmetu, kura atliekas un nelāgums vēl joprojām mums ir mutē un garā, to laikmetu, kas mūs meklēja atvienot no Kristus, to laikmetu, kad ar varu un viltu, un māņiem, un uzstājību bezdievība lauzās iekšā ne tikai cilvēku dzīvē, bet arī cilvēku dvēselē. Un, ielauzdamies cilvēku dvēselē, to izpostīja tā, ka cilvēks vairs nebija cilvēks[147].

---

[147] Latviešu tautai pēc Latvijas Republikas okupācijas tika piemērota PSRS atstrādātā sovetizācija. To nodrošināja čekisms, – VDK teju vai visvarenība un viszinība. Sovetizācijas pirmais solis bija varmācība, likvidējot tiešos vai, režīmaprāt, iespējamos "šķiras un tautas ienaidniekus" fizisku eksekūciju ("Baigais gads" u. c.) un deportāciju (1941., 1949., bet tās nebija vienīgās) veidā. Tas sabiedrībā radīja baiļu un aizdomu atmosfēru. Sabiedrība tika pakļauta nemitīgai un primitīvai, bet tieši tādēļ efektīvai "smadzeņu skalošanai", informācijas blokādei pret "pūstošajiem Rietumiem", centralizētai kontrolei un ārējai cenzūrai, kuras sekas bija nstinktīva visu līmeņu personiskā pašcenzūra. Politklišejas "ideoloģiskā fronte", "ideoloģiskā cīņa" norādīja uz sociālisma ideoloģijas agresīvo un nesamierināmo raksturu, vēlmi meklēt ienaidnieku, būt nemitīgā karastāvoklī ar visu pasauli, lai tā kompensētu un attaisnotu savas atpalicības izraisītos mazvērtības kompleksus. Kompartijas ideoloģiskums tika klaji un bezkaunīgi identificēts ar zinātniskumu un objektivitāti. Zinātnes un mākslas partijiskums dzīvē nozīmēja to pilnīgu pakļaušanu PSKP ideoloģiskajām interesēm. Par vienu no oficiālās propagandas štampiem kļuva sociāloptimistiska vārdkopa "gaišā nākotne". Šim materiālistiskās utopijas primitīvajam sapnim vajadzēja likt samierināties ar reālās padomju dzīves nožēlojamību. Ikdienas nabadzību un atpalicību vajadzēja uztvert kā brīvprātīgu upuri "saulainās nākamības" un nākamo paaudžu labā. Komunistiskā ideoloģija sludināja, ka PSRS ir devusi lielu ieguldījumu cilvēces civilizācijā, – principiāli jaunu vēsturisku cilvēku kopību – monolītu padomju tautu, kurai ir viena ekonomika, visas tautas valsts, tās kultūra ir sociālistiska pēc satura un nacionāla pēc formas. Padomju tautai piemīt komunistiski ideāli un kopējs mērķis – komunisma uzcelšana. PSKP ģenerālsekretārs L. Brežņevs apgalvoja: "Jaunas vēsturiskas kopības rašanās mūsu zemē, tas, biedri, ir mūsu lielais sasniegums." Vajadzēja rasties "jaunajam padomju cilvēkam" – personas arhetipam, kas apveltīts ar PSRS pilsonim kopējām dominējošām īpašībām, neatkarīgi no konkrēto indivīdu izcelsmes noteiktajām kultūras, etniskajām u. c. atšķirībām. Šis arhetips tika veidots, atņemot vai kropļojot cilvēka identitātes būtiskos raksturlielumus. Ticība Dievam

Ne viņa galva vairs bija galva, ne viņa rokas bija vairs viņa rokas!

tika aizvietota ar ticību komunisma ideāliem; nacionālā piederība tika pakāpeniski izskausta, tās vietā liekot padomju internacionālismu; piederība ģimenei tika degradēta par labu piederībai partijai, darba un sabiedriskajiem kolektīviem. Dzimtenes piederība tika nolaupīta piespiedu vai labprātīgas – politiskas vai ekonomiskas – migrācijas rezultātā. Atbildība par darbu tika atņemta ar nivelējošu darba samaksu. Tika uzskatīts, ka, tā kā padomju cilvēks pieder pie principiāli jaunas sociālpolitiskās iekārtas, tāpēc viņam piemīt arī augsts sociālistisks apzinīgums un komunistiska morāle. LPSR kinohronikas cienītāji tika iepriecināti ar saukli: "Cilvēka vērtību nosaka viņa darbs kolhoza labā." Padomju cilvēks tika uzskatīts par pāraku par citiem *Homo Sapiens* sugas pārstāvjiem, jo vēsture to aplaimojusi ar iespēju dzīvot tik īpašajā padomju zemē. Saskaņā ar PSKP 25. kongresa materiāliem, padomju cilvēks ir jauna vēstures parādība, sociālistiskās civilizācijas guvums un sasniegums: "Pēdējo sešdesmit gadu galvenais rezultāts – ir padomju cilvēks". Bet faktiski radās *Homo Sovieticus*. Šajā jēdzienā jānodala *Homo Sovieticus vulgaris* no *Homo Sovieticus erectus*. *Homo Sovieticus vulgaris* pirmajā apakškategorijā ietilpa tie, kas apātiski pieņēma režīma depresīvos ekonomiskos, sociālos un kultūras nosacījumus un centās tikai kaut kā izvilkt savu dzīvi. Viņus raksturoja zema darba motivācija (kā dēļ radās neoficiāls termins "*zrjaplata*" ("valsts izliekas, ka maksā, tauta – ka strādā")), iemācīta sociāla nevarība u. tml. Savukārt pie otrās apakškategorijas piederēja tie, kas tiecās radīt savu ekonomisko patstāvību "ēnu ekonomikas" ietvaros un likumdošanas "pelēkajā" zonā. Sabiedrību kopumā raksturoja zems darba ražīgums, visu līmeņu plašs sociāls un ideoloģisks liekulīgums, nomenklatūras zemāko un vidējo slāņu prasme svārstīties kopā ar "partijas ģenerālo līniju", sociālparazītisms, blats, "geto komplekss" utt. Pie otras kategorijas – *Homo Sovieticus erectus* var pieskaitīt tos – galvenokārt inteliģences pārstāvjus –, kuri centās radīt savu privāto garīgo pasauli, "laist pāri galvai" oficiālo ideoloģiju, distancēties no režīma uzmācības sava tiešā darba specifikā. Tas, kas tiešām minams kā sasniegums "padomju civilizācijā" (gan nevis pateicoties režīmam, bet par spīti tam!), ir šīs otrās kategorijas apakškategorija – nacionālās pretestības kustības dalībnieki. Viņi spēja atklāti nostāties pret režīmu, par to maksājot augstu cenu – brīvības zaudēšanu (ieslodzījumā un izsūtījumā) uz gadiem (piem., Jānis Rožkalns (dz. 1949), Lidija Lasmane-Doroņina (dz. 1925), ļoti augstu cenu – ieslodzīšanu čekas psihiatriskajās klīnikās (piem., Sandris Rīga (dz. 1939) vai pat visaugstāko – dzīvību (piem., VDK noindētie Gunārs Astra (1931–1988),

Tikumu viņš aizmirsa, darbu viņš neprata, naidu viņš saņēma un uzņēma, pārvērtās negantībā[148]. Un šodienas Vārdā, runādams par palikšanu, Viņš vēl saka – šai palikšanai pie Viņa ir kāds ļoti liels un tāls apsolījums: "Jūs būsiet Mani mācekļi, jūs atzīsiet patiesību, patiesība darīs jūs brīvus." Brīvus no tā nelāgā žņauga, kas ir sažņaudzis cilvēka dvēseli. Bezdievības nelāgā žņauga. Brīvus no sava paša grēka, vainas žņauga. Brīvus no baiļu žņauga par savu dzīvi un dzīvību un no visām citām verdzībām.

Bija rūgti pirms kādām pāris dienām ielūkoties mūsu laikrakstos un redzēt kaut ko pavisam neparastu, nepiedzīvotu, neiedomājamu, ka mūsu valsts augsti vadītāji nodevās pagānisma kultivēšanai, māņiem un māneklībām, par kuriem mūsu tautā vienkāršā vārdā saka – vella dzīšana. Tai vietā, kur mūsu tautai gadu mijā vai svētku lielumā vajadzēja uzskatīt

---

Juris Ziemelis (1941–1988). Te noteikti jāpiepulcē arī visi joprojām nepietiekami apzinātie pretošanās kustības dalībnieki.Totalitārisma seku dokumentēšanas centra vadītājs I. Zālīte atzīmēja, ka katru gadu (!) LPSR tika likvidētas 5 līdz 12 pretpadomju vai nacionālistiskas grupas.

[148] PSRS bija bezprecedenta gadījums pasaules vēsturē, pasludinot ateismu par valsts oficiālo reliģiju. Ar masveida represijām, iebiedēšanas akcijām un sistēmātisku "smadzeņu skalošanu" vietumis izdevās izaudzināt *padomju cilvēku* – aprobežotu, fanātisku, varai paklausīgu un citiem viegli uzrīdāmu agresīvu cilvēka tipu. Piepildījās teoloģiskā atziņa, ka humanitāte bez divinitātes ir bestialitāte (cilvēcība bez dievišķuma ir dzīvnieciskums, zvēriskums) vai izsakot ar hrestomātiskajiem F. Dostojevska vārdiem: "Ja Dieva nav, tad viss ir atļauts." Nākamās laimības vārdā vajadzēja aizdzīt Sibīrijā un iedzīt nāvē desmitiem miljonu cilvēku. Kad tas tika sekmīgi paveikts pašā Padomju impērijā, tad vajadzēja aplaimot kaimiņvalstis. Tam bija domāta "permanentās revolūcijas" teorija. Ļ. Trockis rakstīja: "Proletariāta diktatūra [..] dotu varenu impulsu starptautiskai sociālistiskai revolūcijai. Tikai proletariāta uzvara Rietumos var aizsargāt Krieviju no buržuāzijas atjaunošanas." http://www.marxists.org/glossary/terms/p/e.htm#permanent-revolution. Staļins raksta, ka "Ļeņins [..] padarīja to par vienu no savas revolūcijas teorijas pamatiem." Staļins J. *Raksti*. 8. sēj. Moskva: OGIZ, 1948. 19. lpp. (Krievu val.)

savus augstākos, kas Dievu lūdz un Dievu slavē par to, ko Viņš ir darījis pie mūsu tautas un dara joprojām, un to izvada. Mēs nepalikām! Te bija muguras pagriešana pret Kristu! Mums Viņa nevajag, mums vajag šos māņus, šos paņēmienus ar visām burvestībām un vella piesaukšanām. Kauns! Un vairāk nekā kauns. Bailes! Bailes. Vergs nepaliek namā. Viņam toreiz teica, iebilzdami: "Mēs nekad neesam bijuši cilvēku vergi." Jēzus saka: "Patiesi, Es jums saku: ikviens, kas grēku dara, ir grēka vergs. Bet vergs nepaliek visu mūžu mājās." Vergs tiek izraidīts. Zars, kas atvienojas no vīnakoka, nokalst. Mūsu tautai vairāk nekā jebkad vajag dzīvības spēka – tā spēka, kas no Dieva žēlastības ieplūst mūsu dvēselē, kas padara nastu vieglu, kas padara uzdevumu par prieku, kas ļauj paciest grūtumu un spēj uzvarēt nelaimi. Mums ir vajadzīga šī palikšana, lai notiktu tas, ko Pestītājs saka: "Jūs atzīsiet patiesību, un patiesība darīs jūs brīvus."

Šodien mēs avīžu lapā redzam ko citu. Pāri pār puslappusi ir suņa galva! Un ir kādi, kas mums čukst un dveš, un priekšā rāda, un saka: "Mēs tagad sākam Suņa gadu!" Kas tā par ticību? Jā, pagānismā mēs pazīstam šādu kustoņu pielūgšanu, mīlināšanos ar kustoņiem kā ar dievekļiem, un līdz ar to mēs paši tērpjamies šī kustoņa ādā un šī kustoņa dabā. Jaunais gads nāk kā Suņa gads? Sakiet, lūdzu, vai jūs būtu ļoti iepriecināti, ja tad, kad Jaunā gadā mēs saņemam jaukos sveicienus "Vēlu daudz laimes Jaunajā gadā! Vēlu prieku! Vēlu veselību!" – ja mēs pēkšņi saņemtu apsveikumu "Vēlu Tev labu Suņa gadu! Palikt labam sunim! Kost, riet, smilkstēt." Vai tā? Kas ir šie cilvēki, kuri cērt nost Kristus kokam Viņa zarus? Kas ir šie cilvēki, kuri tērpjas vella pielūgšanā un grib atrast ceļu uz mūsu tautu un cilvēka dvēseli? Dievs nav tikai mīlestības un žēlsirdības Dievs. Dievs ir arī rijēja uguns[149], un šī uguns krīt uz nokaltušiem zariem un tos iznīcina.

---

[149] Jo Tas Kungs, tavs Dievs, ir rijēja uguns, Viņš ir dusmīgs Dievs. (5Moz 4:24) Sk. arī: 2Moz 24:17, Ebr 12:8.

Mīļā draudze! Vairāk nekā jebkad šinī šķirtnes brīdī mums grib piedāvāt to, ka ir jāatsakās no vislielākā svētuma, no piederības Kristum, jo – lūk! – tas viss esot novecojis. Mēs meklējam jaunus ceļus labklājībai, priekam, dzīves un valsts drošībai. Mēs meklēsim to pie suņa galvas, mēs meklēsim to pie ķekatu māņiem. Vai tā? Kristīgā draudze, pacel savu balsi! Pacel to uz Dievu – lūgšanā, lai Viņš novērš šo apmātības tumsu, kas no visām pusēm nāk pār mūsu tautu. Pacel savu balsi tur, kur runā latviešu cilvēks latviešu cilvēkam. Tur, kur jūs runājat ar tiem, kas jums ir priekšniecībā. Runājiet ar mūsu valstsvīriem un sakiet: "Tā neklājas! Mēs esam bijusi kristīga tauta, un tas, ko latviešu tauta ir varējusi sasniegt un ienest gan cilvēku priekšā, gan savā pastāvēšanā Dieva priekšā – tas ir tas, ko tā ir saņēmusi no Debesu Tēva caur Jēzus Kristus rokām." Nav ne suņu, ne mērkaķu gadi, ne tīģeru gadi, ne cūku gadi, kādi arī jau ir bijuši. Mēs rakstām savu gada skaitli no četriem cipariem, un tie visi runā vienu un to pašu – Jēzus Kristus gads. Tas pats vakar, šodien un mūžīgi.[150] Šis skaitlis paliek, un Viņš saka: "Palieciet Manī!" Pats šis skaitlis, uz tādas pašas negantas avīzes malas uzspiests, jau ir liecība tam, ka mēs esam Kristus patvērumā joprojām vēl un vēl [un] no tās nevaram un nedrīkstam aiziet.

Šķirtnes gadi? Jā! Mūsu šķiršanās no kā? Mūsu šķiršanās no nepatiesības. Viņš saka: "Ja jūs paliekat Manī, jūs atzīsiet patiesību." Tikai tad, tikai tad cilvēka dvēsele, cilvēka prāts, cilvēka dzīve kļūst apgaismota ar patieso, īsto patiesību, kad mēs stāvam Kristus priekšā. Viņš ir patiesība, ceļš, Viņš ir dzīvība[151]. Viņš ir dzīvības maize[152]. Paliekot pie Viņa, mēs paliekam Viņa svētajā ietvērumā. Aiziet no Viņa? Lai Dievs

---

[150] Jēzus Kristus vakar un šodien tas pats un mūžīgi. (Ebr 13:8)
[151] Jēzus viņam saka: "ES ESMU ceļš, patiesība un dzīvība; neviens netiek pie Tēva kā vien caur Mani. (Jņ 14:6)
[152] Jēzus sacīja viņiem: "ES ESMU dzīvības maize. Kas pie Manis nāk, tam nesalks, un, kas Man tic, tam neslāps nemūžam. (Jņ 6:35) Sk. arī: Jņ 6:48.

sargā no tās nelaimes! Lielākas nelaimes nevar būt. Izraut no mūsu tautas Jēzus Kristus vārdu un patiesību nozīmē izraut no mūsu tautas tās dvēseli! Ķermenis bez dvēseles ir mironis. Zars bez dzīvības sulas no koka ir sakaltis žagars. Lai Dievs mūs no tā sargā! Mēs atvadāmies un šķiramies no visa tā, ko Pestītājs mums saka – no vergu stāvokļa, kas kalpo grēkam. Vienalga, kādā izskatā – vai tanī rupjajā, ārīgajā grēkā, vai tanī smalkajā dvēseles samaitāšanas grēkā. Katrs tikpat ir Dieva acīs vērts. Vienalga, kādā grēkā viņš būtu. Viņš paliek šī grēka vergs, un viņš nepaliek namā. Viņa vieta ir tuksnesī un bezdibenī.

Slavēts ir mūsu Kungs un Pestītājs, ka mēs esam šodien šai vietā kopā un apliecinām to jau ar šo nācienu vien – pie Tevis es palieku vienmēr[153]! Šis vārds "palikt". Palikt pie Jēzus. Palikt pie Viņa patiesības un līdz ar to palikt dzīvības spēkā, pilnībā un priekā. Āmen.

Sprediķis teikts 1993. gada 31. decembrī

---

[153] Bet pie Tevis es palieku vienumēr, Tu mani turi pie manas labās rokas. (Ps 73:23)

3. svētdienā Ciešanu laikā (Lk 9:57-62)

Žēlastība un miers lai jums visiem no Dieva, mūsu Tēva un mūsu Kunga, un Pestītāja Jēzus Kristus. Āmen.

Uzklausi, kristīgā draudze, šīs dienas svēto evaņģēliju, kas ir rakstīts pie Lūkas 9. nodaļā: *Un, tiem aizejot, viens uz ceļa uz Viņu sacīja: "Es Tev iešu līdzi, lai kurp Tu ietu." Bet Jēzus uz viņu sacīja: "Lapsām ir alas un putniem apakš debess lizdas, bet Cilvēka Dēlam nav kur nolikt Savu galvu." Un uz kādu citu Viņš sacīja: "Nāc Man līdz!" Bet tas sacīja: "Atļauj man papriekš noiet un aprakt savu tēvu." Bet Jēzus uz to sacīja: "Ļauj miroņiem aprakt savus miroņus, bet tu ej un sludini Dieva valstību!" Un atkal kāds cits teica: "Kungs, es Tev iešu līdz, bet atļauj man papriekš atvadīties no tiem, kas ir manā mājā." Bet Jēzus uz to sacīja: "Neviens, kas savu roku liek pie arkla un skatās atpakaļ, neder Dieva valstībai." (Lk 9:57-62)* Āmen.

Mēs Tevi lūdzam un piesaucam, Dievs Kungs, Svētais Gars, Tu patiesības Gars, Tu atdzīvinātājs un spēka Gars, nāc ar Tavām dāvanām, nāc un satver Tu mūs pie mūsu iekšējā cilvēka un liec, ka mēs paši esam Viņa apliecinātāji un piepildītāji, jo Tavs vārds ir mūžīga patiesība. Āmen.

Šī Pestītāja saruna ar šiem dažiem cilvēkiem notiek tanī laikā, kad Viņš ir ceļā uz Jeruzalemi, kad priekšā stāv Viņa lielais uzdevums, ko Viņam ir uzticējis Tēvs – šīs pasaules atraisīšana no grēka un atpestīšana, Tēva prāta piepildījums, Viņa valstības celšana. Jēzus izskatā, Jēzus darbībā, Jēzus vārdos, kā arī [tajā], ko Viņš darīja, bija kaut kas neatvairāmi saistošs un pievilcīgs. Ja mēs tā varam sacīt, cilvēkiem patīk sajūsmināties un redzēt Viņā tādu kā ideālu – lūk, tā vajadzētu darboties! lūk, tā vajadzētu izturēties! lūk, tādam vajadzētu būt!

Un tādā sakarā ap Viņu vienmēr bija cilvēki, kas Viņu ne tikai labprāt uzklausīja, bet arī labprāt gribēja Viņam sekot, kļūt līdzīgi Viņam, darboties tā kā Viņš. Un šeit mēs sastopamies ar tādiem cilvēkiem Pestītāja ceļā. Kāds nāk un saka: "Es Tev iešu līdzi, lai kurp Tu ietu." Mēs varētu teikt: "Kāda liela brīnišķīga sajūsma!" Mēs varētu teikt: "Kāds liels ieguvums!" Ja pienāk klāt kāds [un saka]: "Es iešu tev līdzi, es gribu darboties līdz ar tevi, es gribu būt ar tevi." Jā, tas ir taisni tas, ko meklē cilvēki un kas vada cilvēkus. Tie ir tie partiju saukļi: nāciet! nāciet līdzi! darbosimies kopā, veidosim mūsu ideālus, piepildīsim tos dzīvē! Mūsu Pestītājam vajadzētu būt sajūsminātam. Mūsu Pestītājs atbild ļoti savādi. Viņš aizrāda uz kādiem apstākļiem, ko jūsmotājs cilvēks nav pamanījis, kuram liekas, ka šī skaistā diena, kad nu viņš gribētu sekot Jēzum, turpināsies, un viņš nezina, ka Jēzum nav pat pajumtes. Lapsām ir pajumte, un arī putniem ir ligzdas, bet Jēzum tās nav. Un mēs vairs neko nedzirdam par šo cilvēku.

Ir tik ļoti skaisti darboties kādā labā darbā, brīnišķīgā uzdevumā, kad visi tā sauktie ārējie apstākļi ir normāli, skaisti sakārtoti. Ir vienmēr klātais galds un klātā gulta, ir vienmēr atzinība. To Pestītājs nesola. Viņa beigu vārdi mums vēlāk dod izskaidrojumu. Viņš uzaicina kādu sev līdzi. Mēs zinām, ka šādus aicinājumus Viņš bija teicis arī citiem. Toreiz zvejniekiem Pēterim un Cebedeja dēliem Viņš teica: "Nāciet man līdzi."[154] Tie pameta savas laivas un gāja Viņam līdzi. Un tagad Viņš vēl kādam cilvēkam saka: "Nāc man līdzi." Un tas aizbildinās:

---

[154] Un, staigādams Galilejas jūrmalā, Jēzus ieraudzīja divi brāļus, Sīmani, sauktu Pēteri, un Andreju, viņa brāli, tīklu jūrā izmetam, jo tie bija zvejnieki. Un Viņš uz tiem saka: "Nāciet Man pakaļ, tad Es jūs darīšu par cilvēku zvejniekiem." Un tie tūdaļ atstāja savus tīklus un gāja Viņam pakaļ. Un, no turienes tālāk iedams, Viņš ieraudzīja citus divi brāļus, Jēkabu, Cebedeja dēlu, un Jāni, viņa brāli, laivā kopā ar savu tēvu Cebedeju tīklus lāpām, un Viņš tos aicināja. (Mt 4:18-21) Sk. arī Mk 1:17, Mk 1:19-20.

"Nu ja, priekšā vēl stāv tēva bēres." Jo kas gan dzīvē ir, var teikt, uzdevuma ziņā nopietnāks un neatliekamāks kā nolikt pie miera aizgājēju. Viņš saka: "Nu es pašreiz nevaru, bet es pēc tam tūlīt varēšu." Pestītājs mums neko vairāk par viņu nesaka. Viņš saka tādus pavisam dīvainus vārdus, pārgalvīgus, gandrīz varētu teikt – vai tad tiešām tā var atbildēt: lai mirušie paši aprok savus mirušos, bet tu nāc un darbojies. Un tomēr viņš aizgāja sakārtot tēva bēres. Un vēl vienam Viņš teica šo pašu aicinājumu, un tas teica: "Jā, ļoti labprāt, bet man papriekšu ir jānokārto mājas apstākļi, man jāatvadās, es nevaru tā aiziet no saviem draugiem, neteicis ardievas saviem tuviniekiem, saviem vecākiem. Tas var ilgt vairākas dienas, jo, ja kāds dodas uzdevumā, kas viņu saistīs uz visu mūžu, nu tad tomēr ir arī tā, ka jāpārrauj tās mīlestības, draudzības un tuvības saites. Tas atkal prasa laiku.

Pestītājs visiem šiem trim atbild ar vienu un to pašu: "Neviens, kas savu roku liek pie arkla un skatās atpakaļ, neder Dieva valstībā." Viņa aicinājumi nav aicinājumi pie kopdarbiem un partijās, kur mēs varam iestāties un izstāties, kur mēs varam darboties par tik, par cik mūsu spēki vai intereses saista. Viņa aicinājums un Viņa piedāvājums ir kaut kas daudz lielāks. Viņš pats iet, lai piepildītu pēdējo lielo uzdevumu Dieva valstības lietās – lielo salīdzinājuma darbu, salīdzinot grēcīgo cilvēku ar svēto un mūžīgo Tēvu debesīs. Viņš iet, uzņemdamies to, kas stāv priekšā, kas ir neizsakāms un nesaprotams cilvēkiem. Šis beidzamais lielais darbs beidzas ar sāpēm, ciešanām, nāvi. Tas ir Viņa ceļš. Tā ir Viņa vaga, ko Viņš dzen šinī pasaulē jaunajai sējai, jaunajam tīrumam. Apustulis, – cik raksturīgi, – kādā vietā, uzrunādams korintiešus, arī saka: "Mēs esam Dieva līdzstrādnieki, mēs esam Viņa aramais, jūs esat Viņa aramais tīrums."[155] Jūs esat kaut kas tāds, kam kaut kas ir jāpiepilda,

---

[155] Jo mēs esam Dieva darba biedri, jūs esat Dieva aramais tīrums, Dieva celtne. (1kor 3:9)

nevis tas, ko jūs darīsiet tikai, par tik un par cik jums patiksies. Jūs ieguldīsiet savu laiku, zināmas dienas, zināmas stundas dienā, jūs noziedosiet no saviem līdzekļiem kādu ievērojamu daļu, kamēr pārējo paturēsiet savai rīcībai. Jūs atrausities no saviem draugiem, pat no savas ģimenes uz stundām, varbūt pat uz dienām un tomēr paliksiet viņu vidū. Dieva valstībā nav citas saites un saistības kā [tikai] šī saistība ar Dieva aramo tīrumu. Kristus tagad ir tas, kas dzen šo jauno vagu, un tos, kurus Viņš aicina līdzi, tiem nav vairs atpakaļceļa. Tie nevar skatīties atpakaļ. Piemērs ir ļoti vienkāršs. Kad mēs skatāmies, kā tas notiek dabā, kā notiek aršana – acs ir piesaistīta pie arkla, solis iet vienmēr tikai uz priekšu, atpakaļ lūkošanās nav. [Citādi] tas nozīmētu visu lietu sajukumu un izpostījumu.

Tādā aprakstījumā Pestītājs tēlo Debesu valstību mūsu vidū. Viņš pats iet šo ceļu, Viņš pats neskatās atpakaļ uz to, cik jauki varēja būt Ģenecaretes ezera krastā vai Galilejas skaistajos, puķotajos laukos, vai kaut vai Jeruzalemes templī, runājot uz cilvēkiem, kas ap Viņu drūzmējās. Tas viss ir tikai tāds priekšdarbs, bet arī šis priekšdarbs ir tikai solis uz priekšu aramajā tīrumā, līdz darbs ir piepildīts līdz galam. Debesu valstība necieš nekādu līdzāspastāvēšanu ar citām mūsu cilvēciskajām rosmēm, nekādu mūsu sadalīšanos – daļu šurpu, daļu turpu. Tik asa ir šī sadale, ka ne ģimenes saites, ne ģimeniskie pienākumi, kuri citādi cilvēkus varētu saistīt, nekādi nedrīkst un nevar stāties ceļā[156]. Kādēļ? Lai mēs paceļam savu skatu uz Pestītāju. Tas, ko Viņš dara, nav aizstājams ne ar ko citu. Tas, ko Viņš dara, plūst, un to nav iespējams pārtraukt. Viens brīdis Ģetzemanē Viņa lielajā, sāpju pilnajā lūgšanas laikā. Vēlreiz šī pārbaude – vai tiešām neatraut savas rokas no arkla, no tās vagas, ko Dievs kā jaunu sākumu cilvēcē tagad ar Viņa asinīm, ar Viņa krustu velk? Vēl Viņu pārbauda, lai Viņš saka

---

[156] Kas tēvu vai māti vairāk mīlē nekā Mani, tas Manis nav vērts, un, kas dēlu vai meitu vairāk mīlē nekā Mani, tas Manis nav vērts. (Mt 10:37)

savu pēdējo vārdu, kam ir jānotiek: – Tavam prātam ir jānotiek[157]. Nekas cits starpā nevar būt. Ja tas nāks starpā, tas sajauks, tas izpostīs vienā brīdī visu. Debesu valstība mūs gaida ar visu to, kas mēs esam, ar visu to, kādi mēs esam. Tā neuzstāda citas prasības, citas kvalifikācijas, kā cilvēki mēdz pie uzdevumiem un darbiem tagad prasīt vai gaidīt, vai pretī sniegt. Šī vienīgā kvalifikācija, šī vienīgā prasība ir – neatlaist savas rokas no tā, pie kā tu esi saistīts ar sava Pestītāja uzdevumu, un tanī pašā laikā pilnā apziņa – kur Es būšu, tur būs arī Mans māceklis.[158] Kur Es būšu. Vispirms Viņam vajadzēja būt Ģetzemanē, un tad Viņam vēl vajadzēja būt Golgātā, un tikai tad nāca piepildījums. – Kur Es būšu, tur arī Mans kalps, Mans māceklis būs, un Mans Tēvs to godās – Viņš kādā vietā saka mācekļiem šos dīvainos, neizprotamos vārdus, ka tas pagodinājums, kas nāk no Debesu Tēva pār kādu cilvēku, pār kādu Viņa radījumu, tas nāk no pastāvēšanas uzdevumā, no neatlaišanās, – kas iet cauri tam pašam sāpju mēram, ciešanu lielumam, nāves rūgtumam kā tas, kas ir šis aicinātājs un sūtītājs šinī uzdevumā – Kristus Jēzus. Āmen.

Sprediķis teikts 1994. gada 6. martā

---

[157] Viņš atkal aizgāja otru reizi un lūdza Dievu, sacīdams: "Mans Tēvs, ja šis biķeris nevar Man iet garām, lai nebūtu tas jādzer, tad lai notiek Tavs prāts." (Mt 26:42) Sk. arī: Lk 22:42.

[158] Ja kāds Man grib kalpot, tad lai viņš seko Man, jo, kur Es esmu, tur būs arī Mans kalps; un, ja kāds Man kalpos, to Mans Tēvs cels godā. (Jņ 12:26)

Baltajā svētdienā (Jņ 20:19-29)

Žēlastība un miers lai jums ir visiem no Dieva, mūsu Tēva, un mūsu Kunga un Pestītāja Jēzus Kristus. Āmen.

Uzklausi, kristīgā draudze, šīs dienas svēto evaņģēliju, kas ir rakstīts pie Jāņa 20. nodaļā: *Šinī pašā pirmajā nedēļas dienā, vakarā, kad mācekļi, bīdamies no jūdiem, bija sapulcējušies aiz aizslēgtām durvīm, nāca Jēzus, stājās viņu vidū un saka viņiem: "Miers ar jums!" Un, to sacījis, Viņš tiem rādīja Savas rokas un sānus. Tad mācekļi kļuva līksmi, savu Kungu redzēdami. Tad Jēzus vēlreiz viņiem saka: "Miers ar jums! Kā Tēvs Mani sūtījis, tā Es jūs sūtu." Un, to sacījis, Viņš dvesa un sacīja viņiem: "Ņemiet Svēto Garu! Kam jūs grēkus piedosit, tiem tie būs piedoti, kam jūs tos paturēsit, tiem tie paliks." Bet Toms, viens no divpadsmitiem, saukts dvīnis, nebija pie viņiem, kad nāca Jēzus. Tad pārējie mācekļi viņam stāstīja: "Mēs Kungu esam redzējuši." Bet viņš tiem sacīja: "Ja es neredzu naglu zīmes Viņa rokās un savu pirkstu nelieku naglu rētās un savu roku nelieku Viņa sānos, es neticēšu." Un pēc astoņām dienām mācekļi atkal bija kopā un arī Toms pie viņiem. Un durvis bija aizslēgtas. Tad Jēzus nāk un stājas viņu vidū un saka: "Miers ar jums!" Pēc tam Viņš Tomam saka: "Stiep šurp savu pirkstu un aplūko Manas rokas, un dod šurp savu roku, un liec to Manos sānos, un neesi neticīgs, bet ticīgs!" Toms atbildēja un sacīja Viņam: "Mans Kungs un Mans Dievs!" Jēzus viņam saka: "Tāpēc ka tu Mani redzēji, tu ticēji. Svētīgi tie, kas neredz un tomēr tic!"* (Jņ 20:19-29) Āmen.

Mēs Tevi lūdzam un piesaucam, Dievs Kungs, Svētais Gars, nāc pie mums Tavā žēlastībā, izlej savas dāvanas, atdari mums mūsu saprašanu, ka mēs saņemam Tavu svēto patiesību un paši viņā stiprināti topam, jo Tavs Vārds ir mūžīga patiesība. Āmen.

Notikumi, kas risinājās pēc mūsu Pestītāja augšāmcelšanās, ir tik neparasti un tik pārsteidzoši, ka mācekļi tajos ir samulsuši. Mēs sastopam mācekļus tādā īpatā stāvoklī. Viņi ir aiz slēgtām durvīm, bīdamies no jūdiem. Viņi ir noslēguši durvis un nodrošinājušies, lai pie viņiem neviens nevarētu piekļūt. Viņiem vēl turpinās Ģetzemanes notikumi, kad Jēzu gūstīja un viņi paši bailēs bēga, ka tikai arī viņi netiek paņemti līdzi – tanīs bailēs, kurās Pēteris vēlāk bijās atzīties, ka viņš ir bijis kopā ar savu Kungu. [Viņš] meklēja to noslēpt, simulēja nezināšanu, nepazīšanu savas dzīvības dēļ.

Un tagad sievas jau bija dzirdējušas eņģeļus, viņas bija redzējušas notikumus ar vaļējo kapu, viņas bija steigušās sacīt to mācekļiem. Mēs kādā vietā[159] evaņģēlijā lasām, [ka] mācekļiem tas tā kā par daudz neparasti un viņi viņām neticēja. Viņi vēl dzīvoja tanīs bailēs, ka viņiem ir jāglābj sava dzīvība, jātop pasargātiem no jūdiem. Bailes. Bailes savas dzīvības dēļ. Jo kas gan ir lielākā manta, kas gan ir dārgākā manta nekā dzīvība? Tādu ticības apliecinājumu mēs dzirdam gandrīz vai no kura katra cilvēka. Tiklīdz kas kait, jāņem zāles. Tiklīdz kas draud, no tā jāvairās. Un arī šeit. Bet bailes ir, tās ir mēraukla lietām. Tas, kas ir stiprs, tas ir arī drošs. Tas nebīstas. To mēs redzam pie maziem bērniem, kurus kādreiz aplami biedina

---

[159] Bet pirmajā nedēļas dienā ļoti agri, gaismai austot, sievas nāca pie kapa un nesa svaidāmās zāles, ko tās bija sataisījušas. Un vēl kādas citas bij līdz ar tām.Un tās atrada akmeni no kapa noveltu, Tās gāja iekšā un tā Kunga Jēzus miesas neatrada. Un, kad tās nezināja, ko darīt, redzi, tad pie tām piestājās divi vīri spīdošās drēbēs.Un, kad tās pārbijušās nolaida acis uz zemi, viņi tām sacīja: "Ko jūs meklējat dzīvo pie mirušiem? Viņš nav šeit, bet ir augšāmcēlies. Pieminiet, ko Viņš jums runājis, vēl Galilejā būdams, sacīdams: "Cilvēka Dēlam būs tapt nodotam grēcinieku rokās un tapt krustā sistam un trešā dienā augšāmcelties."" Un tās atcerējās Viņa vārdus. Un, atpakaļ griezušās no kapa, tās to visu pasludināja tiem vienpadsmitiem un visiem citiem. Un tur bija Marija Madaļa un Joanna, un Marija, Jēkaba māte, un citas ar tām, kas apustuļiem to sacīja. Un šie vārdi tiem izlikās kā pasaka, un tie viņām neticēja. (Lk 24:1-11) Sk. arī: Mk 16:11.

ar tumšo telpu, ka tur kaut kas var notikt vai gadīties. Jo te ir tas pats – nedrošība kaut kā priekšā, ko mēs nezinām. Bailes. Bailes, kuras ir apsegušas un apsedz grēku. Dziļi savā apziņā viņi juta, ka tā ir bēgšana no Jēzus – pēc tam, kad viņi visi pēc kārtas bija apliecinājuši, ka ies Viņam līdzi briesmās[160]. Pēteris vēl sevišķi to uzsvēra, arī pat savu dzīvību viņš atdos[161]. Pēc visiem šiem apgalvojumiem, pēc šīs cilvēciskās pašapziņas, kura balstījās tikai uz paša iedomāto spēku, – tā sabruka tai brīdī, kad nāca pārbauda, patiesa pārbauda. Grēks padara cilvēku nedrošu, liek vēl vienmēr dzīvot aiz slēgtām durvīm. Liek satrūkties tad, kad Jēzus ir ienācis. Viņiem liekas, ka tā ir parādība. Viņi pat pirmā brīdī neaptver, ka tas ir Viņš. Viņi atkal iztrūkstas. Kādēļ? Šī parādība ir atgādinājums viņiem pašiem par viņu vājību un [*nesaklausāms vārds*]. Jēzus nāk viņu vidū, grēku atlaizdams. Šis atlaišanas vārds. Tas nav sveiciens tikai [pats] par sevi – miers ar jums! Mieru vēlēt tur, kur tā nav. Miera nav tur, kur cilvēka sirds jūt sevi vainas un grēka priekšā. Jēzus vārds ir šis, nevis mierinājums vārda vispārējā cilvēcīgā nozīmē, bet šis nomierinājums ir piepildīts [*nesaklausāms vārds*]. Un tas ir viņu prieks, ka viņi tagad ir ielīksmoti divreiz, kad atkārto to pašu vārdu. Un tai pašā brīdī un arī vēlāk vēl tiek atkārtots šis mierinošais vārds, kam seko Pestītāja uzdevums.

Ar mācekļiem runā Dievs Tas Kungs, Kristus, kas tagad ir pilnā savā dievišķības skaidrībā. Un Viņš saka: "Tā, kā Mani ir sūtījis Tēvs, Es sūtu jūs." Viņš ir izlīdzinājis pie visa iepriekšējā, kad ir runāts par sūtīšanu un uzdevumu un [kad] mācekļi drosmīgi un priecīgi devās, Jēzus izsūtīti, pa ciemiem un nāca atpakaļ, gavilēdami, ka viņiem pat ļaunie gari padodas[162]. Kādi

---

[160] Pēteris saka Viņam: "Jebšu man būtu jāmirst ar Tevi, taču nemūžam Tevi neaizliegšu." Tāpat arī visi citi mācekļi sacīja. (Mt 26:35)

[161] Pēteris saka: "Kungs, kāpēc es Tev tagad nevaru sekot? Savu dzīvību es par Tevi atdošu!" (Jņ 13:37)

[162] Un tie septiņdesmit pārnāca un ar lielu prieku stāstīja: "Kungs, pat ļaunie gari mums padodas Tavā Vārdā!" (Lk 10:17)

lieli, skaisti notikumi! Viņi vēl nebija pārbaudīti, viņi vēl nesaprata, ka tas vēl nav viss. Lai kalpotu Viņam un Viņa sūtībai, jānāk vēl šai pēdējai pārbaudai, kur viņi ierauga savu bezgalīgo necienību un nevērtību Jēzus priekšā ar savu cilvēcisko pašpaļāvību. Un tad, kad viņi to ir piedzīvojuši, tad, kad viņi vēl visā savā sirds dziļumā [*nesaklausāms vārds*] savas cilvēciskās, grēcīgās dabas dēļ. Tad Viņš saka tiem: "Tā Mani ir sūtījis Tēvs, un tā sūtu Es jūs." Miers. Miers tanī sabangotajā dvēselē, kurai nu ir atņemts tās dziļais iekšējais nemiers, [un], kad viņi dosies lielā pasaules nemierā iekšā, tas būs kas cits. Tie ir viļņi, kas ap viņiem skalosies. Tas nebūs tas, kas ievīsies iekšā viņu dvēselē [*nesaklausāma frāze*].

Toms. Toms ir kaut kur citur. Viņš ierodas, un Viņš ir cilvēciskās domas pilns: ko es neredzu, tam es neticu. Ir tik daudz cilvēku runājuši tukšu. Tik daudz cilvēku stāstījuši cits citam brīnumus un pasakas. Sievas, kas ir nākušas, ir stāstījušas neparastas lietas, pasaule ir baumu pilna. Ja es pats nepārliecinos, tad mani tas neskar. Mēs varētu teikt, ka dažā ziņā tā ir pareiza stāja. Sevišķi tur, kur par garīgām lietām cilvēki, runāsim tādā vienkāršā vārdā – plātās par saviem redzējumiem, par saviem dzirdējumiem, par saviem gara apdvesumiem, kas viss viņiem ir parādīts, atklāts, pateikts, kur viņi grib par visu varu piedabūt mūs, lai mēs viņiem ticētu. Tur ir vietā šī Toma recepte – ja es to nevaru aptaustīt, ko tu te cel man priekšā, tad es tev neticu.

Bet visām lietām ir savas robežas. Šī viena lielā robeža ir robeža starp Dievu un cilvēku. Jēzus savu mācekli pārliecina, Viņš viņu pārliecina viņa cilvēciskā vērtējuma nepareizībā, zīmējoties uz vislielākajām [*nesaklausāms vārds*] lietām. Nevis neticība, nevis šaubīšanās ir jau vaina, bet lēttīcīgā padošanās nepārbaudītām baumām. Pēc nepārbaudītām baumām un to, kas mums ir jāpieņem [*nesaklausāms vārds*]: "Ņemiet Svēto Garu!" Viņš saka: "Ņemiet šo mērauklu! Tad jūs varēsiet atšķirt cilvēku pļāpas un maldus no neredzamā Dieva ausīm nesaklausāmās valodas." Tāpēc Viņš saka vārdus: "Svētīgi ir tie, kas neredz un tomēr tic." Un ar to Viņš ir parādījis, ka visas paaudzes pēc Toma nepiedzīvos to, ka tās varēs likt Viņa rētās savus pirkstus. Tā vairs nenotiks, kā Jēzus pārliecināja Tomu. Ar to Viņš ir brīdinājis mūs no otras galējības, ka mēs iekrītam pierādījumu meklēšanā, un tai pašā laikā mūsu auss nesadzird, mūsu acis nesaredz, kā Dievs mums liek redzēt, sadzirdēt un saprast. Toms to saprata. Tas ir viņa lielais jaukums, ka viņš atzinās savā pārsteidzībā, ka viņš pakļāvās godības pilnā piederībā savam Pestītājam. Jo ne no viena cita mēs neesam dzirdējuši izrunātus šos vārdus, kurus Toms ir atstājis mums visiem, kā to mūsu beidzamo tālāko pilnīgo mūsu Pestītāja pazīšanas vārdu: "Mans Kungs, Mans Dievs."

Tas rādīja, ka Toms ne tikai pārliecinājās, ka šis varenais, kas ir ienācis caur slēgtajām durvīm, patiesi ir Tas pats, kas bija guldīts kapā, ka tas tātad ir pierādījums. Nē! Vairāk. Toms ieraudzīja ne tikai To, kas bija guldināts kapā ar visām Viņa rētām un pārciestajām sāpēm. Toms ieraudzīja to, ko nevarēja ieraudzīt miesīgā acs. Viņa priekšā ir Visuaugstais, sava Tēva [*nesaklausāms vārds*]. Un ar to šis māceklis, kuru kādreiz pieņemts zākāt par neticīgo, mums parāda īstenībā mūsu ticības augstāko apliecības [*nesaklausāms vārds*] galveno, ka mēs apliecinām, ne tikai Jēzu, kas ir miris, ne tikai Jēzu, kas šeit vēl savu beidzamo brīnumu savu mācekļu priekšā parāda, kur mēs topam priecīgi kā šie pārējie mācekļi un jūtamies atviegloti. Nē. Ar tik vien mēs nesastopamies ar Jēzu. Mēs sastopamies ar Viņu tad, kad Viņš mūsu cilvēcisko vērtēšanas pieredzi, cilvēcisko pieeju jautājumam, kā mēs kādreiz runādami sakām, ka Viņš mums to [*nesaklausāms vārds*] un ka tā ir Viņa svētā [*nesaklausāms vārds*] un tā nemaz nav redzama. Viņš saka: svētīgi neredzēdami, kas to zina, tic, apliecina. Apliecina Viņa svēto godību, to, kas nav izrunāts, kopš pasaules sākuma. Apliecinājums [*nesaklausāma frāze*]. Svētīgs ir tas, kas Viņu redz un kas neapgaismotajā sirdī un dzird Viņu arī apgaismotajā [*nesaklausāma frāze*]… grēkus piedodams, un sava darba turpinājuma dēļ, viņus atkal pieņemdams Savā žēlastībā. Āmen.

Sprediķis teikts 1994. gada 10. aprīlī

6. svētdienā pēc Lieldienām (Jņ 17:11-19)

Žēlastība, miers lai jums visiem no Dieva, mūsu Tēva, un mūsu Kunga un Pestītāja Jēzus Kristus! Āmen.

Uzklausi, draudze, šīs dienas svēto evaņģēliju, kas ir rakstīts pie Jāņa 17. nodaļā, kur mūsu Kungs un Pestītājs tā runā: *Es vairs neesmu pasaulē, bet viņi ir pasaulē, un Es eimu pie Tevis. Svētais Tēvs, uzturi tos Savā vārdā, ko Tu Man esi devis, lai viņi ir viens, itin kā mēs. Kamēr Es biju pie viņiem, Es tos uzturēju Tavā vārdā, ko Tu Man esi devis, un pasargāju tos, ka neviens nav pazudis kā vien pazušanas dēls, lai raksti piepildītos. Bet tagad Es eimu pie Tevis; un par to Es runāju pasaulē, lai Mans prieks viņos būtu pilnīgs. Tavus vārdus Es tiem esmu devis, un pasaule viņus ir ienīdusi, tāpēc ka viņi nav no pasaules, tāpat kā Es neesmu no pasaules. Es nelūdzu, lai Tu viņus paņemtu no pasaules, bet lai Tu viņus pasargātu no ļauna. Viņi nav no pasaules, tāpat kā Es neesmu no pasaules. Svētī tos patiesībā; Tavi vārdi ir patiesība. Tāpat kā Tu Mani esi sūtījis pasaulē, arī Es viņus esmu sūtījis pasaulē. Un viņu labā Es pats svētījos nāvē, lai arī viņi būtu patiesībā svētīti.* Āmen. (Jņ 17:11-19)

Mēs Tevi lūdzam un piesaucam, Dievs Kungs, Svētais Gars, Tu apgaismotājs un padoma devējs, un iepriecinātājs Gars! Nāc ar Tavām dāvanām un žēlastību un apgaismo mūs, ka mēs saņemam Tavu svēto patiesību, tajā esam atdzīvināti, un paši to izpaužam un apliecinām šai pasaulei, jo Tavs Vārds ir mūžīga patiesība. Āmen.

Šī diena ir iezīmēta kristīgajā draudzē kā Lūgšanas diena, bet tā nav lūgšanas diena mūsu vispārējā izpratnē, domā. Tā ir īpata. Lūgšana, kas šai dienai piešķir savu īpato nokrāsu un nozīmi, – tā ir nevis mūsu lūgšana, tā ir mūsu Pestītāja lūgšana.

Mūsu Pestītāja lūgšana, kurā Viņš runā uz Tēvu par lietām, kurām ir jānotiek. Viņš lūkojas nākotnē. Tāpat kā Viņš zināja savu ceļu, kas Viņu vedīs cauri aizliedzējiem[163] un nodevējiem[164] pie krusta ciešanām un nāves, un augšāmcelšanās, tā Viņš redzēja arī to stāvokli pasaulē, kas būs, kad Viņa šinī skatāmajā veidā un klātbūtnē pasaulē vairs nebūs. Viņš ir sapulcinājis mācekļus un teicis: "Es esmu padarījis to darbu, ko Tu Man liki darīt, tagad Es noeimu pie Tevis, Tēvs. Pagodini Mani!"

Viņš ir padarījis savu darbu. Mēs tūdaļ paliekam tādi domīgi pie šī Viņa vārda. Jā, kas bija Viņa darbs, ko Viņš ir padarījis? Tie tūkstoši, kurus Viņš dziedinājis, mierinājis, atraisījis no ļauniem spēkiem, pabarojis, tie tūkstoši, kas izklīda pēc tam, tie divpadsmit, kas bija ap Viņu. Cik ļoti nedroši viņi bija līdz brīdim, kamēr augšāmcēlies Viņš viņus sapulcināja no jauna! Kas tad ir padarīts? Ja mēs skatāmies ar cilvēka vērtējumu – ir kaut kas darīts, bet vai ir padarīts? Mūsu Pestītāja lūgšana mums to atklāj. Cilvēki, kuri gaida un domā, un domāja, ka Jēzus izdarīs un pabeigs to darbu, kas pasaulē darāms, un ka pasaulē iestāsies Viņa valstība, tie cilvēki dabūja šaubīties, tie cilvēki dabūja izsamist. Jānis Kristītājs cietumā, dzirdēdams, ko Jēzus dara, ir apmulsis un nezina, vai tiešām tik vien un tā lietām vajadzēja notikt, ka nekas no redzamā, lielā, varenā

---

[163] Un, kad tie uguni bija sakūruši pagalma vidū un kopā sasēdušies, Pēteris apsēdās pie viņiem. Un kāda kalpone, to redzēdama sēžam pie uguns, uzlūkoja viņu un sacīja: "Šis arī bija pie Viņa." Bet tas Viņu aizliedza, sacīdams: "Sieva, es Viņu nepazīstu." (Lk 22:55-57) Sk. arī: Lk. 22:59-60, Mt. 26:73-74, Jņ 18:26-27.

[164] Un, Viņam vēl runājot, redzi, nāca Jūda, viens no divpadsmit, un viņam līdzi liels ļaužu pulks no augstiem priesteriem un ļaužu vecajiem ar zobeniem un nūjām. Bet nodevējs bija tiem devis tādu zīmi un sacījis: "Kuru es skūpstīšu, tas ir Tas, To gūstait." Un tūdaļ viņš piegāja pie Jēzus un sacīja: "Esi sveicināts, Rabi," un skūpstīja Viņu. (Mt 26:47-49) Sk. arī: Mt 26:23-25, Mk 3:19, Jņ 12:4, Mt 26:56, Mk 14:5.

priekšsludinājuma nav cilvēku acu priekšā nostājies[165]. Un tā mēs varētu vaicāt arī tagad, kad evaņģēlijā skatām mūsu Pestītāju ar Viņa mazo mācekļu pulku. Ir kaut kas padarīts. Un kaut kas vēl stāv priekšā!

Šai lūgšanai ir šie divi vārdi. Viens ir skatījums atpakaļ, otrs ir skatījums uz priekšu. Viņš runā par saviem mācekļiem. Viņš it kā nemaz vairs nezina to, kas bija [jau] noticis, ka viņi bija bēguši no Viņa, aizlieguši, [bijuši] vāji, iebaidīti. Viņš runā par saviem mācekļiem: Es svētījos iekš viņiem, Es viņiem esmu devis Tavu vārdu, ko Tu Man esi uzticējis, tie ir Tavi. – Viņš runā par šiem mācekļiem. Un Viņš runā un saka, ka viņi tagad ir tie, kurus Viņš sūta: kā Mans Tēvs Mani ir sūtījis, tā Es sūtu jūs. Pasaulē jums būs bēdas[166], viņi jūs jau ir ienīdējuši par to, ka jūs esat ar Mani. Jūs esat ienīdēti visā pasaulē Manis dēļ[167].

Jā, bet kas tad tālāk ir gaidāms? Vai šim pulciņam jābūt saspiedušamies kopā savā mazumiņā, vairīgiem no cilvēku ļaunuma, no cilvēku uzbrukumiem, zākājumiem, posta? – Pasaule tos ir ienīdējusi, tāpēc ka tie nav no pasaules, itin kā Es neesmu no pasaules. Es esmu viņiem devis savu vārdu. – Un te ir atrisinājums vārdam, ko Pestītājs runā par pabeigto darbu. Tas cēliens, ko Tēvs Viņam ir uzticējis darīt, ir pabeigts. Un tas ir pabeigts ar to, ka Viņš atstāj savu vārdu, savu svētību, savu klātbūtni tiem, kurus Viņš ir aicinājis un kuri tagad būs šinī pasaulē, un tiem būs šis uzdevums. Itin kā Mans Tēvs Mani ir sūtījis, tā Es sūtu jūs – kā avis vilku starpā[168] – runā Viņš kādā

---

[165] Bet šie vīri, pie Viņa nogājuši, sacīja: "Jānis Kristītājs mūs sūtījis pie Tevis, lai mēs Tevi jautātu: vai Tu esi Tas, kam būs nākt, jeb vai mums būs citu gaidīt?" (Lk 7:20)

[166] To visu Es esmu runājis uz jums, lai jums miers būtu Manī. Pasaulē jums ir bēdas; bet turiet drošu prātu, Es pasauli esmu uzvarējis! (Jņ 16:33)

[167] Un visi jūs ienīdēs Mana Vārda dēļ; bet, kas pastāv līdz galam, tas taps izglābts. (Mk 13:13) Sk. arī: Lk 21:17.

[168] Redzi, Es jūs sūtu kā avis vilku starpā; tāpēc esiet gudri kā čūskas un bez viltus kā baloži. (Mt 10:16) Sk. arī: Lk 10:3.

vietā. Ir lielais sūtības uzdevums, lielais pasaules plašums, par kuru Viņš saka: Eita pa visu šo pasauli! Pa visu tās plašumu un pasludiniet evaņģēliju![169] Viņš pats nebija gājis pa visu pasauli. Viņa gaitas bija tikai jūdu zemē. Tas [šis gājiens pa pasauli] bija, kam bija jābūt un kas tika pabeigts, un šis pabeigums ir Viņa mācekļi, tie, kuriem Viņš uztic un kuriem Viņš liek darīt to, ko Viņš ir darījis. Viņš runā par mācekļu ceļu: pasaule jūs ienīst, tāpēc ka viņa Mani ir ienīdējusi, tāpēc ka jūs neesat no pasaules, tāpat kā Es neesmu no pasaules. – Un šeit ir Viņa devums Viņa mācekļiem – Viņa aizlūgšana un aizstāvība pie Tēva: viņi nav no pasaules, svētī tos Tavā patiesībā! Tavs vārds ir patiesība. Itin kā Tu Mani esi sūtījis pasaulē, tā arī Es tos esmu sūtījis pasaulē un svētījies par tiem. Tā, kā Tu Mani esi sūtījis, [tā] Es sūtu viņus. Es sūtu šos mācekļus, svētī tos Tavā patiesībā. – Lai šī patiesība, kuru Viņš ir nācis un apliecinājis pats un kuras apliecinājumam pievienojas vēl viss, kas notika pēc Viņa augšāmcelšanās, – lai tas viss kā tā patiesība, kas pasaulei ir vērā ņemama, kas tai ir nepieciešama, lai tā tiktu atjaunota un atdzīvināta. Tā tiek ielikta viņu ziņā. Viņi ir tie, kuriem šī patiesība ir apliecināma: eita pa visu pasauli – pasludiniet, māciet, kristījiet! Lieciet turēt visu to, ko Es jums esmu pavēlējis! Bet – Es jūs sūtu kā avis vilku starpā. Viņi jūs tāpat ienīdēs, kā viņi ir Mani ienīdējuši. – To visu Pestītājs redz. To visu Viņš zina. Arī pie tā viena mācekļa aicināšanas, kas notika brīnišķā kārtā toreiz pie Damaskas vārtiem, kur viņam tiek sacīts: tas ir tas, kuram būs Manis un evaņģēlija dēļ tik daudz jācieš.[170] Un Viņš iezīmē viņa ceļu, un šī ceļa iezīmējumā ir arī ielikta Viņa žēlastība.

Viņš runā uz savu Tēvu, ne tikai dodams kādu ziņu un raksturodams apstākļus, ne tikai atkārtodams to, kas Viņa

---

[169] Un Viņš tiem sacīja: "Eita pa visu pasauli un pasludiniet evaņģēliju visai radībai." (Mk 16:15) Un evaņģēlijam papriekš jātop sludinātam visām tautām. (Mk 13:10)

[170] Jo Es viņam rādīšu, cik daudz viņam Mana Vārda dēļ jācieš. (Apd 9:16)

mācekļiem būs jādara, ne tikai lietas, kuru dēļ mēs teiktu – šīs pavēles varētu padarīt cilvēka sirdi, cilvēka domas, cilvēka prātu par tik smagu, tik grūti nesamu nastu.[171] Viņš runā par lūgšanu. Arī šie vārdi ir runāti lūgšanā. Bet Viņš runā vēl par kādu citu lūgšanu, kas vēl turpinās un turpināsies – Es lūdzu par tiem! Viņa svētā aizstāvība. Tie nav no šīs pasaules. Es lūdzu par tiem, ne ka Tu viņus atņemtu no pasaules, bet ka Tu tos pasargātu no ļauna. Pestītāja beidzamā lūgšana, lūgums par Viņa mācekļiem, kuriem Viņš ir uzticējis savu patiesību.

Es nāku pie Tevis un runāju pasaulē, lai Mans prieks būtu pilnīgs iekš viņiem – šiem mācekļiem. Lai prieks būtu pilnīgs arī tad, kad Viņa vairs nebūs viņu vidū. Un šo prieku vairos, izteiks un dos pasargātības atziņa, patvērums Viņa svētajā lūgšanā, Viņa svētajā aizlūgšanā, ar kuru Viņš sedz savus mācekļus, kurus Viņš sūta šinī pasaulē un kuri paši nav no šīs pasaules, bet ir nākuši no Dieva žēlastības, kā Viņš solīja. Arī par tiem. Tā [ir] lūgšana, ar kuru Viņš sedz un vada savu draudzi, ar kuru Viņš sedz un vada savus mācekļus. Es nelūdzu par pasauli! Viņš nelūdz par to, kas norisinās šinī pasaulē, par lietām, par kurām mēs, cilvēki, tik bieži lūdzamies, lai mēs esam pasargāti no vētrām, plūdiem, uzbrukumiem, kara briesmām, cilvēku ļaunuma un savām nelaimēm un sērgām. Ne šīs lietas! Ne šis mūsu sīko lūgšanu pušķis, ar kuru mēs Dieva priekšā stāvam kādreiz, dienās un naktīs lūgdamies pēc tā, kas mums liekas vajadzīgs un trūkst. Ne tas! Bet par kaut ko daudz, daudz lielāku – pasargātību no ļauna.

Jēzus svētais nomods par Viņa mācekļiem. It kā patvērums. It kā telts, kas likta pār viņiem, kas viņus sargā no tā, kas uzbrūk, no tā, kas ir visļaunākais uzbrucējs – neatlaidīgākais, spēcīgākais, viltīgākais. Savaldzināt, novērst, izārdīt, izpostīt, iegrūst grēkā un nāvē, un pazušanā. Pasargāt ne no pasaules, ne no tās apstākļiem un grūtumiem un cilvēku lielajiem

---

[171] Tad daudzi no Viņa mācekļiem sacīja: "Šie vārdi ir smagi, kas viņos var klausīties?" (Jņ 6:60)

samezglojumiem. Ne lai pasargātu no tā. Lai pasargātu no ļaunā, jo galu galā – visupēdējā cīņa, kas Pestītājam likta un ko Viņš ir izcīnījis pie krusta, un kam jātop izcīnītai katra cilvēka dvēselē un dzīvē, tā ir šī cīņa – atkāpies, sātan![172] Atstājies ar savu viltu, kārdinājumu un vilinājumu. Es nelūdzu par pasauli, bet tikai – lai Tu viņus pasargā no šīs pasaules, no ļauna, kas ir visapkārt, tanī laikā, kad viņiem būs jāiet pa visu pasauli un jāsludina evaņģēlijs.

Lūgšanas svētdiena. Mūsu Pestītāja Lūgšanas svētdiena. Mūsu Lūgšanas svētdiena, kurā mēs savu sirdi atdodam pateicībā Viņam par to, ko Viņš ir apsolījis un pilda, dodams savu uzdevumu šīs pasaules vidū un cilvēkiem, kas šeit mīt, un tanī pašā laikā sargādams, svētīdams un īstā, patiesā priekā pat vadīdams ar savu svēto aizlūgšanas varu. Slavēts lai ir mūsu Kungs un Pestītājs! Āmen.

Sprediķis teikts 1994. gada 8. maijā

---

[172] Tad Jēzus uz to saka: "Atkāpies, sātan! Jo stāv rakstīts: tev būs Dievu, savu Kungu, pielūgt un Viņam vien kalpot." (Mt 4:10)

Trīsvienības svētkos (Mt 28:16-20)

Svēts ir, svēts ir, svēts ir Dievs Trīsvienīgs.

Žēlastība un miers lai jums visiem no Dieva, mūsu Tēva, no mūsu Kunga un Pestītāja Jēzus Kristus. Āmen.

Uzklausi, kristīgā draudze, šīs dienas svēto evaņģēliju, kas ir rakstīts Mateja evaņģēlija 28. nodaļā: *Bet Viņa vienpadsmit mācekļi nogāja uz Galileju, uz to kalnu, kur Jēzus tiem bija pavēlējis. Un, kad tie Viņu redzēja, tie nokrita Viņa priekšā ceļos, bet citi šaubījās. Un Jēzus piegāja pie tiem un uzrunāja tos, sacīdams: "Man ir dota visa vara debesīs un virs zemes. Tāpēc eita un darait par mācekļiem visas tautas, tās kristīdami Tēva, Dēla un Svētā Gara Vārdā, tās mācīdami turēt visu, ko Es jums esmu pavēlējis. Un redzi, Es esmu pie jums ik dienas līdz pasaules galam."* (Mt 28:16-20) Āmen.

Mēs Tevi lūdzam un piesaucam Dievs, Svētais Gars, Tu dievišķais padoma devējs un lielais iepriecinātājs, un spēka Gars, stājies mūsu vidū ar Tavām dāvanām un spēku, ka, Tevis pārņemti, mēs topam atjaunoti un esam Tavas svētās patiesības apliecinātāji. Āmen.

Mūsu Pestītāja pēdējie [vārdi], ko Viņš runājis uz saviem mācekļiem. Tajos ir ļoti daudz kas ietverts, kas satver kopā visu to, kas evaņģēlijā, kas visā Dieva svētajā atklātajā patiesībā ir vēstīts ne tikai evaņģēlijos, bet arī praviešos. Te ir Viņa pavēle un uzdevums, te ir Viņa klātbūtnes apliecinājums, te ir Viņa atgādinājums uzdevumam, kas pildāms mācekļiem. Un šeit ir sacīts un izteikts tas beidzamais lielais noslēpums – kas ir Dievs. Šeit ir dota atbilde uz vislielāko, būtiskāko jautājumu, uz dziļāko noslēpumu, kāds cilvēcei jebkad ir [bijis] – Dievs un Viņa būtība.

Mēs sastopamies ar divām lietām, kad domājam par Dieva būtību. Vispirms mēs sastopamies ar cilvēkiem, kas mums tā droši saka: "Mēs jau kaut kādam dievam ticam." Nav jau tāda cilvēka, kas nenojaustu kādu augstāku varu, kādu likteņa lēmēju un tamlīdzīgi. Mēs uzklausām šos ļaudis, protams, ar vērību un tomēr ar dziļu līdzjūtību un zinām, ka mums šiem cilvēkiem jāpalīdz, jo tas, ko dabīgais cilvēks ir sevī apjautis un tūkstoš veidos mēģinājis izteikt dažādos laikos un dažādās tautās, un dažādās ticībās, tas nesniedzas tālāk par pašu cilvēku. Tās ir cilvēku pašu domas, tās ir cilvēku pašu izjūtas, pie kurām mēs nevaram sasildīties, lai cik karsti kvēlotu mūsu sirds un vēlēšanās.

Otrais, ar ko mēs sastopamies, mūsu priekšā ir Svētie Raksti, un tie runā katrā lapā, tie runā par Dievu, par Viņa būtību, par Viņa īpašībām, par Viņa spēku, par Viņa darbošanos. Un, ja mēs to gribētu aptvert, mēs paliekam īpatā apmulsumā – kas spēj to visu izdibināt un satvert, kas spēj to visu zināt novietot tai vietā, kurā tai jābūt mūsu dzīvē? Zināt par Dievu, bīties Viņa varenības, apbrīnot Viņa godību, redzēt Viņa darbus pasaulē un tās radībā, un Visumā, un cilvēku vēsturē. Jā, to visu mēs atrodam šinī grāmatā, kurā tik daudz ir runāts par Dievu. Un tomēr mēs paliekam it kā bez atbildes. Mūsu Kungs un Pestītājs savā beidzamajā uzrunā mācekļiem apliecina savu klātbūtni mūžīgi un uzdod viņiem uzdevumu, kas iet pāri pār viņu saprašanu un spējām. Ja mēs vērojam mācekļus, šķirdami atpakaļ evaņģēlija lappuses, mēs redzam viņus apmulsumā, vājībā, nespēkā. Viss iet pāri pār šo mācekļu spēku, jo Viņš ir devis viņiem uzdevumus, par kuriem nevar saprast, kā cilvēks varētu kaut ko tamlīdzīgu šinī pasaulē uzņemties.

Pāri pār visu to mūsu Pestītājs ir saņēmis vienā teikumā visu Svēto Rakstu dziļo, plašo, bagāto, bijājamo saturu – Tēva, Dēla, Svētā Gara vārdā. Mēs sastopamies ar Viņa Dēlu. Evaņģēlijs ir Viņa Dēla nākšana mūsu vidū. Evaņģēlijs ir Jēzus, kuru mēs uzlūkojam Viņa pazemībā un reizē Viņa godībā, Viņa ciešanās, Viņa upurī, Viņa augšāmcelšanā. Šī grāmata katrā lappusē runā kādā īpašā spēkā – kad mēs šos vārdus ar acīm satveram un savās domās iegremdējam, tad kaut kas mūs satver, kaut kas liek sakustēties, kaut kas atplaiksnī, kas liek ieraudzīt. – Dievs ir Gars.

Mūsu Kungs un Pestītājs šinī vienā teikumā ir satvēris kopā visu Svēto Rakstu plašo, lielo, daudzpusīgo saturu un vienā teikumā satvēris kopā, kas ir Dievs. Un mēs sakām: Svētais, Trīsvienīgais, Patiesīgais, Visuspēcīgais, Mūžīgais, kas savā radībā un savā spēkā sevi atklāj, kas savā iežēlošanās, ciešanu dziļumā un upurī sevi atklāj, kas sava gara brāzmojumā un spēkā atklāj. Dievs ir pievērsis mums savu svētuma pilnību, kuru mēs nojaušam – ka nav tikai tā, ka mēs zinām, ka mēs domājam, ka mēs jūtam, ka ir kaut kur kaut kas visuvarens. Tas nav nekas. Šīs izjūtas var būt kādreiz kāds labs sākums, bet tās nav viss.

Tos kristīdami Tēva, Dēla un Svētā Gara vārdā. Tos, kurus jūs mācāt, kuri nāks. Šī noslēpumainā saite – reizē ūdens un reizē kaut kas vēl cits pāri par to. Šī saite, kas sasien cilvēka dvēseli, garu, dzīvi, dzīvību ar visu to, kas ir neizdibināms, godājams savā augstajā Trijvienībā. Ir viena vieta, kura katrreiz katrā dievkalpojumā ir atkārtota. Tā, ko mēs saucam Ticības apliecība. Mēs arī šodien to visi kopā balsī runājām. Kas ir šī ticības apliecība, kuru mēs runājam tad, kad bērniņam pasniedzam svētās kristības sakramentu, kuru mēs runājam tad, kad nākam Dieva namā pielūgšanā: "Es ticu uz Dievu Tēvu, Visuvaldītāju, un uz Jēzu Kristu, Dieva vienpiedzimušo Dēlu, un uz to Kungu, Svēto Garu." Vai tas ir Dieva vārds? Ir cilvēki, [kas] savā ļoti asajā burtiskajā tvērienā saka: "Nē, tie ir cilvēka vārdi, tie mums nav vajadzīgi. Mēs tādus vārdus neatkārtojam." Ir tādas kristīgas draudzes, kuras atraida to, ko mēs saucam par Ticības apliecību. Kas ir Ticības apliecība? Ticības apliecība ir šie vārdi: Tēva, Dēla, Svētā Gara vārdā. Bet kristīgā draudze,

Dieva, Svētā Gara, vadīta, pamācīta, apgaismota – Dieva draudze, svētā draudze savās lielajās gara cīņās un centienos, savā lielajā iedziļināšanās nopietnībā līdz pēdējiem dziļumiem šos trīs vārdus ir ietvērusi tanīs rāmjos, ko Svētie Raksti mums saka, kas ir tā liecība par Tēvu, kas ir tā liecība par Dēlu, kas ir šī liecība par Svēto Garu. Mēs Ticības apliecībā neatrodam nekā, kā nebūtu Svētajos Rakstos.

Un tikai mums, kas topam mācīti un kas mācām saprast un saņemt dievišķo noslēpumu un godību, ir dots šis paskaidrojumu teikumu kopums – "ticu uz Dievu Tēvu, Visuvaldītāju, debess un zemes radītāju". Pirmā Svēto Rakstu lappuse šeit ir paņemta, lai mēs saprastu, ko tas nozīmē. "Jēzu Kristu, Dieva vienpiedzimušo Dēlu." Es un Tēvs – mēs esam viens[173]. Viņš mums liecina to. Un tad, kad mēs izrunājam šo Viņa vārdu, tad to visu, ko Viņš ir teicis par savu dievišķību, mēs atrodam, un tā [Ticības apliecība] mums palīdz saprast un dziļāk un tuvāk pieiet šiem Pestītāja lielajiem pamatvārdiem. Tāpat arī zīmējoties uz Svētā Gara būtību – godību, varenību, spēku, klātbūtni. Mēs dzīvojam svētajā kristīgajā draudzē. Mēs apliecinām, ka tā ir svēta, un mēs apliecinām, ka caur praviešiem un apustuļiem ir runāts Viņā un uz Viņu. Tā ir svēta. Pareizi gan – toreiz nāca kopā ticības tēvi, sirmie apustuļi un apustuļu pēcteči. Paši stāvēdami zem nāves drauda pasaules varu priekšā, viņi nāca kopā, lai savāktu šo patiesību vienkopus un lai izteiktu to īsi un skaidri tā, ka mēs varam to mācīt, ka mums nav tikai jāpasaka šie vārdi, kas paliek aizslēgti cilvēkiem, kas pirmo reizi ar tiem sastopas un nāk pie tiem klāt. Kādas lielas, kādas nopietnas un dziļas bija šīs domas, cik bezgala daudz lūgšanu un arī kādas cīņas! Cīņas ar gariem, kas meklē novirzīt, kas meklē šajos trijos vārdos ielikt iekšā cilvēciskus tulkojumus, kas pazemina un pamazina, un izdzēš to īsto būtību.

---

[173] Es un Tēvs, mēs esam viens. (Jņ 10:30)

Cilvēcē ir iegājies kāds sakāmvārds, un neviens lāga nepadomā par tā saturu, bet lieto to tā pa mēles galam zināmā mērā kā tādu pārmetuma vārdu. Cīņa viena burta dēļ. Bija tāda. Bija tāda cīņa lielajiem vecajiem tēviem[174], kas šos trīs vārdus meklēja paskaidrot cilvēkiem pieņemami un saprotami. Dievs Visuvarenais, Kristus, Viņa Dēls, Svētais Gars. Kas ir Kristus? Un šeit bija šis burts, kur cēlās ļaudis, kas šī viena burta dēļ izmainīja visu saturu. Grieķu valodā šie vārdi *Homo-ousios, Homoi-usios* – šis viens "i" burtiņš. Svira. Kas ir Kristus? Dievam līdzīgs? Tātad cilvēks. Vai viens ar Dievu? Tātad Dievs. Es un Tēvs – mēs esam viens. Šī cīņa šī viena burtiņa dēļ paglāba no tā, ka kristīgā draudze varēja nomaldīties un nolikt Pestītāju blakus lieliem, dižiem cilvēkiem, kādus pasaule pazīst lielā vairumā. Ar lielām lūgšanām un gara cīņām ir cīnīts par šo vienu burtiņu, lai nevis līdzīgs, bet gan būtībā viens, tātad tāds, kā patiesībā Viņš pats sevi apliecinājis. Un tā mēs pienākam pie šīs apliecības, kura ir izaugusi no šiem trim vārdiem – Tēva, Dēla un Svētā Gara ticības. Mēs pienākam pie mūsu Ticības apliecības un sakām: nē, ne Dieva vārds pats, bet ar Dieva vārdu godībā, lielā mērā līdzīgs[175]. Atslēga, kas atslēdz, vadība, kas vada, un skola, kas

---

[174] Nīkajas 325. gada koncilā norisinājās kontraverse jautājumā, vai Kristus ir tikai līdzīgs Tēvam vai arī vienāds ar Tēvu savā būtībā. Arijs (ca. 250–336), presbiteris no Aleksandrijas, apgalvoja, ka Kristus nav dievišķs pilnā nozīmē, kā Tēvs ir Dievs, jo tikai Tēvs ir mūžīgs. Dēlam ir sākums, tātad Viņš ir pirmā un augstākā radītā būtne un tātad nav arī vienāds būtībā ar Tēvu, bet tikai līdzīgs (*homoiusios*), tātad mazāks, pakļauts vai būtiski atšķirīgs no Tēva. Tātad "Dieva" nosaukums Dēlam ir tikai goda tituls. Šāds uzskats grauj kristīgo mācību, jo, ja Kristus nav Dievs pēc savas būtības, tad Viņš nespēj sniegt pestīšanu. Nīkajas koncils vienojās par to, ka Kristus ir vienāds būtībā (*homoousios* – no tās pašas dabas): "Dievs no Dieva, Gaisma no Gaismas, patiess Dievs no patiesa Dieva, dzimis, ne radīts, ar Tēvu vienāds būtībā." Arijs tika pasludināts par ķeceri.

[175] Proti, Ticības apliecības nav Dieva vārds kā Sv. Raksti, bet tie ir Sv. Gara rosināta ticīgā cilvēka atbilde uz tiem.

māca[176]. Eita pa visu pasauli, kristījiet, māciet, lieciet turēt to, ko Es jums esmu pavēlējis! Un, lūk, no šīs pavēles un no šī lielā brīnišķā parādījuma Dieva vārdā ir izaugusi mācība, kuru mēs sakām katķisms, kopsavilkums – nevis par ko, nevis par šo vai par to, bet tikai par Dieva paša svēto vārdu. Uz šī Pestītāja visuaugstā atklājuma pamata, ar kuru Viņš ir parādījis, kas ir Dievs – neizdibināms savā svētumā un godībā un tanī pašā laikā atklāts un parādīts Garā. Āmen.

Sprediķis teikts 1994. gada 29. maijā

---

[176] Līdzās R. Feldmaņa minētajai mācīšanas funkcijai Ticības apliecībai ir vēl arī ticības apliecināšanas parauga, garīgās veidošanas, savstarpējās identifikācijas, Sv. Rakstu kopsavilkuma un to skaidrošanas funkcija. Dievkalpojumā Ticības apliecību izmanto pielūgsmei. Ticības apliecība arī savstarpēji vieno ticīgo paaudzes un liecina par vienotību kristīgajās pamatpatiesībās dažādu kristīgo konfesiju starpā.

12. svētdienā pēc Trīsvienības svētkiem (Mt 12:43-50)

Žēlastība un miers lai ir jums visiem no Dieva, mūsu Tēva, un no mūsu Kunga un Pestītāja Jēzus Kristus. Āmen.

Uzklausi, kristīgā draudze, šīs dienas svēto evaņģēliju, kas ir rakstīts pie Mateja 12. nodaļā, kur mūsu Kungs un Pestītājs tā runā uz mums: *Bet, kad neškīstais gars no cilvēka ir izgājis, tad tas pārstaigā izkaltušas vietas, meklē dusu un to neatrod. Tad tas saka: es atgriezīšos savā namā, no kurienes es izgāju. Un, kad viņš nāk, tad viņš to atrod tukšu, izmēztu un uzpostu. Tad tas noiet un ņem līdzi septiņus citus garus, kas ļaunāki par viņu, un viņi ieiet tur un dzīvo; un pēc tam ar tādu cilvēku top sliktāk, nekā papriekšu bija. Tāpat arī notiks šai ļaunajai ciltij." Un, Viņam tā uz ļaudīm vēl runājot, redzi, Viņa māte un Viņa brāļi stāvēja ārā un gribēja ar Viņu runāt. Un kāds uz Viņu sacīja: "Redzi, Tava māte un Tavi brāļi stāv ārā un meklē ar Tevi runāt." Un Viņš atbildēja un sacīja tam, kas Viņam to teica: "Kas ir Mana māte, un kas ir Mani brāļi?" Un, roku izstiepis pār Saviem mācekļiem, Viņš sacīja: "Redzi, Mana māte un Mani brāļi! Jo, kas dara Mana Debesu Tēva prātu, tas ir Mans brālis un Mana māsa, un Mana māte."* (Mt 12:43-50) Āmen.

Dievs Kungs, Svētais Gars, mēs Tevi lūdzam, nāc apgaismodams un svētīdams, nāc, Tavu svēto vārdu atvērdams un mūs pašus līdzi skubinādams, ka mēs Tavu svēto patiesību saņemam, tajā topam stiprināti un atdzīvināti un arī Viņu apliecinām visur pasaulē, jo Tavs vārds ir mūžīga patiesība. Āmen.

Divas šķietami savā starpā nesaistītas Rakstu vietas ir mūsu Pestītāja darbībā un Viņa vārdos, kur katra runā it kā pavisam ko citu. Un tomēr šīm abām Rakstu vietām, šiem Pestītāja vārdiem ir kāds īpats sakars vienam ar otru. Un tas ir tas, ko Pestītājs ir vienmēr atgādinājis, kad Viņš runājis par Dieva valstību, – tai jānāk un jātop piepildītai līdz galam un pilnīgi.

Tā Dieva valstība, kuru cilvēki toreiz jauca ar pasaules ārējiem apstākļiem un pasaules valstību, kur būtu tāda laba, jauka dzīve pēc sava cilvēciskā prāta un [kur] paliktu, protams, arī viena tiesa ticībai un Dieva lūgšanām – šis uzskats par Dieva valstību kādreiz neapzinīgi atplaiksnī arī Jēzus mācekļu pēclaikā, laikā, kurā mēs dzīvojam. Un ja ne vārdos, ja ne izteiktos apliecinājumos, tad tā sauktajos dzīves uzskatos: lūk, dzīve jau ir dzīve, un tā, protams, jādzīvo kārtīgi un krietni un jāatlicina arī savs laiks tām lietām, kas mūs saista pie šīs pasaules. Un mēs paejam garām, un mēs bīstami noejam nost no Debesu valstības ceļa.

Pirmajā notikumā Pestītājs runā par ļaunā gara, nešķīstā gara iziešanu un atkal atgriešanos. Viņš runā par kādu ļoti skarbu un tomēr nemaz ne tik retu parādību cilvēku starpā, ticīgu cilvēku starpā. Ļaunā gara izdzīšana, ļaunā gara iziešana, atraisīšanās no ļaunā gara – jā, tā bez šaubām ir dziļa un nopietna vēlēšanās visos, kas vien sāk nopietni apzināties šo dzīvi un arī lietas, kas ir apkārt. Tanī pašā laikā mēs sastopamies ar to, ka arī ļaunā gara izdzīšana kļūst par tādu īpata veida mērķi un uzdevumu, kur ar [dažādiem] paņēmieniem, kādus tagad mums piedāvā no malu malām sanākušie brīnumdari un brīnumticētāji, var cilvēku novest tādā sajūsmas stāvoklī, ka viņš vairs nejūt zemi zem kājām, viņš jau ir tikpat kā debesīs, viņš ir tā kā atraisīts un domā, ka tagad pār viņu ir jau nācis Svētais Gars un ļaunajam garam vairs nav vietas.

Uz šādas cilvēciskas sajūsmas pamata kādreiz izaug bīstami maldi. Cilvēciskā sajūsma vai cilvēciskā ārišķīgā darbošanās, kādu iesaka šādi "stiprākas" ticības turētāji, – visi šie paņēmieni kādreiz atsitas atpakaļ ar pavisam ko citu. Un notiek tā, ka ļaunais gars, kā Pestītājs te saka, izgājis tikai it kā atvaļinājumā. Viņš paļauj jūsmas pilnu brīdi cilvēkam, šo jūsmas brīdi, kas nav noenkurots dziļā patiesībā, dziļā, patiesā ticībā, dziļā grēku nožēlā un dziļā mīlestībā uz savu Pestītāju, bet tikai uz tā sauktajām gara dāvanām un gara spēkiem, [par kuriem] tagad saka, ka tie ir ņemami tikpat kā no gaisa – bez grēku nožēlas, cilvēka atgriešanās no viņa vainām. Lūk, šāds sajūsmas brīdis beidzas ar to, ka vecais iemītnieks atrod savu mitekli atkal, [un], kur liekas, viss ir it kā sakārtots, jauki un brīnišķīgi – un viņš ņem līdzi vēl septiņus citus ļaunākus garus. Un ar cilvēku paliek vēl sliktāk, nekā bija līdz šim. Ja mēs tikai vērīgi pavērojam, ja mēs tikai druskutuvāk iepazīstamies ar cilvēkiem, – un taisni ar šiem superticīgajiem, šiem pārāk par caurmēru, tiem, kas uzreiz un pēkšņi redz visu pasauli jau kā sev piederošu Dieva valstības lauku un cīņu pret ļaunumu citos, – ja mēs tikai tā tuvāk pavērojam, mēs redzam, ka šie varenie un spēcīgie garu kustinātāji pēkšņi – vai ātrāk, vai vēlāk – ļaužu priekšā pārvēršas pavisam citādi. Pirms kāda laika pat laikrakstā bija ziņa, ka vienas tādas īpašas sektas dibinātājs ārzemēs, kurš visu laiku sludinājis un skandinājis atgriešanos un gara tveršanu, un it kā jaunatdzimšanu bez kādiem tālākiem nosacījumiem, sakrājis lielus līdzekļus no tiem, kas viņam bija ziedojuši pateicībā par šiem it kā panākumiem, – [un] viņš vienā jaukā brīdī pavisam klaji atzinās, ka visam tam pats nemaz netic un ka tā visa ir bijusi tikai mānīšanās vien. Tādas lietas notiek pasaulē. Arī šie septiņu garu turētāji, kas no atbrīvošanās mirkļa ir beidzot pārslīdējuši atkal septiņkāršā ļaunumā un negantībā.

Debesu valstība nenāk ārēji nomanāma[177]. Debesu valstība nav jūsma un sajūsma, klaigas un gaviles, mētāšanās ar svētvārdiem, vainu redzēšana visur un visapkārt un visas pasaules tiesāšana un sodīšana. Debesu valstība ir atsacīšanās ļaunajam. Un, patiesi, tas ir arī viens tās gājuma slieksnis – atsacīt ļaunajam un viņa darbam un vienīgi dzīvot un kalpot Trīsvienīgajam

---

[177] Uz varizeju jautājumu, kad nākšot Dieva valstība, Viņš tiem atbildēja: "Dieva valstība nenāk ārīgi redzamā veidā." (Lk 17:20)

Dievam[178], kā mēs to atkārtojam vienmēr, kad cilvēks saņem svētās kristības sakramentu[179]. Atsacīšanās ļaunam ne tikai ar vārdiem un jūsmu, bet ar cīņu, kas tiek izcīnīta tik asi un smagi, un durvīm, kas tiek aizbultētas tik cieši, ka izdzītais postītājs vairs nepiekļūst. Tur sākas Dieva valstība.

Un tā ir un paliek bruņota cīņa un uzmanība, un piesardzība, un nomods Dieva priekšā, Viņa mantotā pērle, satvertā dārgā manta, [kas] neļauj būt norimumā, bet pastāvīgā nomodā, kur septiņi citi spēki grasās ielauzties pa durvīm un logiem, kur atstāto ļaunumu vietā nāk un rādās dažādi vilinājumi, kas gribētu saukt un satvert. Debesu valstība ir cīņa, bet Debesu valstība ir [arī] viss. Ne tikai tas, [ka] cilvēks dzīvo šo jūsmu dzīvi un līdz [ar to] arī savu paša jauko ieradumu un paradumu un grēciņu dzīvi. Debesu valstībā nevar ieiet tāds kamielis, kurš sevi ir apkrāvis [*nesaklausāms vārds*] lietām un kuru vēl tirda tumsas spēki. Debesu valstība ir visa piederēšana.

"Un, Viņam vēl runājot, piestājās cilvēki un saka: "Mācītāj, redzi, Tava māte, Tavi brāļi ir pie durvīm. Viņi grib Tevi redzēt, viņi grib ar Tevi runāt!"" Kādā vietā evaņģelijs šo vai kādu citu līdzīgu gadījumu stāsta un saka, ka viņi sapulcējušies ārpusē un netiek iekšā. Viņi nākuši Viņu savaldīt, jo Viņš viņu acu

---

[178] "Šī svētā ticība, kas svētu dara, pavēl visiem, kas uz to kristīti, atsacīt ļaunam un viņa darbam un vienīgi kalpot un dzīvot trīsvienīgajam Dievam!" *Agenda Latvijas Evaņģeliskās Luteriskās Baznīcas latviešu draudzēm*. Rīga: Valters un Rapa, 1928. 169. lpp.

[179] R. Feldmanis norāda uz kristību norises uzrunas vārdiem, kurus liturgs saka pirms kristības kristāmajam: "Caur svēto kristību tu gribi savienoties ar To Kungu Jēzu Kristu un Viņa svēto draudzi. Bet pirms tam vajag vispirms atsacīties no visa ļauna un no visiem tumsības darbiem un draudzes priekšā, visiem dzirdot, apliecināt kristīgo ticību." Pēc tam seko astoņi konkrēti jautājumi, uz kuriem kristību kandidātam jāatbild apstiprinoši. Tikai pēc tam var notikt kristības sakraments. *Agenda Latvijas Evaņģeliskās Luteriskās Baznīcas latviešu draudzēm*. Rīga: Valters un Rapa, 1928. 169. lpp.

priekšā ir it kā bez prāta[180]. Mūsu Pestītājs, kas uz visām pusēm dala un dod savu uguni un spēku, un patiesību, un gaismu, – jā, tas taču nevar būt saprātīgs! Tas taču ir normālo acu priekšā kaut kas neprātīgs! Jā, tāds Viņš bija – šajā dievišķajā svētsatvertībā pats, mezdams to iekšā arī savos mācekļos un gaidīdams arī no mums.

"Kas ir Mana māte? Kas ir Mani brāļi un Manas māsas?" Un te mēs sastopamies ar to, ko Viņš pamācīdams saviem mācekļiem saka citā vietā: "Kas savu tēvu un māti, savu sievu un bērnus, brāļus un māsas vairāk mīl nekā Mani, tas nav Manis vērts."[181] Neviena saite nedrīkst mūs siet, arī tik mīļa saite – radniecība, tuvniecība, asinsradniecības saite – nedrīkst mūs siet! Toreiz ap Viņu bija cilvēki. Viens nāca sajūsmā un teica: "Es iešu Tev līdzi, bet ļauj man papriekš aiziet un vēl atvadīties."[182] Un cits teica: "Man vēl jāiet apbedīt manu tēvu[183]. Tad es nākšu, kad man vairs nebūs šīs saites, kas mani tura mīlestībā, pienākumā." Un ko Viņš atbildēja? "Lai mirušie aprok savus mirušos."[184] "Kas liek roku pie arkla un skatās atpakaļ, tas nav Manis vērts."[185]

Mēs paliekam kādreiz apmulsumā šo Pestītāja vārdu priekšā. Vai tā nav briesmīga cietsirdība? Vai tā nav briesmīga patmīlība – atsacīties no sava tēva, mātes, brāļiem, māsām, ģimenes

---

[180] Un, kad Viņa piederīgie to dzirdēja, tad tie izgāja Viņu satvert. Jo tie sacīja: "Viņš ir bez prāta." (Mk 3:21)

[181] Kas tēvu vai māti vairāk mīlē nekā Mani, tas Manis nav vērts, un, kas dēlu vai meitu vairāk mīlē nekā Mani, tas Manis nav vērts. (Mt 10:37)

[182] Un atkal kāds cits teica: "Kungs, es Tev iešu līdz, bet atļauj man papriekš atvadīties no tiem, kas ir manā mājā." (Lk 9:61)

[183] Un kāds cits no Viņa mācekļiem sacīja uz Viņu: "Kungs, atļauj man papriekš noiet un aprakt savu tēvu." (Mt 8:21) Sk. arī: Lk 9:59.

[184] Bet Jēzus uz to sacīja: "Ļauj miroņiem apglabāt savus miroņus, bet tu ej un sludini Dieva valstību!" (Lk 9:60) Sk. arī: Mt 8:22.

[185] Bet Jēzus uz to sacīja: "Neviens, kas savu roku liek pie arkla un skatās atpakaļ, neder Dieva valstībai." (Lk 9:62)

tikai Jēzus dēļ vien? Un kas to arī spēj? Un kā tas ir iespējams? Un vai tas ir vajadzīgs? Tas ir iespējams, un tas ir arī vajadzīgs. Neviena cita lieta. Neviena cita saite.

"Tev būs savu tēvu un māti godāt."[186] Tas neizslēdz godbijību, bet pāri godbijībai, kuru mēs atzīstam, stāv kaut kas cits. Un, mīļā draudze, mūsu negantais laikmets ir padarījis šos Pestītāja vārdus kādreiz ļoti viegli izpildāmus. Cikkārt ir bijis jāsastopas ar jauniešiem, kuri nāk uz dievnamu slepus. Vai kāda ārēja vara? Valsts vara? Nē, tēvs, māte. Ar niknumu, ar lāstiem, ar izsmieklu, ar draudiem atturēt, lai neiet tur, tanī samaitāšanā! Lai iet uz kino, lai iet uz teātra izrādēm, kur cilvēki [nesaklausāms vārds]!

Liekas, ka jūs visi būsiet sastapušies ar raudošiem bērniņiem, kuri apzinās, ka grib būt šeit, un kurus rūpīgie vecāki sargā, lai viņi nenāk uz dievnamu. Viņi paši ir atrāvušies no dievnama, viņi paši nav mācījušies Dieva vārdu, viņi paši ir ļaunā gara dīdīti un bīdīti. Pieķerties ļaunajam un celt šķēršļus jauniešiem, saviem bērniem, lai viņus atturētu no Dieva nama. Ir bijuši jaunieši, kuri, nevienam neredzot, paņēmuši savas dažas nieka mantiņas pauniņā un aizgājuši no mājām. Tikai tāpēc, ka tēvs vai māte, vai abi divi cikkārt ar ļaunumu un iespaidošanu ir viņus mēģinājuši atturēt no tā, ko viņu dvēsele prasa. Cikkārt ir bijis tā, ka šeit atnāk jaunie ļaudis – jaunekļi, jaunavas – un atrod prieku un savai dvēselei to, kas viņiem bija trūcis, un nāk pie kristības sakramenta, ko tēvs un māte ir lieguši visus šos gadus. Un, kad tas ir noticis, tad ir šis lielais izbrīns: kas tad ir noticis ar viņu bērniem, kas tā par tādu vai samaitāšanu, vai kaut kādu modi? Un ir bijis arī tā: kad šādi jaunieši ir pienākuši pie sakramenta, – tas ir [bijis kā] tādas degošas ogles uz viņu mātēm un tēviem, kas beidzot viņus arī salauzušas, un viņi ir nākuši to pašu ceļu.

---

[186] Tev būs savu tēvu un savu māti godāt, kā Tas Kungs, tavs Dievs, tev to ir pavēlējis, lai tu ilgi dzīvo un lai tev labi klājas tanī zemē, ko Tas Kungs, tavs Dievs, tev dos. (5Moz 5:16)

"Kas tēvu vai māti vairāk mīl nekā Mani, tas nav Manis vērts[187]. Kas ir Mans tēvs, kas ir Mana māte, kas ir Mani brāļi?" Arī to vārdu pazīst mūsu dievnamā, īpaši jaunatne – viņu māte un tēvs, viņu brāļi un māsas ir kaut kur te – vai šinī dievnamā, vai kādā citā dievnamā. Mājās viņi atgriežas kā svešinieki – labi, ja ciesti, labi, ja vēl pajumti neliegtu saņēmuši. Bet izvēle tad ir, cik iespējams vēlāk šo nepatīkamo stundu iet tur, kur ir tā sauktā māja, lai atkal šos niknos, izsmieklīgos skatus saņemtu. Pēc tam, kad šeit, dievnamā, ar līdzīgiem dziedāts un ar līdzīgiem draudzība slēgta, draudzība bez kādiem labumiem un priekšrocībām, bet tikai tāpēc: mana dvēsele, tava dvēsele – tās abas ir kopā.

Pestītāja vārdi kļūst dzīvi mūsu vidū. Bet tie prasa Debesu valstības pilnību pie mums, to pilnību, ka nekādi pinekļi, nekādi ļaunā gara spēki nedrīkst ienākt par jaunu un nekādas mīļas saites nedrīkst mūs sasaistīt garīgā nāvē. Arī – ja tās ir tuvinieku saites. Āmen.

Savā aizlūgšanā mēs ieslēdzam šīs dienas Dieva galda viesus. Baudiet un redziet, ka Tas Kungs ir labs! Svētīgs tas cilvēks, kas uz Viņu paļaujas.[188] Āmen.

Sprediķis teikts 1994. gada 21. augustā

---

[187] Kas tēvu vai māti vairāk mīlē nekā Mani, tas Manis nav vērts, un, kas dēlu vai meitu vairāk mīlē nekā Mani, tas Manis nav vērts. (Mt 10:37)

[188] Baudiet un redziet, cik Tas Kungs ir labs. Svētīgs tas cilvēks, kas pie Viņa tveras un uz Viņu paļaujas! (Ps 34:9) Šo vārdus mācītājs R. Feldmanis lietoja katrā lūgšanā pēc sprediķa.

13. svētdienā pēc Trīsvienības svētkiem (Lk 10:38-42)

Žēlastība un miers [lai ir jums visiem no Dieva, mūsu Tēva, un no mūsu Kunga un Pestītāja Jēzus Kristus. Āmen].

[Sākas ieraksts.] Atgadījās, ka viņi, tālāk ejot, nonāca kādā ciemā. Tur kāda sieviete, Marta vārdā, uzņēma Viņu savā namā. Un viņai bija māsa, vārdā Marija, tā apsēdusies pie Tā Kunga kājām, klausījās Viņa vārdos. Bet Marta, aizņemta ar daudzām rūpēm par to, kā Viņu apkalpot, pienāca un sacīja: "Kungs, vai Tu neko nesaki par to, ka mana māsa mani atstājusi, lai es viena kalpotu? Saki jel viņai, lai viņa man palīdz." Bet Tas Kungs viņai atbildēja, sacīdams: "Marta, Marta, tu rūpējies un zūdies par daudzām lietām. Bet tikai vienas lietas vajag, Marija sev izraudzījusies labo daļu, tā viņai netaps atņemta." (Lk 10:38-42) Āmen.

Mēs Tevi lūdzam un piesaucam, Dievs Kungs, Svētais Gars, nāc apgaismodams, nāc, Tavu patiesību mums atvērdams, nāc, mūsu garu pamodinādams, ka mēs saņemam Tavu svēto patiesību un topam tajā atdzīvināti, un paši topam tās apliecinātāji, jo Tavs vārds ir mūžīgā patiesība. Āmen.

Šis notikums, ko mums atstāsta Svētie Raksti, ir viens no visvairāk pazīstamiem, kas iegūlies cilvēku atmiņā un apziņā. Šis ir notikums, pie kura daudzreiz ir kavējušies arī mākslinieki, attēlodami šo ainu – mūsu Pestītāja viesošanos Marijas un Martas mājā, kur mēs redzam Viņu sēžam pie galda, Mariju pie Viņa kājām un vecāko māsu Martu, sagatavotā ēdiena trauku turot rokā, ar otru roku norādot Pestītājam uz savu māsu par palīdzību. Šo ainu mēs visi redzam savā acu priekšā no visiem tiem attēlojumiem, kādus esam skatījuši, un arī no tā skaistā, tiešā evaņģēlija atstāstījuma, kas mums šo notikumu vēstī.

Bet [par šo] skatu – daudzkārt arī kristīgajos cilvēkos – ir nostiprinājušies ļoti stabili priekšstati un arī vērtējumi. Un šie vērtējumi saistās ap abu māsu izturēšanos, šīs izturēšanās salīdzinājumu un novērtējumu, un vienmēr pavīd: redzi, cik pareizi ir darījusi Marija, un Marta ar savu darbošanos paliek ne tikai paēnā, bet gandrīz tādā kā nopēlumā.

Mums vajadzētu šinī notikumā iedziļināties nopietnāk un rūpīgāk, lai šādus jau gatavus cilvēku spriedumus varētu atraidīt, lai ieraudzītu šī notikuma brīnišķīgo valodu, kuru tas runā uz mums. Mēs kavējamies pie mūsu Pestītāja, un mēs redzam to, kas pats par sevi teica: "Lapsām ir alas, putniem uz debess ir lizdas, bet Cilvēka Dēlam nav, kur savu galvu likt."[189] Un tāpat mēs redzam Viņu līdz ar Viņa mācekļiem ejam cauri labības [laukam], plūcam vārpas, jo viņi ir izsalkuši[190]. Neviens viņiem nav klājis galdu. Mūsu Pestītājam nebija māju, kur Viņu uzņēma, kur Viņš varēja palikt, kur Viņam bija klāta guļasvieta, kur Viņam bija sagatavots ēdiens. Viņš nebija ar šīm lietām apgādāts. Un Viņš labprāt iegriezās šinī mājā. Kā to mēs evaņģēlijā kādās citās vietās arī nomanām – šo divu māsu māja Viņam bija tīkama. Noguris, bez šaubām, arī izslāpis un izsalcis, Viņš ir ienācis atpūsties. Un mēs redzam, ar kādu prieku Viņš ir ticis saņemts. Martas prieks ir tāds, ka tas iet pāri pār malām. Cik ļoti labprāt viņa gribētu sniegt un likt galdā to vislabāko! Viņa steidz, viņa darbojas, viņa rūpējas, lai pēc iespējas [ar] to, kas ir vislabākais, varētu šo mīļo, dārgo, augsti cienīto viesi iepriecināt, atveldzēt. Lai Viņam sagādātu to, kas Viņam, patiesībā diendienā taču trūkst – lai Viņš varētu sēdēt pie skaisti klāta galda, uz kura ir nolikts labs, gards, patīkams ēdiens un atspirdzinājums. Mēs saprotam šo mīlestības dedzību, ar kādu Marta rosās. Nekas cits, nekāda cita interese,

---

[189] Un Jēzus tam saka: "Lapsām ir alas, putniem apakš debess ir lizdas, bet Cilvēka Dēlam nav kur Savu galvu nolikt." (Mt 8:20) Sk. arī: Lk 9:58.

[190] Tanī laikā Jēzus reiz gāja sabatā caur labību; un viņa mācekļi bija izsalkuši, un tie sāka vārpas plūkt un ēst. (Mt. 12:1) Sk. arī: Mk 2:23, Lk 6:1.

nekādi citi aprēķini viņu nesaista kā tikai šī vēlēšanās ar visu sirdi, ar visu savu spēku, ar visu savu spēju darīt, kalpot. Jēzus nav pret to, Jēzus to neatraida – šo mīlestības un dedzības pilno kalpošanu. Jo visās kalpošanās, kurās mēs varam Dievam parādīt godu, kurā mēs varam Viņu pagodināt ar savu ārējo darbošanos, ar savu cilvēcisko izturēšanos, – visos kalpojumos mēs sastopamies ar Martas dedzību: kur [ir] tas labākais, kas ir tas visdārgākais, ar kuru varētu kalpot, ar kuru varētu palīdzēt?

Bet ir viena lieta, pie kuras Pestītājs Martai saka kādu piezīmi. Un tas ir tas, ka viņa nepacietībā uzlūko savu māsu, ka viņa gribētu, lai tas, ko viņa dara, lai [tā] būtu vēl vairāk un labāk. Lai arī māsa nāk palīgā, lai viņas abas vēl labāk, pilnīgāk kalpotu, apkalpotu savu mīļo, dārgo viesi. Un tur Jēzus viņai iebilst – un divējādi: Viņš norāda uz Mariju un Marijas stāvokli šinī brīdī, bet Viņš arī pasaka Martai viņas kalpošanas robežas. Un šīs kalpošanas robežas ir: ko tu dari, to dari tu pats. Īstā kalpošana nav tā sauktā kolektīvā rosīšanās, kad var gan daudz vairāk izdarīt, bet kad aiz šīs izdarīšanas aizslīd garām viena lieta – tiešais siltums. No manis uz tevi. Tikai tas, ko var viens otram vislabāk un vispilnīgāk dot un darīt.

Mūsu dienu pasaulē ļoti plaši daudzās vietās, daudzās baznīcās, daudzās tautās [ir] izvērsti palīdzības darbi – nopietni, lieli, vareni palīdzības darbi: palīdzēt trūkumā esošiem, bada nāves apdraudētiem, sērgu pārņemtiem cilvēkiem svešās zemēs. Tiek rīkoti sarīkojumi un savākti līdzekļi, kuru skaitli apzīmē kādreiz ar daudzām zīmēm – tik lieli ir šie savāktie līdzekļi, un tur katrs kādu pilienu ir pielicis klāt. Tas ir labi. Mēs ceram, ka, neskatoties uz tik daudz grūtumiem un kādreiz arī ļaunprātībām, šie palīdzības darbi sasniedz savu virzienu. Bet aiz tā iemērītā mēra, ar kuru tiek no lielā, kopējā daudzuma kaut kas saujā ielikts trūkuma cietējiem, pazūd tā sauja, kas būtu ar savu pilnumu mērījusi un devusi. Visskaistākais, vispilnīgākais kalpojuma veids. Ne tas, ka mēs meklējam palīdzību, lai būtu labāk un vairāk. Arī tam ir sava vieta. Bet gan tā palīdzība, kas nāk no rokas rokā, no sirds un uz sirdi. Un šī mīlestība arī Pestītāja acīs pieder pie īstās, patiesās Dieva kalpošanas.

Un Jēzus pievēršas Marijai. Marija klausās Viņa vārdos. Marija ir nosēdusies pie Viņa kājām. Mīļā draudze, mūsu dienu cilvēkam bieži vien ir izzudis no apziņas vai nobālējis viens īpats cilvēka izpausmes veids. Un tas ir tas, ka mēs, cilvēki, runājam – runājam ar savu muti, kādreiz varbūt arī ar savām rokām, ar savu izpausmi. Bet cilvēks visā savā kopumā arī var runāt un runā. Dieva namā mēs varbūt to sajūtam un izprotam, vārdos neteikti, visdziļāk. Dieva namā mēs mācāmies pazīt, ka mūsu rokas, mūsu galva, mūsu ceļgali runā līdzi, kaut ko sacīdami, lūgdami, uz kaut ko atbildēdami Dievam, Viņa vārdam, Viņa patiesībai.[191]

Mani vienmēr dziļi ir aizkustinājis, mīļā draudze, ka tu to esi labi sapratusi, bez kādas īpašas pamācības, kas būtu uz

---

[191] Mācītājs R. Feldmanis grāmatā "Evaņģeliski luteriskā Baznīca un dievkalpojums" (Rīga: LMF, 2009) raksta: "Mēs izpaužam ar kādu savu ārējo izturēšanos savu iekšējo stāju. Tā arī dievnamā esot, cilvēka stājai ir sava nozīme. Kāds franču domātājs teicis: pieklājība, tāpat kā dziļa doma, nāk no sirds. To var attiecināt uz to pieklājību, kādai jāvalda dievnamā. Kājās piecelšanās ir pirmais pagodinājums un ievērības parādījums. Mēs no sava ērtuma izejam un stājamies godbijības stājā. Mēs pagodinām mūsu Kunga un Pestītāja klātbūtni dziesmā. Tas nav domāts mācītājam, bet Dievam. Kad mācītājs stājas kalpošanā, viņš ir ne vairs kāds cilvēks vai paziņa, bet gluži kas cits. Ceļos nomešanās ir dziļas pazemības, dziļas lūgšanas, arī pateicības zīme, kur mēs stājamies tiešā attiecībā ar Dievu: lai mūsu augums kļūtu mazāks Dieva priekšā" (76. lpp.) Sk. arī: "No ērtās sēdēšanas stāvokļa piecelšanās ir godbijības stāja – vecākā, cienīgākā priekšā. Draudze, iesākot dievkalpojumu, pieceļas pirmās dziesmas laikā, līdz ar to it kā sveicinādama mūsu Kunga līdz-ienākšanu. Pirms dievkalpojuma nav jāapspriež savas cilvēcīgās lietas, nav jātrokšņo. – "Klusu, visa miesa, Tā Kunga priekšā! Jo Viņš ir uzcēlies no savas svētās vietas" (Cah 2:17). Šai telpā ienākot, kļūstam godbijīgi, vispirms – ar klusumu, ar savu garu un prātu ceļam pretī Dievam. Ienākot – klusa lūgšana, ne vienmēr tieši "Mūsu Tēvs". Ar lūgšanu liekam savu dvēseli Viņa ziņā un lūdzam svētību – lai tas, kas notiek dievnamā, nāk arī pie mums, proti, Dieva valstība" (79. lpp.)

to teikta. Kad beidzas dievkalpojums, kad dzirdēts ir Dieva vārds, kad sacītas ir lūgšanas, kad svinēts ir Svētais vakarēdiens, dievkalpojums tūdaļ noslēgsies. Ir tikai viena īsa, maza lūgšana[192], ko saka mācītājs draudzes vārdā uz Debesu Tēvu. Un parasti jau – cik daudzreiz ir nācies piedzīvot citur! – to cilvēki uzskata tikai par tādu pārejas mirklīti, kad viņi pastāv kājās, un tad nāk svētīšana, un tad ir slēgums. Mani dziļi aizkustināja tas – nu jau ilgu laiku atpakaļ – kad, tā nevilšus pavēršoties atpakaļ uz draudzi, es redzēju, ka visa draudze šo lūgšanu tur, ceļos nometusies. Kādēļ? Tik īsu lūgšaniņu! Jā, bet šinī lūgšanā ir satverts vēlreiz kopā viss – tā kā tādā kausa dibenā satecējis kopā viss, kas šinī dievkalpojumā ir noticis un kas ir tas, ko mēs šeit esam ņēmuši un saņēmuši. Tas, ko mēs esam saņēmuši, pateikdamies par Viņa vārdu un Viņa sakramentu, to mēs varam pateikt tikai dziļākajā godbijībā – ceļos nomezdamies.

Un, lūk, šī sēdēšana pie kājām šinī brīdī mums izteic to attiecību lielumu, attiecību svarīgumu – uzklausīt Jēzu. Varēja jau apsēsties tā, kā mēs tagad sēžam, – katrs savā galda galā – un runāties. Vārdi būtu tie paši. Marija apzinās, ka šeit ir Tas, kuram ir kāda liela pilnvara kaut ko teikt. Un tas nav tikai Viņš, bet tas ir Tēvs Debesīs, kas caur Viņu runā, un tāpēc vienīgais stāvoklis, kā savu vēlēšanos dzirdēt savienot ar savu godbijību, [ir] to atzīt pateicībā. Tas notiek tikai ceļos. Un Marija mums to atgādina, ka tur, kur mēs stāvam lūgdami, kur mēs esam lūgdami sava Pestītāja priekšā, mēs **nevaram citādi, kā atzīt Viņu, kas Viņš ir**. Un samērojumā ar sevi redzēt, ka mēs nevaram citādi, kā tikai no apakšas uz augšu

---

[192] Pateicības kolekte: "Mēs Tev pateicamies, visuspēcīgais Dievs, ka esi mūs atspirdzinājis ar saviem vārdiem un savu sakramentu, un lūdzam Tevi, svētī mums to, ka pie mums vairojas ticība uz Tevi un sirsnīga mīlestība starp mums visiem; caur Jēzu Kristu, Tavu mīļo Dēlu, mūsu Kungu." *Agenda Latvijas Evaņģeliskās Luteriskās Baznīcas latviešu draudzēm*. Rīga: Valters un Rapa, 1928. 12. lpp.

lūkoties uz Viņu Viņa svētumā. Tā, kā tas bija toreiz arī ar Viņa mācekļiem Apskaidrošanas kalnā, kad viņi krita pie zemes, pat neuzdrošinādamies pacelt acis dziļajā godbijībā[193].

Marija mūs vada godbijībā svētuma priekšā. Un nekādi laikmetīgi paskaidrojumi [neiztur kritiku], ka tagadējais cilvēks visas lietas uzņem vienlīdzīgi ar visiem citiem un ka arī lietās, kas attiecas uz lūgšanu un pret Pestītāju, viņš var savu lūgšanu turēt nevīžīgā stāvoklī, šā vai tā – sak, Dievs jau tak dzird, un izrādīt ko citu varētu nozīmēt liekulību. Dieva priekšā mēs nekad nevaram pazemībā nonākt liekulībā – ja mēs zinām, ja mēs apzināmies un stādāmies [priekšā], kas ir Tas, kā priekšā mēs stāvam. Āmen.

[Lūgsim Dievu!] Kungs Jēzu Kristu, Tu visuvarenais un visuspēcīgais, Tava spēka patvērumā mēs glābjamies. Tavā svētajā, dārgajā apsolījumā, ka Tu paliec pie mums ik dienas, mēs patveramies un zinām, ka Tev pieder visa vara – visa vara debesīs un arī virs zemes. Mēs lūdzam Tevi, liec mums to sajust un samanīt, ka mēs esam Tava svētā spēka sargāti, turēti, vadīti, žēloti! Palīdzi neatlaist Tavu svēto, mīļo roku! Palīdzi vienmēr just un zināt Tavu svēto prātu. Mēs lūdzam Tevi par Tavu draudzi, par mūsu mīļo garīgo māti – mūsu Baznīcu. Svētī un stiprini viņu ar Tavu žēlastības spēku! Svētī un stiprini mūsu mīļo virsganu, mūsu arhibīskapu Jāni Vanagu un konsistoriju, kas vada Baznīcas un draudzes lietas. Mēs Tevi lūdzam, svētī visas draudzes, visus ganus, draudzes locekļus un darbiniekus, Dieva lūdzējus, visus izsalkušos un izslāpušos pēc patiesības. Visus tos, kas meklē gaismu, un visus tos, kas, Tevi nepazīdami, no Tevis novērsušies, sauc atpakaļ!

---

[193] Tam vēl runājot, redzi, spoža padebess tos apēnoja, un redzi, balss no padebeša sacīja: "Šis ir Mans mīļais Dēls, pie kura Man labs prāts; To jums būs klausīt." Kad mācekļi to dzirdēja, tie krita uz savu vaigu un ļoti izbijās. (Mt 17:5-6)

Mēs Tevi lūdzam par mūsu mīļo tautu tās grūtajās cīņās un pārbaudās. Svētī tos, kas tās priekšgalā likti tautas dzīvi kārtot un vadīt, lai Tavs Gars un tāpat Tavs spēks apliecinātos visos tajos labajos darbos un sākumos. Mēs Tevi lūdzam, savaldi visus tumsas spēkus, kas meklē nomākt un postīt mūsu mīļo dzimteni. Sargā to no visām briesmām, posta, nelaimes, piemeklējumiem, no visiem uzbrukumiem, kas varētu nākt no ārpuses. Bet sargi arī no tā baismīgā sātanisma un pagānisma, un maldu, un nelietības, un izvirtības uzplūda, kas gāžas no visām pusēm virsū mūsu tautai. Apžēlojies par visiem tiem, kas grūtumā, pārbaudās, izmisumā, šaubās, neziņā, briesmās, nelaimēs, paciešanās un nespēkā, vajāšanās un briesmās, sāpēs un slimībā, nespēkā, vecumā un nevarībā, nāves vārtu tuvumā. Īpaši Tevi lūdzam par tiem visiem vēl, ko Tavā priekšā šeit vārdā esam saukuši. Nolūkojies žēlastībā, nolūkojies uz mums visiem žēlastībā un pasargi un svētī, ka tad, kad mūsu stunda nāks, mēs varētu visu šeit nolikt ar mieru un ar prieku doties turp, kur Tev tiek sacīta slava un pateicība mūžīgi. Paklausi mūs, aizstāvi mūs pie Tēva ar mūsu lūgšanām, kā Tu mums to esi solījis. Āmen.

Sprediķis teikts 1994. gada 28. augustā

14. svētdienā pēc Trīsvienības svētkiem (Mk 10:17-31)

Žēlastība un miers lai jums ir visiem no Dieva, Mūsu Tēva, un no mūsu Kunga un Pestītāja Jēzus Kristus. Āmen.

Uzklausi, kristīgā draudze, šīs dienas svēto evaņģēliju, kas ir rakstīts pie Marka 10. nodaļā: *Un, kad Viņš bija izgājis uz ceļu, tad kāds pieskrēja un, ceļos nometies, Viņu lūdza: "Labais Mācītāj, ko man būs darīt, lai iemantoju mūžīgu dzīvošanu?" Bet Jēzus uz to sacīja: "Kāpēc tu Mani sauci labu? Neviens nav labs kā vienīgi Dievs. Tu baušļus zini: tev nebūs nokaut; tev nebūs laulību pārkāpt; tev nebūs zagt; tev nebūs dot nepatiesu liecību; nelaupi; godā savu tēvu un māti." Bet tas Viņam teica: "Mācītāj, šo visu es esmu darījis no savas jaunības." Bet Jēzus, viņu uzlūkodams, viņu iemīlēja un sacīja: "Vienas lietas tev trūkst – ej, pārdod visu, kas tev ir, un dodi nabagiem; tad tev būs manta debesīs; un nāc staigā Man pakaļ." Bet tas, par šo vārdu noskumis, aizgāja bēdīgs; jo viņš bija ļoti bagāts. Un Jēzus skatījās apkārt un saka uz Saviem mācekļiem: "Cik grūti bagātie ieies Dieva valstībā!" Un mācekļi iztrūcinājās par Viņa vārdiem. Bet Jēzus atkal griežas pie tiem un saka: "Bērni, cik grūti ir ieiet Dieva valstībā! Vieglāk ir kamielim iziet caur adatas aci nekā bagātam ieiet Dieva valstībā." Bet tie vēl vairāk pārbijās un sacīja savā starpā: "Kas tad var tapt glābts?" Jēzus, tos uzlūkodams, saka: "Cilvēkiem tas neiespējams, bet ne Dievam, jo Dievam visas lietas iespējamas." Pēteris sāka uz Viņu runāt: "Redzi, mēs visu esam atstājuši un Tev staigājuši pakaļ." Jēzus teica: "Patiesi Es jums saku: neviena nav, kas atstājis namu vai brāļus, vai bērnus, vai tīrumus Manis un evaņģēlija dēļ, kas nedabūtu simtkārtīgi jau šinī laikā namus un brāļus, un māsas, un mātes, un bērnus, un tīrumus, kaut arī ar vajāšanām, un nākošā laikā mūžīgu dzīvošanu. Bet daudz, kas pirmie, būs pēdējie, un pēdējie būs pirmie."* (Mk 10:17-31) Āmen.

Mēs Tevi lūdzam un piesaucam, Dievs Kungs, Svētais Gars, kas Tu, kas visas lietas pārmani un arī mūsu siržu dziļumus zini, mēs lūdzam Tevi – nāc ar Tavu gaismu, lai mēs apgaismoti būtu pie mūsu iekšējā cilvēka un spētu saņemt Tavu svēto patiesību, un paši kļūtu viņas apliecinātāji, jo Tavs vārds ir mūžīga patiesība. Āmen.

Notikums uz ceļa [*nesaklausāma frāze*], kas gribēja ko ļoti labu panākt savā dzīvē un kam neveicās – viņš palika pusceļā un aizgāja bēdīgs. Mūsu Kungam un Pestītājam šādas sastapšanās ir bijušas vairākkārt. Daudzi, klausīdamies Viņa vārdos un dzirdēdami, ko Viņš saka – sajūsmināti, labprātīgi paši piesakās, ka viņi gribētu sekot. Tā viens bija tāds, kas teica: "Es iešu tur, kur Tu iesi, visur Tev pakaļ." Jēzus saka: "Putniem ir ligzdas, lapsām ir alas, bet Cilvēka Dēlam nav, kur savu galvu likt."[194] Un ar to šī apņēmība apdzisa. Un cits teica: "Es tūdaļ iešu Tev pakaļ, es tikai gribu vēl savu tēvu aprakt." Vai viņš bija bēru priekšvakarā, varbūt viņš gaidīja, kā kādreiz cilvēki mēdz gaidīt uz saviem vecākiem, tuviniekiem, kad viņi beidzot tomēr atstāsies no šīs dzīves, – un tad viņš būs gatavs, un tad viņš būs brīvs un varēs sekot. Jēzus viņu atraida ļoti asi: "Lai mirušie paši aprok savus mirušos, bet tu seko Man."[195] Un viņš nesekoja.

Un tā arī šis jauneklis, par kuru mums ir jāsaka – nelaimīgais jauneklis. Labas apņēmības, labas, jau iepriekšējas savas dzīves kārtotājs – nopietnībā, apzinībā, viņš palika pusceļā, jo tas, ko Jēzus viņam teica, tas bija tik pārsteidzoši, ka viņš to nevarēja pieņemt. Viņš nevarēja atstāt savu ērto, labo, pārticīgo dzīves veidu. Viņš bija lietas domājis citādi. Viņš bija domājis, ka viņš tagad ir tik daudz sagatavojies savā cilvēciskajā stājā

---

[194] Un Jēzus tam saka: "Lapsām ir alas, putniem apakš debess ir lizdas, bet Cilvēka Dēlam nav, kur Savu galvu nolikt." (Mt 8:20) Sk. arī: Lk 9:58.

[195] Bet Jēzus uz to sacīja: "Ļauj miroņiem aprakt savus miroņus, bet tu ej un sludini Dieva valstību!" (Lk 9:60) Sk. arī: Mt 8:22.

ar savu krietnumu, kādu viņš savā dzīvē ir varējis uzturēt, ar to, ka viņš ar bijību un nopietnību ir pildījis baušļus. Viņš bija gaidījis ko citu. Bija gaidījis, ka Jēzus viņu uzslavē un dod viņam vēl kādu padomu klāt, kas vēl varētu būt tāds, kas darītu viņu vēl pilnīgāku. Bet Jēzus tādu padomu nedeva. Jēzus padoms bija tāds, ko viņš nevarēja saprast, ko viņš nevarēja aptvert.

Mīļā draudze, mēs sastopamies šeit ar kādu ļoti izplatītu cilvēku dzīves uzskatu – kā mēs stāvam Dieva priekšā, kā mēs veidojam savu dzīvi Dieva priekšā, kā mēs savu cerību ceram un iedomājam, kad mēs lūkojamies pāri pār šo dzīvi mūžībā. Tur, kur cilvēki Kristu nepazīst, visās dažādajās pasaules ticībās un reliģijās, šis jautājums vienmēr cilvēkiem bijis svarīgs – kā lai es dzīvoju, lai es tomēr tur mūžībā – kā nu katrs viņu zina un saprot, un izjūt – kā lai es tiktu no Dieva algots ar atzinību un ar mūžību? Un tad ir šie centieni, šie mēģinājumi pāri pie visiem ieturētajiem baušļiem, pāri pie visas labās, krietnās dzīves vēl kaut ko labu darīt, vēl pa virsu, lai tad būtu, tā sakot, viss krietnums un tikums ar pilnu sauju Dieva priekšā pienests un Dievs varētu sacīt savu atzinību. Tas ir tā sauktais centības ceļš. Tas ir tas ceļš, pa kuru mēs meklējam Dieva labvēlību iegūt ar to, ka mēs pēc tās cenšamies. Un šinī centībā ir viens īpatnējs trūkums – mēs visas šīs centības vidū par pašu galveno paturam paši sevi. Mēs sekojam padomam, ko atkal tādi dzīvesgudri cilvēki saka – nevajag jau pārcensties! nevajag jau nu pārpūlēties! vajag sev pašam arī ko atstāt! – un tas ir šis ceļš. Mēs gribam sev vēl kaut ko atstāt. Un uz visiem labajiem darbiem, kuri sakrāti kaudzē un kuri tiks reiz Dieva priekšā vērtēti, noraugos ar tādu gandarījumu – redzi, ko es visu esmu varējis un spējis! Cilvēks paliek ieslēgts sevis paša mīlestībā.

Mēs nešaubāmies, ka bagātais jauneklis labprātīgi būtu devis pusi no savas bagātības, lai ar to varētu nodrošināt ļoti daudziem cilvēkiem labklājību, viņu dzīves iztiku. Darīt to lielo darbu, ko mēs tagad saucam par diakoniju – palīdzēt nabagiem, trūcīgiem, nespējīgiem, slimajiem. Cik ļoti daudz varētu ar kādu lielu kapitālu šai ziņā darīt! Un kā vēl bez tam pūlēties, lai tas varētu tā labi izdoties! Tanī pašā laikā vēlāk atkrist krēslā ar nogurumu, bet ar lielu apmierinājumu – redzi, ko es visu tomēr varēju padarīt! – un vērsties atkal pie savas labās, ērtās dzīves. Tā cilvēkos ir ļoti izplatīta, ierasta lieta. Dievam sava tiesa, bet galu galā – man pašam ar lai kas paliek. Es esmu es.

Mūsu Pestītājs satriec šo jaunekli, labu jaunekli. Bet Viņš redz lietas dziļāk un tālāk, Viņš redz to, cik lielā mērā mēs savas nastas nesam sev līdzi. Šinī gadījumā tā ir bagātība, par ko Viņš runā. Bet tas nav domāts kā pārmetums cilvēkiem, kam ir lieli iekrātie līdzekļi un daudz mantas. Ne tiem vien. Kad mēs lasām šos evaņģēlija vārdus, tad mēs parasti mēdzam būt sašutuši par to, ka pasaulē ir tādi cilvēki, kuriem ir iekrāti miljonu miljoni, un viņi ir tāpat kā tādi akmeņi, no kuriem neizpil ne piliens par labu tiem, kam ir maz vai nemaz. Kad mēs tā skatāmies, cik lielā mērā sakrāta ir šī laicīgā bagātība tajos milzīgajos debesskrāpjos, simtstāvīgajos, kur nevis miljoni, bet miljardi grozās un krājās kaudžu kaudzēs, tajā pašā laikā tautas, cilvēki nomirst badā pārējo acu priekšā turpat uz ielas, – mūsu sirds ceļas sadusmībā: kā tā var! Mēs neejam tiesā ar šiem cilvēkiem. Dievs lems par viņiem, un Dievs teiks savu vārdu, tur, kur viņiem ir pietrūcis kaut vai tikai žēlsirdības vien.

Bet mūsu Pestītājs runā par to mantu, ko mēs vispār [nevaram] apzīmēt ar mantu – to, pie kā mēs ļoti turamies, pie tā, kas mums ir tas neredzamais apslēptais dārgums mūsu dzīves iekārtojumos, mūsu spējās un zināšanās, mūsu dažādās citādās lietās un izdarībās, kur mēs vienmēr gribam palikt tie, kas mēs esam, un tai pašā laikā būt kaut kādā ziņā Dieva priekšā uzslavēti un labi. Tā ir liela nelaime Pestītāja acīs. Cik grūti tādam bagātam, pašpaļāvībā bagātam cilvēkam ieiet Dieva valstībā! Tajos vārtos viņš iesprūst ar savu lielo sirdi, lielo prātu, lielo varu, lielo mantu, lielo gribu. Vecais zvejnieks Pēteris tanī brīdī, kad Jēzus viņu aicināja, neatskatīdamies pameta visu savu bagātību[196]. Kas bija viņa bagātība? Viņa laiva, viņa tīkli, kas bija viņu visu mūžu barojuši un uzturējuši. Viņš to pamet. Mēs teiksim – tas nav tik grūti, jo tas nav nekas liels. Kā mēs to ņemam – kur ir tas lielums un kur mazums? Kā mēs to mērīsim? Un viņš bija to pametis. Un tagad viņš ir skubināts jautāt, zināmā mērā arī bažīgs, bet zināmā mērā arī pašapzinīgs: "Bet kas mums būs par to, ka mēs esam visu atstājuši un gājuši Tev pakaļ?" Un tad Jēzus parāda Dieva valstības taisnību – Dievs Tas Kungs no mums neatņem un neatprasa neko, kur Viņš vietā mums nedod simtkārtīgi un tūkstoškārtīgi. Ir tādi Viņa varenie un brīnišķīgie darbi, kur cilvēki, atstādami tiešām savas ārējās dzīves un ērtības, aizgājuši tālā pasaules malā pie svešiem ļaudīm – kādreiz naidīgiem, nepratīgiem, visādos netikumos un grūtumos iestigušiem, un, tā sakot, "aprakuši" savu dzīvi. Tur šiem cilvēkiem pacietībā un mīlestībā atverot skatu uz Jēzu Kristu un iemantojot līdz ar to, kā tas ir dažudien bijis, šo lielo pulku, kas ap viņiem [ir] kā brāļi, kuru visu lietas ir arī viņu. Nav tāda cilvēka, kas, Kristus un evaņģēlija dēļ sevi aizliedzis, paliktu tukšā. Nav tāda cilvēka. Un to mēs katrs piedzīvojam vairāk vai mazāk spilgti, kad mēs kaut kur, kaut mazumā, sevi aizliegdami un tālāk dodami to, kas vienkārši ir mūsu pašu dārgumi vai mantas, ka mēs pretī tam nesaņemtu pavisam citādā izskatā un veidā to, ko Dieva bagātība mums atver.

Mūsu mīļā, augsti cienījamā misionāre Anna Irbe[197] – viņa aizgāja kā svešiniece un nepazīta svešas tautas vidū. Un visu, ko viņa spēja, un visu, kas viņai bija, un par visām lietām caur sirds dedzību un mīlestību uz Pestītāju viņa dalīja, dalīja, dalīja

---

[196] Un, staigādams Galilejas jūrmalā, Jēzus ieraudzīja divi brāļus, Sīmani, sauktu Pēteri, un Andreju, viņa brāli, tīklu jūrā izmetam, jo tie bija zvejnieki. Un Viņš uz tiem saka: "Nāciet Man līdzi, Es jūs darīšu par cilvēku zvejniekiem." Un tie tūdaļ atstāja savus tīklus un gāja Viņam pakaļ. (Mt 4:18-20) Sk. arī: Mk 1:18-20, Lk 5:10-11.

[197] Sk. 260. atsauci.

tur – tamilu tautai. Un, kad pienāca viņas beidzamā stunda, tad lieli pulki stāvēja ap viņas kapa vietu un izrunāja tikai vienu vārdu – mūsu māte. Un tas bija lielais bērnu, brāļu, māsu pulks, kas viņai ir iedots.

Tie ir Dieva ceļi. Tai brīdī, kad mēs aizmirstam vai atstājam to, ka mēs stāvam pasaulīgā vidū, ka mēs un mūsu izdarība, ka mēs un mūsu manta, mēs un mūsu griba ir tas, kas mums ir par visu varu jātur, jāvairo, jāpalielina, jāspodrina, – kad mēs to paliekam pie malas un kad mēs darām to, ko Pestītājs saka – darām to grūto darbu, kura priekšā jāsatrūkstas: "Nāc, staigā man pakaļ, savu krustu uz sevi ņemdams!"[198] Jēzum pakaļ. Nevis tas, cik lielā mērā un kā es Dieva priekšā būšu labāks un krietnāks – nevis tas, bet kā es varēšu, kā lai es spēju iet šo soli – Jēzum pakaļ. Un nest krustu, sāpes, atsacīšanos, zaudējumus, sava kapitāla izkaisīšanu un staigāšanu bez šīs pašpaļāvības atbalsta. Tas ir tas vienīgais darbs. Kā mēs katrs to pildām, kā mums katrs [*nesaklausāms vārds*] – mēs nezinām. Mēs nezinām, cik lielā mērā mūsu vājība un nespēks Dieva priekšā jau ir pieņemams. Un mēs stāvam tāpat Dieva valstības priekšā, bet kas tad tiešām spēs un drīkstēs ieiet? Dievam visas lietas ir iespējamas.

Kāds dziļi dievbijīgs, nopietns cilvēks reiz bija teicis – ka jūs te, tas un tas, un šis – ka jūs nāksiet Dieva valstībā, to es droši zinu, bet vai es nākšu, to es gan nezinu. To zina Debesu Tēvs. Āmen.

Sprediķis teikts 1994. gada 4. septembrī

---

[198] Tad Jēzus sacīja uz saviem mācekļiem: "Ja kas grib Man pakaļ staigāt, tam būs sevi aizliegt, uzņemties savu krustu un iet man pakaļ." (Mt 16:24) Sk. arī: Lk 14:27.

15. svētdienā pēc Trīsvienības svētkiem (Mt 18:1-11)

Žēlastība un miers lai jums visiem no Dieva, mūsu Tēva, un mūsu Kunga un Pestītāja Jēzus Kristus. Āmen.

Uzklausi, kristīgā draudze, šīsdienas svēto evaņģēliju, kas ir rakstīts pie Mateja 18. nodaļā: *Tanī pašā stundā mācekļi gāja pie Jēzus un sacīja: "Kas gan ir lielākais Debesu valstībā?" Un Jēzus pasauca bērnu, nostādīja to viņu vidū un sacīja: "Patiesi Es jums saku: ja jūs neatgriežaties un netopat kā bērni, tad jūs nenāksit Debesu valstībā. Tāpēc, kas pats pazemojas kā šis bērns, tas ir lielākais Debesu valstībā. Un, kas uzjem tādu bērnu Manā Vārdā, tas uzjem Mani. Bet, kas apgrēcina vienu no šiem vismazākiem, kas tic uz Mani, tam būtu labāki, ka tam piesietu dzirnavu akmeni pie kakla un to noslīcinātu jūras dziļumā. Vai pasaulei apgrēcības dēļ! Apgrēcībai gan jānāk. Bet vai tam cilvēkam, caur ko nāk apgrēcība! Tāpēc, ja tava roka vai tava kāja tevi apgrēcina, tad nocērt to un met to nost; jo tas tev labāk, ka tu tizls vai kropls ieej dzīvībā, nekā kad tev ir divi rokas vai divi kājas un tevi iemet mūžīgā ugunī. Un, ja tava acs tevi apgrēcina, izrauj to un met to nost; tas tev labāk, ar vienu aci ieiet dzīvībā, nekā kad tev ir divi acis un tevi iemet elles ugunī. Pielūkojiet, ka jūs nevienu no šiem mazajiem nenicināt, jo Es jums saku: viņu eņģeļi debesīs vienmēr redz Mana Debesu Tēva vaigu. Jo Cilvēka Dēls ir atnācis atpestīt pazudušo.* (Mt 18:1-11) Āmen.

Mēs Tevi lūdzam un piesaucam, Dievs Kungs, Svētais Gars, nāc apgaismodams un svētīdams mūsu vidū un izdali mums Tavas dāvanas, un atver mums Tavu patiesību, ka tā mūs atdzīvina un stiprina un mēs paši topam viņas apliecinātāji, jo Tavs vārds ir mūžīga dzīvība. Āmen.

Mūsu Kungs un Pestītājs šinī evaņģēlijā pieskaras kādam jautājumam, kas mūsu dienās ir kļuvis ārkārtīgi ass un daudz apspriests un tirzāts. Un tas ir jautājums par bērnu. Vispirms mūsu Pestītājs saviem mācekļiem, kuri ir pilni savu pašu domu par savām vērtībām, par to, kas viņi katrs ir, viņu priekšā noliek bērnu kā paraugu. Un šinī paraugā Viņš liek saskatīt to stāju, kādai cilvēkam ir jābūt, lai viņš iemantotu Debesu valstību. Un šī stāja ir bērna vienkāršība, bērna uzticība, bērna tiešums.

Ja jūs netopat kā bērni, jūs nenāksiet Debesu valstībā. Svētīgi garā nabagie – tie iemanto Debesu valstību[199]. Visi šie vārdi pieauguša un gudra cilvēka ausīs skan gandrīz vai kā iznerrošanas vārdi. Cilvēkam jākļūst vientiesīgam? Cilvēkam jākļūst bērnišķīgam, lai viņš varētu Dieva priekšā būt taisns un iemantot Debesu valstību? Mūsu Pestītājam mēs nevaram piedēvēt cilvēciski šauru skatu, ierobežotu skatu. Tas, ko Pestītājs slavē un atrod pie bērna kā īpašību, kas viņam piešķir lielo priekšrocību Dieva priekšā, Debesu valstības priekšrocību, ir kaut kas cits.

Viņš saka: "Debesu eņģeļi viņus redz un vada." Debesu eņģeļi piešķir bērnam to, kas ir viņa bērnišķības īpatība, un tā ir uzticība, sirds vienkāršība un tiešums. Sirds vienkāršība un tiešums. Cilvēki jau sen un ilgi ir šinī virzienā daudz grēkojuši paši pret saviem bērniem un pret bērniem vispār ar to, ka viņi šo bērna uzticību ir aplami un kādreiz pavisam neganti valkājuši. Paskatieties uz tā sauktajām grāmatiņām vai grāmatām, kas domātas bērniem – ne garīgā, kristīgā, ticības mācības nozīmē, bet tā sauktās grāmatiņas, ko dod bērniņiem laika kavēkļiem. Tur ir rūķīši un pūķīši, tur ir raganas un velni, tur ir visādi brīnumdzīvnieki un neesošas būtnes. Tur ir visi skubinājumi un biedinājumi, kas ienāk sarunā ar bērniem. Tur ir Ziemassvētku vecītis, kurš atnāk un kaut ko atnes, un vēl daudz kas cits, kas viss pieder tīrai māņekļu pasaulei. Un bērnam par to runā visā nopietnībā, un viņš ar savām uzticīgajām acīm skatās, priecājas un arī iztrūkstas par visiem šiem neesošajiem

---

[199] Svētīgi garā nabagie, jo tiem pieder Debesu valstība. (Mt 5:3)

iedomu tēliem – kādreiz mīlīgiem, kādreiz muļķīgiem, kādreiz baismīgiem, jo viņš tic katram vārdam, ko viņam saka pieaugušais cilvēks.

Ja jūs netopat kā bērni – zīmējoties uz [šo] Dieva patiesību. Kamēr netiek bērna gudrībiņā, bērna vienkāršajā prātā nošķirtas patiesības lietas no aplamībām un, galvenais, kamēr pieaugušais pats nenoliek mānekļus – šos un vēl citus, ar kuriem viņš māna sevi un citus un iet savu grēka ceļu, un nekļūst bērns Dieva priekšā, kurš katrā Viņa vārdā un Viņa patiesībā ierauga dziļo, būtisko, nepieciešamo, skaidro un svēto saturu. Topiet kā bērni!

Bet evaņģēlijs runā vēl citu valodu. Mēs redzam, cik ļoti mūsu Pestītāju aizkustina bērna stāvoklis. Mēs dzīvojam pasaulē, kur ir neskaitāmas valodas un raksti par bērnu, par bērniem. Jēzus mācekļi gribēja aizkavēt tos, kas nāca ar bērniem pie Jēzus. Viņi bija cilvēki ar tādu pašu domāšanu, ar kādu esam arī mēs tagadējā pasaulē: ko tas bērns te meklē, te nav viņa darīšana, viņš ir tikai traucētājs! Lielajiem ir lielo darīšanas, bērniem ir viņu klucīši un lācīši, un pasaku grāmatiņas. Lai viņi nespraužas te starpā, kur vecāki spriedīs par nopietnām un lielām lietām! Kad Jēzus to redzēja, tad Viņš apskaitās un sacīja: "Laidiet bērniņus pie manis. Tiem pieder Debesu valstība."[200] Tie vēl nav iejukuši šinī grēka pasaulē kā jūs, pieaugušie. Viņš ir tas lielākais mūsu starpā, nevis mācekļi, viņu vidū ir vēl lielāks kāds, tas, ko Jēzus pieaicina, ko Viņš apkampj un svētī, un nostāda savu mācekļu vidū.

Jēzus pieeja bērnam. Mēs dzīvojam laikmetā, kas risina smagus jautājumus, un šo smago jautājumu vidū ir bērns, kas ienāk cilvēku vidū, lielo cilvēku vidū un lielo cilvēku problēmās kā traucēklis, kā liekais, ar kuru nevar saprast, ko iesākt. Paceļas jautājums, vai vispār viņam ļaut dzīvot. Jau tā ir grūti vecākiem, sevišķi, ja jau ir kāds bērns auklējams. Un tad vēl

---

[200] Bet Jēzus sacīja: "Laidiet bērniņus un neliedziet tiem pie Manis nākt, jo tādiem pieder Debesu valstība." (Mt 19:14) Sk. arī: Mk 10:14, Lk 18:16.

lai nāktu kāds vai kādi klāt! Kā iztiks, kā dzīvos? Būs grūti. Un, no otras puses, viņš taču ir pineklis, kas sasien un piesien pie sevis, sevišķi un īpaši māti. Viņas acis ir pievērstas lielai pasaulei, viņa redz, kā kustas cilvēki savos darbos un savos priekos, un viņai ir jābūt auklētājai, kopējai, uzraudzītājai. Sieviete ir jāatbrīvo no šīm mokām, no šī apgrūtinājuma, lai viņa var viegli pēc savām iegribām staigāt šai dzīvei cauri, ņemties ar to, kas viņai patīk, atlaist to, ko viņa negrib. Kāds milzīgs tracis ir visā pasaulē pašlaik ap jautājumu atļaut vai neatļaut bērna dzīvības iznīcināšanu! Un pret Romas pāvestu, kas ir izteicies tik noteikti par to, ka dzīvībai ir tiesības dzīvot un tapt un tas ir grēks viņu maitāt – pret viņu ceļas tik daudz iebildumu un prasību, lai viņš atkāpjas no šādiem padomiem. Tas nav viņa padoms, mīļie! Tas ir Dieva svētās kārtības gājums.

Ir viens cits jautājums. Nupat pāris dienas atpakaļ avīzē mēs lasījām, ka mūsu pasaulē pašreiz ir vairāk nekā piecarpus miljardu cilvēku, un viņu skaits vairojas ātri un spēji ar lieliem lēcieniem uz priekšu. Kā pabarot, kur ņemt barību visiem šiem un tiem, kas vēl piedzims un nāks pasaulē? Vai nav jāierobežo dzimstība? Vai nav tiešām šeit abi divi labumi ņemami reizē? Sieviete atbrīvota no viņas mūžīgās un smagās atbildības un nastas – dzemdēt, kopt, audzināt – un tanī pašā laikā atbrīvot pasauli, lai pietiktu visiem, ko likt galdā. Tik ļoti vienkārši vajadzētu atrast līdzekli, lai cilvēki nevairojas. Un turpat blakus, ka būtu otrs līdzeklis, ka varētu varbūt arī tos liekos vispār dabūt ārā no dzīvo pulka.

Mēs dzīvojam baismīgā laikmetā. Kāda teoloģe, kas bija ceļojusi un dzīvojusi, un vērojusi dzīvi Dienvidamerikā, raksta īsos skatījumos baismīgus skatus. Lielās pilsētas, kurās ir vairāki miljoni iedzīvotāju, kuras izslien pret debesīm simtstāvīgās mājas, un zem šīm simtstāvīgajām mājām tā kā nobirušās lapas – būdeles, no skārda, no finiera taisītas. Simtiem tūkstošu cilvēku, kuri paši nezina, kā viņi dzīvos un no kā viņi dzīvos. Badā mirst, sērgās mirst. Pirmā kārtā bērni. Uz ielām iziet paaugušākie bērni, un tur viņi sagaida savu galu atkal citādāk. Kāpēc tā? Kas viņiem ir atņēmis dienišķo maizi, kāpēc viņiem tās nav? Viņi visi ir nākuši no lauku apvidiem. Viņiem bija kādreiz zemes gabaliņi, nelieli varbūt, bet tur pietika, lai izaudzētu vajadzīgo maizi un pārtiku. Un bija arī savi lopi, no kuriem varēja gūt vajadzīgo barību. Un tad nāca lielie pasaules pārveidotāji – tie, kuriem bija maz ar to, kas viņiem ir, un izgudroja paņēmienus, kā tikt pie lielākām bagātībām[201].

Mēs, vecākā paaudze, to atceramies mūsu jaunās dienās, kad lielais pasaules sauciens bija: kafija! Milzīgās platības apdēstītas kafijas stādiem un dārziem, kur tiek ievākta kafija, kas tiek pārdota dārgi uz visām pusēm, un šo audzēšanu vada un diriģē tie, kuriem rokās ir miljoni un lieli miljoni, kuri dod

---

[201] To atklāj, piemēram, nesen iznākušais Džona Pērkinsa darbs "Ekonomiskā slepkavas grēksūdze" (Rīga: Kontinents, 2010; *John Perkinss. Confessions Of An Economic Hitman*), kas ir *insaidera* stāsts par suverēnu jaunattīstības valstu iekļaušanu globālās transnacionālo korporāciju impērijas sastāvā. Tas notiek ar trīssoļu taktiku. Pirmkārt, uz valstīm, kurām ir ASV interesējoši resursi, tiek sūtīti augsti kvalificēti ekonomisti – "ekonomiskie slepkavas", kuru uzdevums ir pārliecināt trešās pasaules valstis ņemt megakredītus infrastruktūras attīstībai – daudz lielākus, nekā tām reāli nepieciešams. Valstu politelites tiek uzpirktas. Absolūti lielākā daļa no infrastruktūras izbūvei ņemtā kredīta summas caur nodarbinātajām firmām atgriežas ASV. Tiklīdz šīs valstis tiek apkrautas ar milzu parādiem, ASV valdība un ar to saistītās starptautiskās aģentūras gūst kontroli pār šo valstu ekonomiku un izmanto to resursus, lai veidotu savu globālo impēriju. Tā kā šīs valstis nespēj maksāt parādus, tām tiek izvirzītas politiskas prasības. Ja kādu iemeslu dēļ "ekomoniskie slepkavas" nespēj veikt savu uzdevumu, tiek veikts otrais solis – darbu sāk "šakāļi" – provokatori un slepkavas, kuru uzdevums ir likvidēt suverēno valstu nepakļāvīgās augstākās amatpersonas. Ja arī tas izrādās neefektīvi, tiek ievesta ASV armija. Interviju ar Dž. Pērkinsu var noskatīties arī youtube http://www.youtube.com/watch?v=yTbdnNgqfs8 Sk. arī Nobela prēmijas laureāta ekonomikā, bijušā Pasaules Bankas galvenā ekonomista Džozefa Stiglica (*Joseph Stiglitz*) grāmatu "Globalizācija un neapmierinatība ar to" (Rīga: Turība, 2010). Sk. arī: Hadžūns Čangs (*Ha-Joon Chang*). *Sliktie samarieši. Bagāto valstu netīrās sirdsapziņas noslēpumi.* Rīga: Zvaigzne ABC, 2011.

padomu vai arī atpērk zemi vienkāršajiem lauka darba strādātājiem un saka: "Dēstiet, dēstiet, dēstiet šos izdevīgos kokus! Jūs būsiet bagāti! Ne jums ir vajadzīgi maizi audzēt, ne lopus turēt. Jūs dabūsiet tīru naudu, kura nāks pie jums un plūdīs." Tā nauda plūda mazliet un īsu brīdi. Un tad mēs redzējām tajos skatu rādījumos žurnālos, ka kafija, tās maisi kā kalni stāvēja ostās. Neviens tos vairs nepirka, bija diezgan. Kafijas graudus gāza jūrā, dedzināja kurtuvēs, lokomotīvēs. Un tie, kas bija tos audzējuši, tie stāvēja pie šiem kokiem, un šie koki viņus nebaroja. Un lauka vairs nebija, kur sēt, un lopa vairs nebija, kuru kopt. Uz pilsētu, uz pilsētu! Simtiem tūkstoši saplūda lielajās pilsētās un pataisīja tās tik milzīgas. Un augstās mājas, kur gudrie lietu izkārtotāji rausa kopā lielās bagātības, stāv pret apvārsni kā tādas indīgas sēnes pār mēslienu – to cilvēku mēslienu, kuri nav vajadzīgi, kuriem pašiem nav nekā un kuriem neviens nekā nedod, un kuri nekur nekā nevar dabūt.

Cilvēku ir par daudz pasaulē. Bērniem nevajag ļaut ienākt šinī pasaulē. Vai bērns ir vainīgs pie tā, ka nav vairs, ko ēst viņa vecākiem, kuriem ir atņemts tas, kas viņus baroja? Milzīgs grēks! Velna viltus ir iesēdies pasaulē un jāj cilvēku prātos, un liek atrast vainu ne tur, kur tā ir, ne tur, kur ir sakrāti šie zelta kalni par to pašu kādreiz tik vērtīgo kafiju vai kādām citām precēm un mantām. Tur sēž tumsas kungs un dīda, un dīda cilvēku prātu, un musina vientiesīgos, un musina grēkot labprātīgos – iznīciniet bērna dzīvību, lai pasaulei būtu vieglāk! Vieglāk būtu mātei, ka viņa varētu tā, kā sakot, šo dzīvi ņemt no vieglās puses. Vieglāk būtu tautām, kurām nebūtu jāuztur daudz cilvēku.

Nebēdājieties ne par ko. Skatieties uz putniem gaisā. Ne tie sēj, ne tie pļauj, ne tie sakrāj šķūņos, un Debesu Tēvs tos visus pabaro[202]. Vai divus zvirbuļus nepērk par vienu artavu, un

---

[202] Skataities uz putniem gaisā: ne tie sēj, ne tie pļauj, ne tie sakrāj šķūņos, un jūsu Debesu Tēvs tos baro. Vai tad jūs neesat daudz labāki nekā viņi? (Mt 6:26).

neviens no viņiem nekrīt zemē bez Tēva ziņas[203]. Pestītājs rāda mums pavisam citu taisnību. Ne tikai aprēķinātāji ir tie, kuru gudrību mums būtu jāuzklausa, bet arī tā gudrība, ko Pestītājs mums ir teicis. Arī zvirbulītim pietiek, arī viņam vajag.

Ķīnieši bija izdomājuši brīnišķīgu paņēmienu, kā tikt pie vairāk pārtikas. Zvirbuļi noēd labību, noēd sējumos vienu lielu daļu. Tie jāiznīcina. Te kādus padsmitus gadus atpakaļ mēs lasījām, kā izpostīja Ķīnā šos zvirbulīšu barus. Cilvēki stāvēja uz namu jumtiem un gaiņāja, neļāva nelaimīgajiem putniņiem nekur piemesties, kamēr tie nogurumā pakrita un bija beigti. Nu vajadzēja būt lielākām ražām, nu vairs zvirbulītis neko nepaņēma no iesētā. Un Dievs smejas par cilvēku gudrību. Kukaiņi apēda trīskārt vairāk, nekā būtu noziedots zvirbulīšiem, jo zvirbulīši lasīja kukaiņus un ļāva ievākt ražu[204].

Dieva, Debesu Tēva, ziņā ir padomi. Tagad tos sāk saprast pat cilvēki, kuri ticībai pakaļ nedzenas, kuri, tikai ar savu gudrību vērodami lietas, kā tās notiek, redz, kādi notiek izkārtojumi, ko neviens nevar izdomāt. Mēs visi pazīstam kādu negribētu mājas iemītnieku, kas mūs apciemo, un tā ir pelīte. Un zinātnieki ir atraduši dīvainu lietu, ka pēkšņi vienā gadā ir maz pelīšu – piedzimst, nāk pasaulē pavisam maz. Tāds izbrīns, nav nekāda cita iemesla, bet iemesls ir tas, ka nākamajā

---

[203] Vai nepārdod divi zvirbuļus par vienu artavu? Un neviens no tiem nekrīt zemē bez jūsu Tēva. (Mt 10:29)

[204] Rīsa ražas palielināšanas nolūkā Ķīnas Tautas Republikā tika organizēta lauku zvirbuļu iznīcināšanas kampaņa, to pasludinot par valstisku uzdevumu. Tā savu kulmināciju sasniedza Visķīnas zvirbuļu apkarošanas dienā 1958. gada pavasarī, kad gandrīz visi ķīnieši vienlaikus izgāja ielās un sacēla lielu troksni, baidot zvirbuļus. Tiem neļāva nolaisties. Nespēkā zvirbuļi krita zemē, nobeidzās vai tapa nosisti. Ķīnieši nu cerēja ievākt lielas ražas (jo iepriekš bija izpētījuši, ka zvirbulis dienā apēd 5–7 gramus rīsa sēklu). Bet īsā laikā savairojās sienāži, kas apēda labību, masveidā savairojās arī augļu koku un krūmu kaitēkļi. Kukaiņi īsā laikā parādīja, ka spēj radīt lauksaimniecībai daudz lielākus zaudējumus nekā zvirbuļi. Pēc gada Ķīnai zvirbuļus nācās ievest no ārzemēm.

gadā būs vāja raža. Tā vēl nav iesēta, tā vēl nemaz nav cilvēku rēķināta un domāta, bet tas Kārtotājs, kas visai radībai dod savu kārtību, arī šai pelītei bija devis padomu: tu neuzturēsi savus bērnus nākamajā gadā, nebūs barības diezgan. Ja nu Viņš tā ģērbj zāli laukā[205], ja nu Viņš tā baro putnus apakš debess[206], ja nu tā Viņš nolūkojas pat uz pelīti, kas atliek mums ko teikt? Mēs esam daudz labāki nekā daudzi zvirbuļi. Un mēs ieraugām kaut ko citu. Mēs ieraugām, ka mūsu Pestītājs, bērnu nolikdams mūsu vidū, ne tikai ir nolicis šo uzticības pilno cilvēku, kuram lielais cilvēks nepiegriež vērību, bet Viņš ir ielicis mūsu vidū zīmi, brīdinājuma zīmi – neapgrēciniet, nesamaitājiet, neapgrēciniet viņu viņa bērna vienkāršajā, skaidrajā prātā un uzticībā. Un otra lieta – topiet paši kā viņi. Kā bērns uzticas pieglauzdamies mātei un tēvam un katrā viņu vārdā dzirdēdams patiesību, tādai pieglaušanai jābūt mums – pie sava Debesu Tēva. Mēs esam Viņa ziņā. Un tas, ko mēs jūtam kā savas rūpes, tā ir mūsu mazticība. Tas, ko mēs redzam kā cilvēku postu, tā ir mūsu nomaldīšanās velna vilinājumos un mūsu grēks. [*Ieraksts apraujas.*]

Sprediķis teikts 1994. gada 11. septembrī

---

[205] Ja tad Dievs zāli laukā, kas šodien stāv un rītu tiek iemesta krāsnī, tā ģērbj, vai tad ne daudz vairāk jūs, jūs mazticīgie? (Mt 6:30) Sk. arī: Lk 12:28.

[206] Skataities uz putniem gaisā: ne tie sēj, ne tie pļauj, ne tie sakrāj šķūņos, un jūsu Debesu Tēvs tos baro. Vai tad jūs neesat daudz labāki nekā viņi? (Mt 6:26) Sk. arī: Lk 12:24.

17. svētdienā pēc Trīsvienības svētkiem
(Mk 10:35-45)

Žēlastība un miers lai ir jums no Dieva, mūsu Tēva, un no mūsu Kunga un Pestītāja Jēzus Kristus. Āmen.

Uzklausi, kristīgā draudze, šīs dienas svēto evaņģēliju, kas ir rakstīts pie Marka 10. nodaļā. *Tad Jēkabs un Jānis, Cebedeja dēli, pie Viņa piegāja un Tam sacīja: "Mācītāj, mēs gribam, ka Tu mums darītu, ko Tev lūgsim." Un Viņš uz tiem sacīja: "Ko jūs gribat, lai Es jums daru?" Bet tie Viņam sacīja: "Dodi mums, ka mēs varam sēdēt Tavā godībā, viens pa Tavu labo roku un otrs pa kreiso roku." Bet Jēzus tiem sacīja: "Jūs nezināt, ko jūs lūdzat. Vai jūs varat dzert to biķeri, ko Es dzeru, vai tapt kristīti ar to kristību, ar ko Es topu kristīts?" Bet tie uz Viņu sacīja: "Varam." Bet Jēzus tiem sacīja: "Jūs gan to biķeri dzersit, ko Es dzeru, un tapsit kristīti ar to kristību, ar ko Es topu kristīts. Bet pie Manas labās vai kreisās rokas sēdēt Man nepiederas dot, bet kuriem tas ir sataisīts." Un, kad tie desmit to dzirdēja, tad tie sāka skaisties par Jēkabu un Jāni. Bet Jēzus tos pasauca un tiem saka: "Jūs zināt, ka tie, ko par tautu valdniekiem tur, tie tās apspiež, un viņu lielie kungi tām dara pāri. Bet tā lai nav jūsu starpā; bet, ja kas no jums grib tapt liels, tas lai ir jūsu sulainis. Un, ja kas starp jums grib būt pirmais, tas lai ir visu kalps. Jo arī Cilvēka Dēls nav nācis likt Sev kalpot, bet lai pats kalpotu un Savu dzīvību dotu par atpirkšanas maksu par daudziem."* (Mk 10:35-45) Āmen.

Mēs Tevi lūdzam, mēs Tevi piesaucam, Dievs Kungs, Svētais Gars, Tu dievišķais padoma devējs, Tu gudrības un skaidrības gars, nāc ar Tavām dāvanām apgaismo mūs, ka mēs satveram Tavu patiesību un viņā topam atjaunoti, ka mēs arī paši līdzi topam viņas apliecinātāji, jo Tavs vārds ir mūžīga patiesība. Āmen.

Šis notikums, šī saruna mūsu Pestītājam ar viņa mācekļiem, Cebedeja dēliem, saslēdzas kopā ar citiem iepriekšējiem notikumiem, ko evaņģēlijs mums vēstī, un tie ir ļoti zīmīgi un ļoti krasi. Tur ir sastapšanās ar kādu jaunu cilvēku, kas gribētu sekot Jēzum, bet viņš ir turīgs cilvēks, un viņš sabīstas no tā, ka Jēzus gaida, lai viņš pamet visu savu bagātību. Un tur ir Jēzus mācekļi, kas tūdaļ vaicā tā kā Pēteris. Viņš saka, bet kas mums par to būs, ka mēs visu jau tāpat esam atstājuši, pametuši savas mantas un gājuši pakaļ. Un tad Viņš saka par Dieva valstības kārtību, ka tas, kas Kristus un evaņģēlija dēļ ko ir pametis, tas ir simtkārtīgu un lielu mantu mantotājs kļuvis.

Un šinīs sarunās un šinī spraigumā par to, kas ir vērtīgs un kas ir vajadzīgs, kas ir iekārojams, pēkšņi šie divi Jēzus mācekļi nāk pie Jēzus ar kādu neparastu lūgumu – mēs gribam, ka Tu darītu tā, ka mēs Tavā valstībā sēdētu Tavam goda krēslam viens pa labo, otrs pa kreiso roku. Mūs, jau tikai lasot šos vārdus, tāpat pārņem izbrīns kā tos mācekļus, kas ar sašutumu bija to dzirdējuši no Jāņa un Jēkaba. Kā vispār var kaut ko tamlīdzīgu prasīt? Jēzus arī skaidri viņiem pasaka – jūs nemaz nesaprotat, ko jūs lūdzat. Jums nav nekādas saprašanas par lietām, par viņu lielumu, par viņu samēriem.

Kas tad bija tas, kas pamudināja Jēkabu un Jāni? Mēs evaņģēlijā lasām, ka pirms tam jau viņu māte bija nākusi ar tādu pašu lūgumu, zemē mezdamās Jēzus priekšā, izgādāt saviem dēliem brīnišķīgo nākotnes nodrošinājumu, ka viņi būs ļoti augstos amatos. Jo Jēzus, ir sagaidāms, būs ķēniņš. Tik var saprast no visām šīm runām, kas par Viņu tiek sacītas, tik var iedomāties no tā, ko Viņš pats saka – Viņš būs kādā ļoti augstā stāvoklī. Un, protams, nekā labāk nodrošināt savu nākotni, apmierināt savu godkāri, piepildīt savus augstos sapņus par varu, arī varbūt ienākumiem, kā, lūk, ar tādu stāvokli – kļūt Jēzum par Viņa tiešajiem godības līdzi mantotājiem. Viņi apzinās, ka tas nenāks viegli. Jēzus prasa, vai jūs varat dzert to biķeri, kuru Es dzeršu, vai jūs varat tikt kristīti ar to kristību, ar kuru Es tikšu kristīts? Un tikpat braši viņi saka savu – varam!

Un te mēs redzam šo varonīgo cilvēku, kāds arī mūsu dienās ir sastopams. Grūtības, ja priekšā ir kāds tik ļoti iekārojams mērķis, ja priekšā ir tik lieli labumi – kādām gan grūtībām var iet cauri! Jēzus runā par savu nāvi, Viņš nerunā par to, ka viņiem būtu jāiet nāvē šinī gadījumā. Viņi ir ar mieru izturēt visus tos grūtumus, kādi vēl nāks, tikai lai būtu šīs lietas nokārtotas. Mums ir ļoti daudz, kas pie šī notikuma aizskar. Vispirms tas ārkārtīgais godbijības trūkums pret Jēzu. Jēzus redzēšana tikai pasaulīgā valdnieka lomā[207]. Mūs aizskar arī tas, cik nesavaldīgi un cik, var sacīt, rupji ir kādreiz cilvēki ar tā sauktajiem mērķiem un dzīšanos tiem pakaļ. Cauri ugunīm un ūdeņiem, vienalga, pa labai, pa kreisai, kas tur ir – to pabīda sānis. Šinī gadījumā Jēzus jau ar nav nemaz tik svarīgs pats, cik šie krēsli pa labai un pa kreisai. Kāds paškritikas trūkums, kāda apbrīnojama pašpaļāvība neredzēt un nevērtēt sevi nemaz, tikai redzēt sevi paaugstināmies un tikai meklēt šo paaugstināšanos, bet nemaz, nepieliekot mērauklu – vai es to drīkstu, vai tā var? Jā, kas ir galu galā Dieva prāts ar visu to? Šie jautājumi mūsdienu cilvēkiem ir ļoti sveši. Vai es drīkstu, vai es varu, vai Dievs to pieļaus? Ja es gribu, tad es eju cauri mūriem, pa labai, pa kreisai izmētādams visu, kas ceļā. Šie raksturi. Jēzus arī šinī gadījumā neatraida, bet Viņš tikai parāda tos samērus – vai jūs varat to uzņemties, kas Man būs jācieš, dzert to biķeri? Kad šo biķeri eņģelis Ģetzemanes dārzā dziļā sāpju lūgšanā nogrimušam Jēzum rādīja, Jēkabs un Jānis bija aizmiguši – viņi bija noguruši, viņi nevarēja izturēt tādus atkal nomodus[208]. Tas uz viņiem tanī brīdī neattiecās. Tad, kad Viņš pie krusta savās svētās asinīs kristīja par jaunu visu cilvēci,

---

[207] Kad nu ļaudis redzēja, kādu zīmi Viņš bija darījis, tie sacīja: "Šis tiešām ir tas pravietis, kam jānāk pasaulē." Bet, Jēzus manīdams, ka viņi taisās nākt, lai Viņu ar varu ņemtu un celtu par ķēniņu, viens pats atkal uzkāpa kalnā. (Jņ 6:14-15)

[208] Un Viņš, no lūgšanas cēlies, nāca pie Saviem mācekļiem un tos atrada aizmigušus aiz skumjām. (Lk 22:45)

viņi bija aizbēguši[209]. Bail, ka tāpat nenotiek arī viņiem. Lūk, šī pašpaļāvība, lūk, šī lielība, šī samēru nesaprašana, šī sevis pārvērtēšana! To var tikai tur, kur īslaicīgi varoņi ir spējīgi kaut kā pār citu cilvēku uzkundzēties. To visu mēs zinām. Bet vienu lietu Jēzus tomēr viņiem atgādina. Jūs tiksiet gan kristīti, jūs dzersiet gan biķeri, bet tas būs pavisam citādi, nekā jūs to iedomājaties.

Kā mēs to zinām tagad, lūkodamies atpakaļ uz apustuļu laikiem, apustuļi bez izņēmumiem, atskaitot apustuli Jāni, mira mocekļa nāvē. Viņiem vajadzēja dzert to rūgtumu, ar kādu pasaule gāzās virsū tad Jēzum un kādu gāza arī Viņa mācekļiem līdzi. Tiem vajadzēja izstiept savas rokas un likt tās saistīt un vest uz nāvi, ko viņi nemaz nebija iedomājuši un iecerējuši. Un arī tad un arī tad – sēdēt pa labai un kreisai Viņa godībā – tas ir Tēva ziņā. Un Tēva vērtējumi ir citi nekā mūsu cilvēku iedomas, iegribas un vēlējumi.

Un Pestītājs noslēdz šo sarunu, uzrunādams arī pārējos mācekļus, kas ir sašutuši un sadusmoti par šādu rupju un nepieklājīgu, nepiedienīgu, aizvainojošu nostāju pret Jēzu. Viņš pasaka – augstākais jūsu starpā ir tas, kas kalpo, ne tas, kas valda. Un Viņš aizrāda pats uz sevi, ka Cilvēka Dēls nav nācis valdīt un saņemt pagodinājumus, bet kalpot. Krēsls, par kuru domāja Jānis un Jēkabs, tāpat palika neaizņemts. Bet vēl pēdējā vakarā, vēl pēdējā vakarā, viņš noliecās pie savu mācekļu kājām un tās mazgāja[210]. Vecais Pēteris bija samulsis un aizgrābts. Viņš nevarēja iedomāties kaut ko tamlīdzīgu, ka tā kaut ko var darīt Jēzus pie viņa kājām, kā pēdējais kalps, kas apmazgā viesa, ceļinieka kājas. Viņš saka, ja Es to nedarīšu, tev nebūs ar Mani daļas. Viņš to darīja pie viņiem visiem, un nekas tik dziļi neiegulstas cilvēka dvēselē, jūtīgā cilvēka dvēselē, ja

---

[209] Un visi Viņu atstāja un bēga. (Mk 14:50)

[210] Viņš ceļas no vakariņām, noliek drēbes, ņem priekšautu un apsien to; pēc tam ielej ūdeni traukā un sāk mācekļiem kājas mazgāt un tās žāvēt ar priekšautu, ko Viņš bija apsējis. (Jņ 13:4-5)

viņš saņem šādu dziļu pazemības godinājumu savai paša apzinātai necienībai.

Tas ir gūsts, tas ir tas mīlestības gūsts, ar kuru Pētera dvēsele, tāpat arī pārējo dvēsele, bija satverta. Jēzus, tas visuaugstākais viņu vidū, noliecas pie viņu kājām. Ja viņš būtu licis viņiem nosēsties tronī blakus, tas būtu mazāk. Šī noliekšanās, šī kalpošanas noliekšanās. Un tas ir raksturīgi, ka taisni tur, kur cilvēki ir savā augstajā uzdevumā, viņu īstais uzdevums ir šī noliekšanās pie tā, kam vajag un kam ir jāpalīdz. Un, lūk, tā ir saite. Ja Es to nedarīšu, tev nebūs daļas pie Manis. Tagad vairs nevarēja nebūt daļas. Tā saite, kas reizē kā kauns dzeļ un kā mīlestība kvēlo, kveldina – tā tura mūs pie Jēzus un atgādina, ka tas, kas gribētu būt pirmais, vai tas, ko mēs pazīstam, kas izceļas cilvēku vidū kā pirmais pārējo starpā, ir kāds no tiem, kas sevī nes šo Jēzus Kristus uzdevumu – pazemoties kalpošanā. Āmen.

Sprediķis teikts 1994. gada 25. septembrī

18. svētdienā pēc Trīsvienības svētkiem
(Lk 12:1-7)[211]

Žēlastība un miers lai ir jums visiem no Dieva, mūsu Tēva, un mūsu Kunga un Pestītāja Jēzus Kristus! Āmen.

Uzklausi, kristīgā draudze, šīs dienas svēto evaņģēliju, kas ir rakstīts pie Lūkas 12. nodaļā!
Un, kad daudz tūkstošu ļaužu sapulcējās, tā ka cits citu tikko nesamina, tad Jēzus iesāka sacīt Saviem mācekļiem: "Sargaities no varizeju rauga, t. i., no viņu liekulības. Bet nekas nav apslēpts, kas netiks atklāts, un nekas nav nezināms, kas nenāks gaismā. Tāpēc visu, ko jūs esat teikuši tumsā, to dzirdēs gaismā, un, ko jūs ausī esat čukstējuši istabā, to sludinās no jumtiem. Jums, Saviem draugiem, Es saku: nebīstaities no tiem, kas nonāvē miesu un pēc tam vairs nespēj neko darīt. Es jums teikšu, no kā jums būs bīties: bīstaities no tā, kam ir vara nonāvēt un pēc tam iemest ellē. Tiešām Es saku: to bīstaities. Vai piecus zvirbuļus nepārdod par divām artavām? Un neviens no tiem nav aizmirsts Dieva priekšā. Tāpat arī jums visi galvas mati ir skaitīti. Nebīstaities, jūs esat vairāk vērts nekā daudz zvirbuļu. (Lk 12:1-7) Āmen.

Mēs Tevi lūdzam un piesaucam, Dievs Kungs, Svētais Gars! Tu apgaismotājs un dievišķais padoma devējs Gars, nāc ar Tavām dāvanām, Tavu iepriecu un gaismu, apgaismo mūs, ka varam saņemt Tavu svēto patiesību un to arī tālāk apliecināt, jo Tavs Vārds ir mūžīga patiesība. Āmen.

Tā nav pirmā reize mūsu Pestītāja darbības laikā, kas mums ir zināma, kad Viņš vēršas ar lielu asumu pret farizejiem un

---

[211] Teikts pēc prāmja "Estonia" bojāejas. Prāmis mīklainos apstākļos nogrima Baltijas jūrā 1994. gada 28. septembrī – bojā gāja 852 cilvēki, no tiem 23 Latvijas iedzīvotāji.

brīdina – un brīdina savus mācekļus un savus draugus no farizeju rauga, no tā, ko Viņš saka, kas ir viņu īpašība un ko Viņš šeit raksturo kā liekulību. Citā vietā Viņš pat vēl skaidrāk to izstāsta, kur Viņš runā par viņu greznošanos, labprātību, par viņu ārējo izrādīšanos un – pār visām lietām – par viņu liekuļoto dievbijību, kas sasien smagās nastas, kā Viņš saka, un liek ļaudīm tās nest – tas ir, bauslības noteikumus, un paši šīs nastas nekustina ne ar pirkstu. Kas upurēdami pienes klāt, kā likums to paredz, desmito tiesu un nes to no dillēm, ķimenēm un mētrām, un tanī pašā laikā saņem ar līkiem likuma ceļiem atraitņu namus un bāreņu tiesu[212]. Pestītājs brīdina savus mācekļus no šī rauga, kas, tā sakot, izveido visas šīs īpatās izpausmes cilvēka dabā, kur cilvēks sevi izpauž citādāku, nekā viņš ir, – kur cilvēks ir nepatiess un neīsts ļaužu priekšā tiklab savā rīcībā, stājā, kā arī savos vārdos un tanī pašā laikā ir pārliecībā, ka viņš Dieva priekšā tāču ir taisns.

Pestītājs brīdina. Viņš brīdina un saka – neviena šāda lieta nepaliek nekur noslēpta. Viss neīstums savā brīdī atklājas. Visa aktieru māksla vienā brīdī ir pāri. Aktieris noliek savas neīstās drēbes un nomazgā seju no krāsām, kas ir uztrieptas, un tas nepaliek, ko viņš ir pie sevis ārišķīgu darījis. Pestītājs saka – vispirms jau ir veltīgi ar tādām lietām darboties, tām nav nekādas pastāvības. Tas, kas tiek šinī ziņā klusībā darīts vai runāts, tas beidzot tiek līdz pat jumta augstumam pacelts un skan pa visu pasauli.

Cilvēces vēsture un tautu vēsture, un cilvēku attiecības, mīļā draudze, zina šo likumības piepildījumu daudzkārtīgi no savas pašu dzīves, no satiksmes ar cilvēkiem, no pasaules lietu redzēšanas, ar kādu liekulību un neīstumu tiek runāti saldi un svinīgi vārdi, un tanī pašā laikā, kā mēdz sacīt sakāmvārdā,

---

[212] Vai jums, rakstu mācītāji un varizeji, jūs liekuļi! Jo jūs dodat desmito tiesu no mētrām, dillēm un ķimenēm un atstājat bez ievērības svarīgāko bauslībā: tiesu, žēlastību un ticību. Šo jums bija darīt un to neatstāt. (Mt 23:23) Sk. arī: Lk 11:42.

akmens ir azotē vai duncis ir rokā. Un tas ir pazudinājis savā laikā tik daudzas tautas – šis neīstums, šī liekulība, šī izlikšanās draudzībā un draudzības vispār nemaz neturēšana un nezināšana. Mūsu tauta to zina ļoti bagātīgi savas dzīves piedzīvojumos šinī lielajā, plašajā pasaulē, viņas lielajā teātrī, viņas lielajā tirgus laukumā.

Bet Pestītājs pāriet uz vienu citu lietu šinī sakarā. Viņš savus mācekļus stiprina un iedrošina neizbīties – neizbīties pat tur, kur viņu dzīvība varētu tikt kādreiz apdraudēta šāda vai tāda iemesla dēļ. Un Viņš runā, ka dārgāks par dzīvību ir vēl kas cits. Un tas ir tas, ko mēs zinām par Dieva žēlastību, kas mums ir novēlēta mūžīgajā dzīvībā. Un, kad mēs par šīm lietām runājam un domājam, tad mēs parasti domājam par notikumiem kristīgās Baznīcas senajā pagātnē. Bet arī pavisam nesenajās pagātnes notikumos cilvēkiem ir bijusi sava kristīgās ticības patiesība un pārliecība jāsamaksā ar dzīvību. Tas nenotika tikai Romas ķeizaru priekšā un mežonīgo pagānisko cilšu vidū, pie kurām ieradās kristīgās vēsts nesēji. Tas notika mūsu izglītotajā, apgaismotajā pasaulē, kur apliecināt Kristu ir nozīmējis zaudēt savu dzīvību[213].

Pestītājs drošina. Viņš drošina un saka: "Nebīstieties no tiem, kas atņem dzīvību un vairāk neko nespēj darīt!" Un ar to Viņš mums aizrāda [uz] kādu lielu un nopietnu lietu, ļoti būtisku, lielu un nopietnu lietu, kuru mēs tik viegli palaižam kādreiz garām un domājam savas domas cilvēciskā prātā – dzīvība ir dzīvība, nāve ir nāve, un vairāk ar nekas. Pestītājs saka: "Un neko vairāk nespēj darīt kā tikai nonāvēt miesu." Tātad – vēl ir kaut kas. Un tas ir dārgāks nekā šī miesa un tās dzīvība. Tas ir tas lielais, būtiskais, vērtīgais, visusvarīgais.

Mēs nupat bijām ar dziļu iztrūkšanos liecinieki kādam baismīgam notikumam pasaulē, kad vienā mirklī nāvē tika

---

[213] Itāļu žurnālists Antonio Soči (*Socci*) darbā "Jaunie vajātie" konstatē, ka divos tūkstošos gadu apmēram 70 miljonu kristiešu ir atdevuši savas dzīvības martirijā, no kuriem 45,5 miljoni (65%) – 20. gadsimtā.

aizrauti turpat vai tūkstoš cilvēku. Un, dabiski, ka cilvēkus un mūs visus līdzi pārņem dziļas nopietnības, sāpju un satraukšanās domas – kā tas var būt?! Kā tas ir, ka tik daudz dzīvību iet bojā? Cilvēka dzīvība taču ir viena liela vērtība! Bez šaubām, bez šaubām. Bet tā nav vislielākā vērtība. Tā nav vislielākā vērtība. Ir lietas, kas ir vēl pāri pār to. Un nevis miesas dzīvība vai iznīkšana, vai mocība, vai pārbauda ir tas, no kā cilvēkam ir tik ļoti un pirmā kārtā jāvairās un jāsarga sevi, kā mēdz teikt, par katru cenu un visiem līdzekļiem. Šie līdzekļi kādreiz cilvēkos bijuši tādi, ka viņi ir drīzāk gribējuši redzēt, ka tas pa labi un pa kreisi aiziet bojā, ka tik es pats palieku dzīvs. Bet ir kāda cita nonāvēšana. Sargieties no tā, kam ir spēks nonāvēt un pēc tam iemest ugunī – mūžīgajā ugunī!

Kāpēc Pestītājs šos vārdus sasaista kopā ar farizejiem un ar farizeju raugu? Mīļā draudze! Nāve nāk arī pie cilvēka miesas pa dažādiem ceļiem. Šis baismīgais ceļš, ko mēs piedzīvojām, lasīdami par notikumiem jūrā, ka vienā brīdī jūra paņem šos simtus cilvēkus. Vienā brīdī kaut kādā īpašā gadījumā aiziet bojā cilvēks, viņa sadragātā miesa piedzīvo nāvi. Bet nāves ceļš pie cilvēka miesas iznīcināšanas ir arī slimība, kaite, infekcija vai ievainojums, kas čūlo, vai audzējs, kas grauž. Un tad paiet dienas, mēneši, gadi, līdz sadēd miesa un izdziest tās dzīvība.

Lūk, šis raugs. Izrādās, ka raugam arī ir šīs sīkās būtnes, šīs rauga sēnītes, kas, iejauktas mīklā, sāk vairoties un visu mīklu pārvērš un pārveido. Te ir vēl kāda īpata sakrišanas līdzība, kas ir šī rauga iemešanās, šīs baktērijas, šī vīrusa, šīs brūces atklāšanās cilvēka dvēselē, kas viņu nonāvē, lēni.

Neīstums. Neīstums citu priekšā un savā paša priekšā, kas pats sev vēl beidzot iestāsta, ka tā ir pareizi. Neīstums sevi parādīt par kaut ko vairāk vai citādāku ne tikai izskatā, apģērbā, kā toreiz arī farizejiem, bet arī farizeja citādā stājā, slepenajā aukstumā un nemīlestībā, grauzējā, kas netic Dievam, kas tic un cenšas tikai pēc sava labuma, pēc savas labklājības. Šī sacensība ar citiem cilvēkiem – nostāties priekšā un izlikties par ko vairāk. Tā ir tā rauga sēnīte, kas darbojas. Tas ir tas nāves bacilis, kas nokauj. Ne tā kā toreiz Romas ķeizari ar šķēpu vai ar uguns sārtu, vai kā tagadējā laikā ar šauteni pretiniekus, bet – lēni. Lēni, līdz kamēr dvēsele ir arī līdzi nomirusi, atstādama pēc sevis labi apkoptu, labi uzkoptu, labi apgreznotu miesu un to dzīvi, kurā šī miesa kustēja šo laiku.

"Es jums teikšu, no kā bīstieties. Bīstieties no tā, kam vara nonāvēt un pēc tam iemest ellē!" Ne vienmēr tas ir saistīts ar miesas nāvi tūdaļ, tāpat kā savu slimību, ilgstošo slimību cilvēks gadiem ilgi nēsā līdzi, līdz beidzot viņa dabū šo virsroku. Tā tas arī mēdz būt.

Un Pestītājs pievēršas putniņiem – tam visvienkāršākajam, tam pelēkajam, neizskatīgajam, tam ielas putniņam zvirbulītim – un noliek viņu mums par piemēru. Cik vērta ir šāda zvirbulīša dzīvība? Viņu var katrā brīdī cilvēks vai kāds dzīvnieks, vai kāds putns satvert un nonāvēt. Un Pestītājs redz šeit šo līdzību – ka mēs esam tikpat nevarīgi Dieva priekšā izlemt savas lietas un izkārtot savu dzīvi, lai kā mēs to cenšamies ārēji un ārišķīgi panākt. Vienā brīdī tas var būt atļauts. Un arī te ir līdzība – Dieva rokā mēs esam, nevis likteņa varā, Dieva rokā. Un šī drošība Dieva rokā ļauj mums to apzināties, ka mēs katru brīdi varam tikt paņemti, un tanī pašā laikā zināt – ir tādas lietas, kuras nevar mums atņemt neviens. Arī nāve ne, kas var paņemt mūsu miesu. Un tās ir tās lietas, kuras ir vairāk saudzējamas un turamas nekā ārējais apdarinājums, šī aktiera uzgreznošanās, lai tēlotu savu dzīvi uz lielās pasaules skatuves citiem priekšā. Dažreiz šo salīdzinājumu mākslinieki pat lieto kā zināmu godu. Mēs sakām – nē, viss neīstais aiziet. Mums ir tikai jārūpējas, lai tas neaizrauj mūsu dvēseli sev līdzi, jo tas ir vēl sliktāk nekā nonāvēt ar šķēpu vai ar uguni. Jo šī nonāvēšana iedarbojas kā infekcija, iedarbojas kā lēna inde, kas saindē, nomāc un izbeidz. To bīstieties – Viņš saka [*nesaklausāms vārds, iespējams,* slēgumā].

Drošība un miers ir doti kristīgam cilvēkam. Mēs tās neapzināmies, mēs dzīvojam tām garām. Mēs esam ļāvuši iestāstīt lielai pasaulei, bezdievīgai pasaulei, kas ir cīnījusies vienmēr pret Dieva patiesību, un tā mūs ir, klusu ciešot, pievarējusi, ka mēs sakām – jā, jā, dzīvība ir tā visdārgākā manta. Šī miesas dzīvība. Šīs miesas dzīvības un tās pasargāšanas dēļ – cik grēka notiek! Cik grēka notiek, lai šo dzīvību izglābtu, apgreznotu, appušķotu un arī pasargātu no ārējām grūtībām, kādreiz uz cita vai citu dzīvības rēķina. Arī to mēs esam redzējuši, arī tās lietas mēs esam mācījušies pazīt šinī pasaulē. No tā bīstieties! Mums pieder vairāk! Un tas mums ir jāzina. Un jāzina tas mums ne tikai ar to, ko mēs tagad, atkārtodami savās ausīs, uz mirkli iegremdējam savā prātā. Tas jāzina tā, lai mūsu miesa, dvēsele, mūsu viss cilvēks to zinātu un justu, un justu to kā sevi pašu. Es piederu. Man ir vēl vairāk nekā šīs lietas.

Kristīgie, kurus nodeva mocībām un nāvei nelielajā Āfrikas pilsētā Skilijā[214] pirms jau gandrīz diviem tūkstošiem gadu – kad viņiem pasludināja katram atsevišķi, ka viņi tiek nodoti nāvei, viņi gavilēja. Viņi pateicās, ka viņi tagad ir tik tuvu

---

[214] Tie bija divpadsmit Ziemeļāfrikas kristiešu martiri no Skillas (*Scilli*) pilsētas Numīdijā, kurus pratināja pirmais kristiešu vajātājs Āfrikā prokonsuls Vigēlijs Saturnins (*Vigellius Saturninus*) Kartāgā Romas imperatora Marka Aurēlija (*Marcus Aurelius* 121–180, amatā 161–180) laikā. Viņu martirija apraksts ir senākais autentiskais kristietības dokuments Ziemeļāfrikā. Tas ir tiesas spriedums 180. gada 17. jūlijā, kurā tiek minēti septiņi vīrieši un piecas sievietes un tiek citēta saruna starp tiesnesi un apsūdzētajiem. Viņu vārdi bija Sperāts (*Speratus*), Nartzals (*Nartzalus*), Cintīns jeb Citīns (*Cintinus* (*Cittinus*)), Veturijs (*Veturius*), Fēlikss (*Feliks*), Akvilīns (*Aquilinus*), Letāncijs (*Laetantius*), Jānuārija (*Januaria*), Generosa (*Generosa*), Vestija (*Vestia*), Donāta (*Donata*) un Sekunda (*Secunda*). Martirologā Sperāts atbildēja visu vietā, ka viņi ir dzīvojuši klusu un morālu dzīvi, maksājuši nodokļus un nav pāridarījuši nevienam. Kad viņi tika aicināti zvērēt imperatoram, Sperāts atbildējis: "Es neatzīstu šīs pasaules valstību; es kalpoju Dievam, kuru neviens nav redzējis, nedz arī ar šīm acīm var saredzēt." Viņiem tika dotas trīsdesmit dienas, lai apdomātu savu lēmumu, bet neviens to nemainīja. Par godu šiem martiriem tika uzcelta Kartāgas bazilika.

nonākuši pie tā, kas [ir] tas visulielākais un dārgākais – mūžīgā dzīvībā un sava mīļā Pestītāja svētajā ziņā. Mums katrā brīdī ar katru savu elpu jāelpo šī dziļā, prieka pilnā patiesība līdzi. Āmen.

Sprediķis teikts 1994. gada 2. oktobrī

19. svētdienā pēc Trīsvienības svētkiem
(2kor 4:13-18)

[Žēlastība un miers lai ir jums visiem no Dieva, mūsu] Tēva, un mūsu [Kunga un Pestītāja Jēzus Kristus!] Āmen.

Uzklausi, kristīgā draudze, šīs dienas Dieva Vārdu, kas ir rakstīts 2. korintiešu vēstulē pie apustuļa 4. nodaļā, kur apustulis tā uz mums runā Dieva Vārdā:
Bet mums ir tas pats ticības gars, kā ir rakstīts: es ticēju, tāpēc es runāju; arī mēs ticam, tāpēc mēs arī runājam, zinādami, ka Tas, kas uzmodinājis Kungu Jēzu, uzmodinās arī mūs ar Jēzu un nostādīs Savā priekšā kopā ar jums. Jo viss tas notiek jūsu dēļ, lai žēlastība vairodamās, pieaugot ticīgo skaitam, vairotu arī pateicību Dievam par godu. Tāpēc mēs nepiekūstam, bet, lai gan mūsu ārīgais cilvēks sadilst, mūsu iekšējais dien' no dienas atjaunojas. Jo tagadējās grūtības, kas ir vieglas, dod mums neizsakāmi lielu mūžīgu godību, ja mēs neņemam vērā to, kas ir redzams, bet to, kas nav redzams. Jo redzamais ir laicīgs, bet neredzamais mūžīgs. (2kor 4:13-18)
Āmen.

Dievs Kungs, Svētais Gars, mēs Tevi lūdzam un piesaucam, Tu dievišķais padoma devējs, Tu iepriecinātājs un patiesības gars! Nāc ar Tavām dāvanām, mūs apgaismodams, Tavs Svētais Vārds [lai] atveras, ka mēs, viņā stiprināti un atdzīvināti, kļūstam arī Viņa apliecinātāji, jo Tavs Vārds ir mūžīga patiesība. Āmen.

"Tāpēc mēs nepiekūstam. Arī ja laicīgais cilvēks sabruks, iekšējais dienu no dienas atjaunojas." Kādreiz kāds noskumis dzejnieks savā grūtsirdībā un savās bēdās ir pateicis tādu vārdu, ka visa lielā pasaule esot liela asara[215]. Un ar to viņš ir gribējis pateikt, cik ļoti daudz cilvēkiem ir tā saukto bēdu un ka visa šī pasaule mūsu acu priekšā ir it kā uzcelta no bēdām kā no tādiem smagiem akmeņiem, kas sakrauti lielos, smagos veidojumos. Viņam ir lielā mērā arī taisnība. Mēs ar to sastopamies tagad ik dienas. Mēs sastopamies ik dienas ar to, cik ļoti grūti cilvēki panes savu dzīvi, ar cik maz prieka, ar cik maz kāda tālāka mērķa vai skatījuma, tikai laiku pa laikam pagrūsti jo dziļāk atkal sāpēs, zaudējumos, bēdās, pārbaudījumos.

Visas šīs lietas patiešām satveras kopā šinī bēdu prātā, kas arī mūsu dienu cilvēkam, ja viņš nav īsti tā nodevies izklaidībai, arī mūsu dienu cilvēkā tik ļoti spēcīgi izpaužas. Mēs, kristīgā draudze, zināmā mērā ar vienu tādu vienkāršu teikumu varētu sacīt: "Tas, lūk, ir tāpēc, ka jūs nelūdzat Dievu, ka jūs neticat Viņam un ka jūs nenākat Dieva namā, tur, kur notiek pielūgšanas, teikšanas, slavēšanas." Bet šī atbilde, kas savos pamatos ir dziļi pareiza un patiesa, ir ielikta tik daudz lietotos vārdos, ka viņa paiet cilvēku ausīm un sirdij garām, un arī pašam sacītājam šie vārdi nāk kādreiz tā tik ļoti viegli pateikti kā tāds iemācīts teikums. Un tomēr šinī teicienā patiesība ir dziļāk aprakta. Un tas ir tas, par ko apustulis runā, – par to vienādo garu, kas mums ir dots kristīgā draudzē savā starpā. Un šis vienādais gars liek mums to apliecināt un sacīt mūsu pārliecības dziļumā, pārliecības lielumā. Un tas ir tas, ka mēs redzam šo pasauli daudz lielāku nekā tikai vienu lielu asaru. Mēs redzam viņu ne tikai ārējā virspusībā, kuru dzejnieks ielicis tādā rūgtā salīdzinājumā, bet mēs esam tanī pulkā, par kuru apustulis saka – mēs neņemam vērā to, kas ir redzams, bet gan to, kas nav redzams. Jo šīs redzamās lietas paiet. Paliek tās, kas mūs atjauno, kas dara mūs katru dienu atkal jaunus un stiprus. Redzamās lietas paiet. Mēs varētu arī tā teikt, kā

---

[215] Iespējams, R. Feldmanis atsaucas uz iemīļotā dzejnieka Jāņa Poruka (1871–1911) dzejoli "Draugam": "Vai tev ir tik daudz asaru, / Ka vari dzejnieks būt? / Un tik daudz sāpju, sirdsēstu, / Ka krūtis elpo grūt?"

domā kādreiz cilvēki – jā, galu galā arī visas bēdas kādreiz mitas, arī sāpes kādreiz mitas, un cilvēkam viss atkal atkrīt, kas viņu apgrūtinājis. Tik viegli, tik vienkārši šīs lietas nemaz nav. Bet apustulis mūs ir gribējis darīt uzmanīgu, kur viņš saka par kādu vārdu, kas mums ir ļoti nopietni ņemams. Mēs nepiekūstam.

Mēs ciešam visu to pašu. Mēs ciešam visu to pašu, ko cieš tie cilvēki, kas apraud savas grūtības un nopūšas par savām bēdām, un redz tikai šo lielo asaru, un pievieno tai arī vēl savējās. Runādami apustulim līdzi viņa patiesajos Dieva Vārdos, mēs runājam par nenogurstamību. Kristīgais cilvēks tāpat nes miesas sāpes, dvēseles mokas, zaudējumus, pārbaudes, ciešanas un ne velti izpelnās no apkārt stāvošajiem ticības neturētājiem cilvēkiem tādu ļoti savādu vispārēju vārdu – nu ja, šie ticības cilvēki laiž visu vieglāk pāri, viņi to tik dziļi neizjūt, kā izjūt tā sauktais normālais caurmēra cilvēks. Un tā ir maldīšanās. Kristīgais cilvēks izjūt visas sāpes, bēdas un grūtumus un ne tikai savus, bet arī daudzu citu pārbaudes daudz dziļāk, daudz spēcīgāk! Bet – viņš šīs lietas izjūt šinī divējādā lietu skatījumā. Vispirms viņš redz viņu sākotnību, viņš redz šo "kāpēc tas notiek?". Un viņš redz arī to piepildījumu, kas stāv aiz visa tā, ko mēs saucam par šo lielo, rūgto asaru.

Kristīgais cilvēks ir pacietības cilvēks. Tas, kas ar viņu notiek, tas notiek kā Dieva svētās rokas devums. Pacietība bēdās un pastāvība lūgšanās[216], par kuru runā apustulis kādā citā vietā, tā ir kristīgā cilvēka dzīves ikdiena. Spēt pastāvēt. Un kādēļ? Ne tikai tā, kā cieš pie valga piesiets kustonis, kas raustās un mocās, un netiek vaļā un brīvībā, bet gan kā tāds, kas zina šo paciešanu mēru, kas zina ne tikai to, ka tās ir, bet arī zina to, ka tās paiet, un ne tikai to, ka tās paiet, bet ka tās ir mazas, salīdzinot ar to, kas kristīgā cilvēka ticībā un cerības drošībā ir dots. Mūsu bēdas ir īsas un nelielas, salīdzinot ar to, kas ir patiesās un lielās bēdas. Tās bēdas, kas nezina iznākuma un

---

[216] Savā darbā neesiet kūtri, esiet dedzīgi garā, gatavi kalpot Tam Kungam, priecīgi cerībā, pacietīgi bēdās, neatlaidīgi savās lūgšanās. (Rm 12:11-12)

gala. Tās bēdas, kas cilvēkus apņem kā nakts tumsa vai kā ledainais aukstums. Šīs bēdas – mēs zinām, ka tās nav ne lietu noslēgums, ne piepildījums. Mēs zinām, ka mūsu pacietība ir šis gaidīšanas brīdis – sagaidīt atrisinājumu ne tik ar to un varbūt nepavisam ne ar to, ka mūsu miesas sāpes vai kādi citi grūtumi no mums būtu atņemti, bet mēs zinām, ka nepiederam šīm paejošām lietām, kuras reiz tāpat paies un izbeigsies. Šeit ir otrā pacietība, kas ir tikai kristīga cilvēka daļa. Šī pacietība gaidīt, šī pacietība lūkoties pretī tam, kas mums ir mūsu Pestītāja apsolītais devums. Mūžīgās dzīvības, dievišķās godības, mūžības lielais prieks un piepildījums. Šī pacietība – redzēt šīs lietas un vēl nebūt tās sasniegušam un tanī pašā laikā nest un panest tās [*nesaklausāms vārds*]. Tā mēs šodien šinī pasaulē zināmā mērā jūtamies it kā ārpus tās [*nesaklausāms vārds, iespējams,* likumiem]. Mūsdienu pasaule tic tikai pati sev un savai nīkstamībai. Mūsdienu pasaule cieš un cieš tikai savu bēdu grūtumu un savu bēdu nastu, un neko vairāk un šinī bēdu grūtumā un nastā izsamist, un zaudē spēku.

Liels zudums ir pie iekšējā cilvēka tik daudziem, kas nepazīst šo nākamās godības tiešamību un skaistumu. Liels zudums! Šejienei nekas nepanākts, galīgs. Bezcerība un drūmums stāv priekšā. Var paciesties, izturēt miesas sāpes, bet ir vēl daudz grūtāk ciest un nezināt iznākuma, ciest un zināt, ka pēc tā, ko šeit cilvēks nes savās sāpēs, tas nobeigsies tikai ar nebūtību un iznīcību kapā. Šīs domas valda mūsu dienu pasauli. Šīs domas vada mūsu dienu cilvēku izmisumā. Jā, tik bieži arī gara līdzsvara sasvārstībā, neredzot it neko citu kā šo lielo pasaules asaru un aiz tās – tikai vēl lielāku iznīcības postu.

"Neesiet kā tie, kuriem nav cerības!" kādā vietā saka apustulis[217]. Bet mēs tāpēc, ka mums ir šī ticība, par kuru apustulis saka un kura vieno kristīgo draudzi jau toreiz un arī tagad,

---

[217] Mēs gribam, brāļi, lai jūs būtu skaidrībā par tiem, kas aizmiguši, un lai jūs nenodotos skumjām kā tie, kam nav cerības. (Tes 4:13)

tāpēc, ka mums ir šī ticība, mēs runājam šos vārdus un runājam tos, neskatoties uz to, ka pasaule vai nu negrib, vai nespēj tajos ieklausīties, zinādami, ka Tas, kas ir mūsu Kungu Jēzu Kristu uzmodinājis, arī mūs uzmodinās savā īpašajā brīnišķīgajā mūžīgās dzīvības devumā, ko Viņš mums ir nolēmis. Un tikai tāpēc un tikai tādēļ, ka mēs to visu redzam un zinām, tikai tādēļ, ka mūsu skats ir pievērsts mūsu Kungam un Pestītājam Jēzum Kristum, mēs neredzam mūsu tagadējā cilvēciskajā paciešanā un grūtumā, un pasaules sāpēs neko galīgu un neko paliekamu, un neko arī būtisku. Bet pāri tam mēs skatāmies pacietībā un ticībā, raugāmies uz to, ka, neņemdami vērā šīs pārejošās lietas, mēs gaidām uz piepildījumu, kā mēs arī apliecinām savā Ticības apliecinājumā, – uz mirušo augšāmcelšanos un mūžīgo dzīvību caur Jēzu Kristu.

Un mēs pienākam pie šī padoma, kas kādreiz tik viegli izteikts un varbūt nemaz tik dziļi nebija domāts: "Nāciet šurpu – atvērsim šo grāmatu! Nāciet šurpu – saliksim rokas, locīsim ceļus! Nāciet šurp un dziedāsim, un slavēsim Dievu! Mācīsimies Viņa svēto prātu svētīt un Viņa žēlastības apsolījumus gaidīt!" Āmen.

Sprediķis teikts 1994. gada 9. oktobrī

24. svētdienā pēc Trīsvienības svētkiem
(2Tim 2:1-10)

Žēlastība un miers lai jums visiem no Dieva, mūsu Tēva, un no mūsu Kunga un Pestītāja Jēzus Kristus! Āmen.

Uzklausi, kristīgā draudze, šīs dienas Dieva Svēto Vārdu, kas ir rakstīts 2. vēstulē Timotejam 2. nodaļā, kur apustulis tā runā uz mums Dieva Vārdā: *Tad nu tu, mans bērns, topi spēcīgs žēlastībā, kas sakņojas Kristū Jēzū, un, ko tu esi dzirdējis no manis, daudziem lieciniekiem klāt esot, to cel priekšā uzticīgiem cilvēkiem, kas būs noderīgi mācīt atkal citus. Cieti līdz ar citiem ļaunumu, būdams labs Kristus Jēzus kareivis. Neviens, atrazdamies karapulkā, nepinas ar dzīves darīšanām, lai viņš varētu patikt tam, kas sapulcinājis karaspēku. Un, jebšu kāds cīnās, viņš dabū vainagu tikai tad, kad viņš ir cīnījies pareizi. Zemkopim, kas nodevies lauka darbam, pienākas pirmajam dabūt savu tiesu no augļiem. Iegaumē, ko es tev saku. Gan jau dos tev Tas Kungs saprašanu visās lietās. Turi prātā Jēzu Kristu, kas uzmodināts no miroņiem, kas cēlies no Dāvida cilts, – pēc mana evaņģēlija. Par to es ciešu ļaunumu, pat saites kā ļaundaris, bet Dieva vārds nav saistīts. Tāpēc es visu panesu izredzēto dēļ, lai arī viņi sasniegtu debesu labklājību, kas sakņojas Kristū Jēzū, kopā ar mūžīgu godību.* (2Tim 2:1-10) Āmen.

Mēs Tevi lūdzam un piesaucam Dievs Kungs, Svētais Gars, Tu dievišķais padoma devējs un iepriecinātājs Gars! Atsedz mums Tava Svētā Vārda patiesību un atdzīvini mūs viņā! [Lai] mēs paši esam līdzi viņas apliecinātāji, jo Tavs vārds ir mūžīga patiesība. Āmen.

Apustulis uzrunā savu uzticīgo mācekli un līdzstrādnieku un dod viņam viņa gājumā un darbā norādījumus viņa stājai, salīdzinādams viņa darbu te ar karavīra, te zemkopja darbu, kas prasa uzticību, kas prasa nešaubību, kas prasa mērķtiecību un mīlestību tam uzdevumam, kurā viņš stāv, tai pašā laikā atsaukdamies arī pats uz sevi un arī uz to, kas ir viņa pieredze šinī darbā, kad viņš pasludina evaņģēliju, un aizrāda arī uz to, ka viņš līdzi cieš evaņģēlija pasludināšanai – saites, grūtumus, paciešanas. To visu Kristus Jēzus dēļ. Un visas šīs lietas pamatā, visas šīs stājas pamatā viņš atgādina lielo, vienīgo prieku "Turi piemiņā!" – vai kā šeit šinī tulkojumā sacīts – "turi savā prātā Jēzu Kristu, kas uzmodināts no mirušajiem, no Dāvida cilts, – pēc mana evaņģēlija!" Turi piemiņā Jēzu Kristu!

Liekas, ka vajadzētu turēt piemiņā daudzas citas lietas, kas saistās ar tiešajiem uzdevumiem tiklab karavīram, kā zemkopim, kā pasludinātājam: ņemt vērā apstākļus, ņemt vērā to, kas ir svarīgāks, vērtīgāks, nepieciešamāks kurā katrā brīdī. Par šīm lietām apustulis īpaši nerunā. Ir lietas, kas nāk pašas no sevis mūsu priekšā, kas mums jāsaņem tā, kā Dieva roka tās mums noliek, bet paliek tās lietas, kuras pieder pie pamatu pamatiem. Vienalga, kādā stājā mēs esam un uzdevumā – vai tas ir karavīrs, vai tas ir zemkopis, vai tas ir pasludinātājs – vienmēr un visur: turi piemiņā Kristu Jēzu!

Jā, kas ir tas, ko mēs turam piemiņā? Mūsu dzīve risinās divos virzienos. Viens virziens ir tas, kas ir mūsu acu priekšā. Tās lietas, ko mēs darām, un tās lietas, ko mēs kārtojam, tie uzdevumi, kurus mēs pildām, tie mērķi, pēc kuriem mēs sniedzamies, un tam līdzi kā apakšzemes upe tek atmiņas un piemiņas, salīdzinājumi un domas. Šīs piemiņas vienmēr ir tās, kas cilvēkus vairāk un vairāk saista. Tās var būt rūgtas un sāpīgas, tās var būt skaistas un jaukas, un vienmēr tās saistās ar to, ka ir skumjas tai ziņā, ka tās visas ir pagājušas. Tās visas ir pagājušas – tikpat asās un sāpīgās, kā saulainās un jaukās. Un mēs tikai tajās atrodam laika kavēkli, kas kādreiz kavē ne tikai laiku, bet kavē arī rokas un soļus, un domas, un prātu, un visvairāk kavē mūsu prātu un sirdi. Mēs paliekam pie tām lietām, ar kurām kādreiz esam bijuši vai kuras kādreiz pār mums ir nākušas, un domājam, ka tā ir bijusi mūsu īstā un pareizā dzīve, un domājam, ka nu pie tās mums ir jāpietveras. Kad mēs atšķiram mūsu dzejnieku grāmatas, mēs redzam, ka tās ir pilnas ar cilvēku domām par to, kas ir pagājis, kas ir izdomāts, izjusts, kā tas ir saprasts vai vērots.

Apustulis mūsu skatu vērš uz kaut ko citu – turi savā piemiņā Jēzu Kristu! Kamēr mēs kavējamies paši pie sevis, pie tā, kas mums ir bijis jauks vai grūts, vai sāpīgs, mēs riņķojam paši ap sevi kaut kādā lokā, un tas cilvēkus nogurdina un nomāc, noved bezcerībā vai šaubās un izsusina viņu dzīvi, un padara viņus bēdu pilnus.

Mēs stāvam tuvu kādam slieksnim – mēs stāvam [tuvu] Baznīcas gada slēgumam, kur kādreiz viss pagājušais gads nostājas priekšā ar saviem notikumiem un dzīves lietām. Cilvēki pie tiem kavējas, kavējas pie tā, kas tur ir bijis. Ne vienmēr ir tā, ka cilvēki šinīs atmiņās jūtas iepriecināti, drīzāk otrādi.

Nost no sevis paša! – apustulis saka. Nost no šīm lietām, kas mūs tur savā valgā un savās cilvēciskajās domās, kurās mēs vai nu tīksmināmies, vai bēdājamies un sāpināmies. Turi piemiņā Jēzu Kristu, kas, no mirušiem uzmodināts, pēc [*nesaklausāmi vārdi*]. Turi piemiņā Jēzu Kristu, kurš ir teicis: "Es palieku pie jums ik dienas līdz pasaules galam."[218] Kurš mums ir teicis: "Redzi – Es esmu pirmais, pēdējais un dzīvais!"[219] Es esmu jūsu vidū. Es neesmu tas, kas paiet, Es neesmu pagātne, Es esmu šodiena un rītdiena." Augšup sirdi un prātu! Uz Viņu pievērstais skats ir kristīga cilvēka dzīves satvars. "Nāciet pie Manis visi – visi, kas esat bēdīgi un grūtsirdīgi."[220] Bēdīgi un grūtsirdīgi ir visi tie cilvēki, kas kavējas savās atmiņās, cilādami

---

[218] Tās mācīdami turēt visu, ko Es jums esmu pavēlējis. Un redzi, Es esmu pie jums ik dienas līdz pasaules galam. (Mt 28:20)

[219] Un, kad es redzēju Viņu, es nokritu pie Viņa kājām kā miris, bet Viņš man uzlika Savu labo roku, sacīdams: nebīsties! Es esmu Pirmais un Pēdīgais un Dzīvais. (Atkl 1:17) Sk. arī: (Atkl 22:13).

[220] Nāciet šurp pie Manis visi, kas esat bēdīgi un grūtsirdīgi, Es jūs gribu atvieglināt. (Mt 11:28)

savas sāpes, zaudējumus, ciešanas un bēdas, cilādami savas aizgājušās priecīgās un jaukās, vairs atpakaļ neatgriezīgās dienas. Bēdīgi un grūtsirdīgi, bez iepriecas paši pie sevis un savām atmiņām. "Nāciet šurpu jūs visi, Es jūs atvieglināšu," saka mūsu Kungs un Pestītājs.

Dzīvot Kristū Jēzū. Nedzīvot sevī pašā. Neriņķot pašiem ap sevi, ap to iesprausto mietiņu, pie kura mēs esam sevi piesējuši valgā un skrienam riņķī apkārt, un netiekam uz priekšu. Nekādā veidā. Īstā cilvēka dzīve ir šī dzīve – šī atraisītā dzīve, kas spēj atraisīties no sava sloga, kurš viņu tur varā, moka un nomāc gan ar atmiņu grūtumu, gan ar atmiņu nožēlu un sāpīgo zaudējumu apraudāšanu par pagājušām jaukām, neatgriezīgām lietām. Tas ir cilvēka gūsts! Tas ir tā sauktās cilvēka nelaimīgās dzīves grūtais un smagais saturs – šī lejupeja, šī norimšana nebūtībā, iznīcībā.

Turi piemiņā Jēzu Kristu! "Redzi, še Es esmu!" saka Tas Kungs. "Es esmu pie jums ik dienas līdz pasaules galam." Iedomāsimies šajos vārdos! Kristū Jēzū nav pagājības, Kristū Jēzū nav tā, ka Viņš vakar bija un šodien Viņa vairs nav. Kristū Jēzū nav tā, ka to, ko mēs no Viņa vakar lūdzām un ko Viņš mums vakar svētīja, mēs vairs to nevaram gaidīt rīt, tas vairs nevar notikt šodien. "Es esmu pie jums ik dienas." Viņa žēlastība ik rītus ir jauna. "Es palieku pie jums līdz pasaules galam."

Un arī tas ir Viņa lielais brīnums, ka Viņš nav jāmeklē gudrību dziļumos un prātnieku plašumos. Viņa aicinājums ir vienkāršs: "Nāciet šurp!"[221] Un tas "šurp" ir tik ļoti vienkāršs. Viņš ir nolicis mūsu priekšā durvis pie sevis. Katra lappuse evaņģēlijā, ko mēs šķiram, mums atveras pretī kā durvis uz Viņu, un mēs ieejam pie Viņa, un Viņš ienāk pie mums. Tas ir viss noslēpums – cita dzīves noslēpuma nav. Cita dzīves satura nav. Un tāpēc arī apustulis saka: "Tāpēc es arī ciešu visu pārestību, kāda varētu būt." Nevis nopūzdamies, žēlodamies,

---

[221] Nāciet šurp pie Manis visi, kas esat bēdīgi un grūtsirdīgi, Es jūs gribu atvieglināt. (Mt 11:28)

nevis kaut ko pārmezdams un nevis būdams sarūgtināts, bet tanī lielajā drosmes priekā un svētumā. Jo mēs nepaļaujamies uz Jēzu Kristu kā uz kādu pagātnes [*nesaklausāms vārds*]. Viņš ir augšāmcēlies! Viņš ir dzīvs! Un Viņš ir cietis tāpēc, lai mums nebūtu vairs jācieš. Viņš ir cietis, lai noņemtu mūsu ciešanas ar Savu izlīdzinātāja nāves spēku. Lai tas, kas mums liekas kā mūsu sāpes, Viņa svētajā klātbūtnē izkustu kā sniegs saulē un aiztecētu un paliktu saule, kas tās spēkā un dzīvībā sniedz asniem spēku augt uz [*nesaklausāms vārds*]. Kristus brīnums. Klātbūtnes [*nesaklausāms vārds, iespējams,* brīnums]. Iepriecas [*nesaklausāms vārds, iespējams,* brīnums]. Spēka avota [*nesaklausāms vārds, iespējams,* brīnums]. Dzīvības [*nesaklausāms vārds, iespējams,* brīnums]. Kas nav Viņu pazinis, kas ir pagājis Viņam garām, tas nav dzīvi patiesībā dzīvojis. Un Viņā ir dzīvības pilnums. Un Viņš ir nācis tāpēc, kā Viņš pats saka, lai jums būtu dzīvība[222], lai jums būtu viss [*nesaklausāms vārds*]. Palieciet Viņā! Paceliet savas domas uz [*nesaklausāms vārds*]! Turiet piemiņā Jēzu Kristu – dzīvo [*nesaklausāms vārds*]! [Āmen.]

Sprediķis teikts 1994. gada 13. novembrī

---

[222] Es esmu nācis, lai tiem būtu dzīvība un pārpilnība. (Jņ 10:10)

Valsts svētkos, 24. svētdienas nedēļā pēc Trīsvienības svētkiem (Ebr 1:1-3)

Žēlastība un miers lai ir jums visiem no Dieva mūsu Tēva un mūsu Kunga un Pestītāja Jēzus Kristus. Āmen.

Uzklausi, kristīgā draudze, šīs dienas Dieva Vārdu, kas ir rakstīts Vēstulē ebrejiem 1. nodaļā, kur tā apustulis uz mums runā Dieva Vārdā: *Dievs vecos laikos daudzkārt un dažādi runājis caur praviešiem uz tēviem, šinīs pēdīgajās dienās uz mums ir runājis caur Dēlu, ko Viņš ir iecēlis par visu lietu mantinieku, caur ko Viņš arī pasauli radījis. Tas, būdams Viņa godības atspulgums un būtības attēls, nesdams visas lietas ar Savu spēcīgo vārdu un izpildījis šķīstīšanu no grēkiem, ir sēdies pie Majestātes labās rokas augstībā.* (Ebr 1:1-3) Āmen.

Mēs Tevi lūdzam un piesaucam, Dievs Kungs, Svētais Gars, nāc, Tavā žēlastībā apgaismodams un Tavu svēto patiesību mums atvērdams, un viņā mūs stiprinādams, lai arī mēs paši būtu viņas apliecinātāji, jo Tavs vārds ir mūžīga patiesība. Āmen.

Dievs senos laikos daudzkārt un dažādi runājis caur praviešiem uz tēviem. Jā, patiesi, ka mēs skatāmies mūsu Svētajos Rakstos, mēs nepārtraukti redzam šo Dieva uzrunājumu Viņa tautai. Uzrunājumu dziļā nopietnībā, lielā laipnībā, bardzībā un tiesā. Un Dieva Vārds mums to ir saglabājis un tālāk devis no tēviem. Un vienmēr, kad mēs domājam par Dievu, kas uzrunā cilvēci, mēs domājam par šo krājumu, kurā ir sakopoti šie Viņa vārdi, kas reizē apsolījumi, reizē Viņa laipnība, reizē Viņa bardzība un reizē Viņa tiesa.

Bet Dieva valoda uz cilvēku neaprobežojas tikai ar to, ko mēs esam dzirdējuši caur praviešiem vai apustuļiem, vai arī mūsu Pestītāju, kas ir uzrunājuši ļaudis Dieva svētajā Vārdā.

No sendienām cilvēce un vērīgi, nopietni un dziļdomīgi cilvēki ir saklausījuši Dieva valodu arī tur, kur Viņš sevi parāda cilvēkiem dabā, kas ir visapkārt ap mums, tās parādībās un tās izpausmēs[223], tās skaistumā, tās sakarībā. Tāpat Viņš sevi apliecinājis tur, kur cilvēki tiek pārsteigti ar likteņīgiem notikumiem, ar likteņīgām norisām, kas pārsteidz un satricina, rada cilvēcei pavisam citādus un īpatus apstākļus nekā tie, kādi ir bijuši parasti.

Dievs runā daudz un daudzkārtīgi, un mēs klausāmies un ieklausāmies Viņa valodā. Un šī valoda kādreiz ir tā, kas cilvēkus tik ļoti arī skar, sevišķi tur, kur mēs vērojam arī savu pašu cilvēku dzīvi tās notikumos un norisās. Tanīs lietās, kas mūs kādreiz ļoti sāpīgi skar, lietās, kas mūs skar un pārsteidz ar kādu neparastību, lietās, kurās mēs redzam norisināmies pasaulē notikumus. Lielie šīs pasaules satricinājumi, kuros cilvēki apmulst šausmās, bailēs, bēdās vai izbrīnā. Nav sen atpakaļ tas notikums, kas tik dziļi satricināja un tik dziļi cilvēkus satrieca, ka mēs dabūjām piedzīvot un visi līdzi just – kāds ārkārtīgs Dieva darba izpaudums, Dieva prāta izpaudums. Ka Viņš lika vienā mirklī jūras dzelmē aiziet bojā daudziem simtiem cilvēku[224]. Un mēs palikām jautādami, kāpēc tas ir tā. Ko tas nozīmē? Kāpēc šie notikumi? Kāpēc šie drausmīgie, šie sāpju pilnie, šie ārkārtīgie notikumi, kas tik sāpīgi skar ne tikai tos, kas tur bija skarti, un viņu piederīgos, bet arī katru jūtīgo cilvēka sirdi?

Šodien, mīļā draudze, mēs svinam kādu ļoti ievērojamu dienu. Mums jāliek šis vārds ar īpašu pasvītrojumu, mēs svinam

---

[223] Jo, ko par Dievu var zināt, tas viņiem ir atklāts: Dievs pats viņiem to atklājis. Kopš pasaules radīšanas Viņa neredzamās īpašības, gan Viņa mūžīgais spēks, gan Viņa dievišķība ir skaidri saredzamas Viņa darbos, tāpēc viņiem nav ar ko aizbildināties. Jo, zinādami Dievu, viņi to nav turējuši godā kā Dievu un Viņam nav pateikušies, bet savos spriedumos krituši nīcības gūstā un savā sirds neprātā iegrimuši tumsā. (Rm 1:19-21)

[224] Norāde uz prāmja "Estonia" bojāeju 1994. gada 28. septembrī.

ļoti ievērojamu dienu. Tā ir mūsu valsts neatkarības, mūsu tautas brīvības tapšanas diena. Aizgājušie gadu desmiti no tā notikuma nav izmainījuši neko šī notikuma nozīmīgumā, lielumā un svarīgumā. Taisni otrādi, kad mēs vairāk un vairāk skatāmies atpakaļ, kad mēs vairāk un vairāk salīdzinām lietas, kas toreiz ir notikušas, kas mūsu tautu no nebūtības izcēla un pacēla par patstāvīgu un brīvu tautu – šie notikumi arvien vairāk iegūst brīnuma, Dieva ārkārtīgā darba raksturu un nozīmi. Nav jābūt bijušiem aculieciniekiem, kas bija to piedzīvojuši paši. To nav vairs daudz palicis mūsu tautā, paaudzes ir nomainījušās. Bet grāmatas un raksti, un cilvēku atmiņas ir saglabājušas tos notikumus, kas toreiz norisinājās tanī drūmajā novembra dienā, kas bija tikpat pelēka un drūma kā šodiena, un tanī pašā laikā, kurai gāja līdzi kāds neparasts, ārkārtīgs, dievišķīgs izkārtojums.

Kas bija noticis? Bija sapulcējušies cilvēki no mūsu tautas vienkopus un nolēmuši paziņot latviešu tautai, kas bija nomāktībā visos tās novados, un visai pasaulei, ka šeit top jauna valsts, kas nekad vēl nebija bijusi pasaulē, par kuru brīnījās un teica, ka tas ir pārpratums, jo neviens prātīgs politiķis, valsts gudrinieks nevarētu iedomāties, ka tāds veidojums var būt. Kas notika? Šai valstij nebija pēdas zemes, nebija, kur nostāties, visapkārt bija sveši karapulki, kas tīkoja turēt un paturēt, un nomākt, cīnīdamies savā starpā vieni ar otriem, kas šo pašu veidojumu spieda un nomāca līdz iznīcības robežai[225]. Šī

---

[225] Kad 1918. gadā beidzās Pirmais pasaules karš, pēc miera noteikumiem vācu armijai bija jāpaliek Baltijā, lai sargātu to no krievu boļševisma, kamēr būs izveidojušies šo zemju bruņotie spēki, jo Sabiedrotie nevēlējās šeit sūtīt savu karaspēku. Vācu nodoms savukārt bija šeit izveidot savu ar Reihu saistītu Baltlandi, kuru oficiāli deklarēja 1918. gada 9. novembrī Liepājā. Tai pašā laikā Latvijā iebruka Padomju Krievijas sūtītie sarkanie latviešu strēlnieki, kurus pulkvedis Jukums Vācietis (1873–1938) bija saformējis Latviešu strēlnieku padomju divīzijā. Tas tika darīts, lai notiekošais izskatītos kā latviešu iekšēja lieta. Sākotnēji padomju uzbrukums sekmējās, apsteidzot Latvijas nacionālās armijas izveides

valsts bija beidzot tikai uz jūras kuģī palikusi[226]. Un trīskārt[227] vēl par jaunu tika atkarota un veidota.

Visos laikos ir cilvēki, kas, tā sakot, ar gaišu vai asu, vai skaidru skatu un prātu, kā viņi paši to saka, redz notikumus, kā tie risinās. Arī toreiz tādi bija, un arī tie toreiz teica, šie gudrie asā, skaidrā prāta cilvēki teica – tas nevar būt, tas nevar būt, nekas nebūs, nekas nevarēs pastāvēt. Un mēs piedzīvojam to, ka no šī "nekas", no šīs nebūtības un neiespējamības kāda roka izcēla mūsu tautu ārā. Pretī visiem tiem spēkiem, kas stāvēja pretī ar pārspēku, varu un viltu, un ieročiem. Vai mēs varam to izskaidrot? Mēs varam gan daudzas lietas mēģināt redzēt, kā tās ir notikušas, bet izskaidrot mēs to nespējam. Tas ir no Tā Kunga, un tas ir brīnums mūsu acīs[228]. Dievs senos laikos daudzkārt un dažādi ir runājis. Dievs ir runājis uz mūsu tautu tās liktenīgumā.

Un tas, ko mēs atceramies nesen. Piecdesmit gadus mūsu tauta bija nomākta, un tās nāves spriedums bija tai acu priekšā jau likts. Un nelīdzēja nekādas domas un padoma meklējumi – meklēt, kuri varenie būs tie, kas mums palīdzēs, kuri varenie būs tie, kas mūs izraus no šiem nāves apkampieniem. Tādu vareno nebija, viņi netapa, viņi netapa. Un vienā brīdī šie nāves apkampieni paši atšļuka. Tas ir no Tā Kunga, un tas ir brīnums mūsu acīs. Mēs nevaram citu ko teikt, mēs nedrīkstam citu ko sacīt, ja mēs vēl mēģinām atrast cilvēku nopelnus vai

---

gaitu. Pagaidu valdībai kopā ar vācu karaspēku nācās atkāpties no Rīgas uz Jelgavu un Liepāju, kur tās rīcībā bija tikai trīs apriņķi. Šādos apstākļos Latvijas valsts ar tās 650 vīru karaspēku (Kalpaka bataljons) iepretim vēlākiem vācu 11 000 un padomju 5200 vīriem izskatījās kā avantūra.

[226] Sk. 119. atsauci.

[227] Grūti precīzi iedomāties, tieši kuras cīņas R. Feldmanis domājis. Iespējams, ka Brīvības (1919–1920), Latviešu leģiona (1943–1945), nacionālo partizāņu cīņas (1944–1956). Tikpat labi var pievienot arī 1991. gada barikādes.

[228] Tas ir Tā Kunga darbs, un tas ir brīnums mūsu acīs. (Ps 118:23)

gudrību – jā, cilvēki ir ko darījuši, bet darbs un piepildījums ir Dieva svētajā padomā.

Bet šim Vārdam, šim Dieva Vārdam ir tālāks turpinājums, mīļā draudze. Dieva Vārdam ir turpinājums tālāk, kas saka – šinīs pēdējās dienās Viņš ir runājis uz mums caur Dēlu. Mūsu dzimtene un mūsu tauta stāv izpostīta, sadragāta, sabradāta. Mēs daudzkārt nopūšamies par to, kas ir ap mums, un ne bez iemesla – redzēdami to izpostījumu, kas ir noticis ne tikai pie mūriem, ne tikai pie ārējām lietām, bet pie iekšējā cilvēka, pie cilvēku rakstura un dabas. Mēs redzam, cik daudz šīs nāves skavas ir atstājušas vēl savas nāvējošās zīmes mūsu tautas dvēselē. Un tagad uz mums runā Viņa Dēls, un tagad mūsu skats vēršas uz Viņu. Tagad mūsu skats vēršas uz to, kas ir ar Tēvu vienāds būtībā[229]. Un tur, kur Tēva roka ir rāvusi mūs no asins plūdiem un uguns liesmām, tur Viņa Dēla roka mūs rauj ārā no nāves un no grēka varas.

Šis laiks, šī diena un šīs dienas, kas tagad ir mūsu priekšā, mīļā draudze, ir mūsu tautai mūsu Pestītāja Jēzus Kristus dienas. Mēs nedrīkstam to neredzēt, mēs nedrīkstam apmulst priekā, ka mēs esam brīvi. Mēs nedrīkstam sev glaimot, ka mums nu ir labi un ka mēs ko spējam, un mēs kaut kas esam. Mēs noliecamies Dieva priekšā ne tikai pateicībā par Viņa brīnumiem, bet noliecamies Viņa priekšā ar salauztu un sāpošu sirdi savu grēku dēļ, līdzi darbodamies vēl visam tam, kas savā laikā kā grēks šeit bija iedēstīts. Šinī pēdējā laikā, kā Dieva Vārds saka, Viņš mūs uzrunā ar savu Dēlu. Mēs mēdzam runāt mūsu tagadējās dienās un laikā par kādu jaunuzcelšanu, par tautas dzīves atjaunošanu, par labklājības un gaismas ceļu, [pa] kādu tautai ir jāiet. Tas viss ir labi un pareizi, un tā tam ir jābūt. Bet šis ceļš nav pie mums pašiem, šis ceļš ir pie Tā, kas pats ir teicis – Es esmu ceļš, Es esmu gaisma, Es esmu dzīvība[230]. Tas ir tas, ar ko Dievs mūs tagad uzrunā.

---

[229] Norāde uz Nīkajas ticības apliecības tekstu.

[230] Jēzus viņam saka: "ES ESMU ceļš, patiesība un dzīvība; neviens netiek pie Tēva kā vien caur Mani. (Jņ 14:6)

Un, šos svētkus svinot un svētījot, mēs reizē skatāmies atpakaļ ar godbijību un izbrīnu, un pateicību uz to, cik varenas lietas ir Dievs pie mums darījis savā žēlastībā. Un mēs skatāmies ar cerību, ar drosmi uz priekšu, uz mūsu Pestītāju, pie kura ir dzīvības avots un spēks atjaunot, atdzīvināt, par jaunu atkal iedēstīt tikumā, ticībā, krietnumā un patiesībā.

Un tas ir tas, uz ko šī diena mūs aicina un skubina, un tas ir tas, ar ko mēs savā tautā piepildīsim un mums ir jāpiepilda Viņa svētais prāts pie mums, pateicībā par to, ko mēs esam no Viņa žēlastībā saņēmuši. Āmen.

Lūgsim Dievu. Visusvētais, mūžīgais Dievs, mīļais Debesu Tēvs, mēs Tev pienesam no sirds pateicību un slavu, ka Tu mūs liec to saprast, kādas lielas lietas Tu esi darījis – kā Tu esi apžēlojies pār mūsu tautu, mūsu dzimteni, kā Tu esi viņu glābis un pestījis no acīmredzamas bojāejas un izpostījuma, kā Tu esi bijis glābējs tur, kur cilvēku padoms bija beidzies un kur cilvēku cerība bija izsīkusi – tur Tavas rokas, Tavs spēks darīja brīnumus.

Mēs pateicam Tev, un mēs lūdzam Tevi, liec mums to vienmēr paglabāt pateicīgā sirdī, neaizmirst visu Tavu labdarību, piederēt Tev vienmēr par jaunu un visā savā kalpošanā un dzīvē Tava mīļā Dēla īstenajiem mācekļiem būt.

Mēs Tevi lūdzam, svētī, ka mūsu tauta kļūtu tā, ko mēdz teikt – "Dieva tauta"[231], ka tāpat kā tas kādreiz sendienās bija, ka

---

[231] Diemžēl R. Feldmanis nav atstājis šī jēdziena tuvāku skaidrojumu. Iespējams, ka tas ir savdabīgs apvienojums no Sv. Rakstu panta: "Jūs esat izredzēta cilts, ķēniškīgi priesteri, svēta tauta, Dieva īpašums, lai jūs paustu Tā varenos darbus, kas jūs ir aicinājis no tumsas Savā brīnišķīgajā gaismā" (1Pēt 2:9) ar L. Adamoviča raksta "Latviešu ieaugšana kristietībā" 6. apakšnodaļā "Latvieši – kristīga tauta" minētajām atziņām. L. Adamovičs raksta: "19. g. s. otrā ceturksnī brāļu draudzes kustība sastapās un apvienojās ar vispārējo Vidzemes latviešu kristianizēšanas gājienu. [..] Kristīgi uzskati un kristīgas dzīves prasības valdīja latviešu tautā. [..] Tas bija laikmets, ko var saukt zināmā mērā par latviešu *tautas*

viss Tava svētā prāta svētīšanā, Tava vārda cienīšanā, tikuma kopšanā un krietnumā mēs Tevi pagodinām. Mēs Tevi lūdzam, mīļais Tēvs, Tavās mīļās Tēva rokās un svētajā ziņā paturi mūsu mīļo dzimteni Latviju. Sargi un pasargi viņu no visām briesmām, posta, nelaimes, piemeklējumiem. Novērs visus draudus, kas var nākt no ārpuses. Savaldi visus tos sātanisma, bezdievības un nešķīstības plūdus, kas lauztin laužas uz mūsu tautu, lai samaitātu un postītu. Mēs Tevi lūdzam, svētī mūsu valsts vadību, svētī mūsu Valsts prezidentu, svētī mūsu valsts vadību un Saeimu, dod gudrības garu un dod dievbijības sirdi tiem, kas likumus lemj un tautu vada, lai viss notiktu Tavam godam un līdzi Tavas valstības celšanai.

Mēs Tevi lūdzam par mūsu mīļo garīgo māti, par mūsu Baznīcu, mūsu mīļo evaņģēlisko luterisko Baznīcu. Svētī Tu to, pacel Tu to arī no tās izpostījuma, kas bija nācis šajos grūtajos laikos, un svētī tās darbu. Svētī mūsu Baznīcas virsganu, mūsu mīļo arhibīskapu Jāni Vanagu, svētī konsistoriju un visas draudzes, un visus ganus, un draudzes locekļus un darbiniekus.

Svētī šo draudzi un svētī, ka Tavi Dieva nami tiktu atjaunoti un atjaunoti tiktu ticības dzīves spožumā un krietnumā.

Mēs lūdzam Tavu žēlastību par bērnu audzināšanu kristīgā garā un skolā, kurās tiktu mācīta Tava svētā patiesība un [viņi] vadīti tikumā un krietnumā.

---

baznīcas posmu. [..] Latvijas evaņģēliski luteriskā baznīcā savā patstāvībā un neatkarībā no ārējām varām, [..] nacionālās latviešu valdības labvēlībā un ar viņas atbalstu var izveidoties par latviešu tautas baznīcu tādā veidā, kas cienīgi piepildītu latviešu iesakņošanos kristietībā. Un ceļu uz to norāda mums šis atskats pagātnē. Tas iet caur evaņģēliskiem dievkalpojumiem un svētbrīžiem baznīcā un mājās, izkopjot tos arī pienācīgā latviskumā, caur kristīgu skolu un audzināšanu un vērtīgu celsmes rakstniecību. Un latviešu īstā kristietība celtu visu tautu un valsti." (*Evaņģelija gaismā. Rakstu krājums, veltīts Latvijas ev.-lut. baznīcas archibīskapa Teodora Grīnberga 40 gadu mācītāja darbības atcerei. Red. V. Maldonis. Rīga: Ev.-lut. Baznīcas virsvalde, 1939. 151.–153. lpp.)

Mēs lūdzam par visiem tiem, kas ir piemeklējumā, grūtumā, pacietībā, bēdās, nelaimēs un postā, kas ir pārbaudās un paciešanās, kas ir šaubās un izmisumā, neziņā un maldos, kas ir slimības sāpēs un sirgumā, vecuma vārgumā un nespēkā, nāves paēnā. Un mēs lūdzam, ka tad, kad mūsu dienu mērs būs pilns un visas lietas būs jāatstāj, ka mēs drīkstētu būt Tavā apžēloto pulkā, lai Tevi teiktu un slavētu mūžīgi par Tavu žēlastību, kas ir dārgāka par dzīvību un kas ir spēcīgāka par nāvi. Paklausi mūs un aizstāvi mūs pie Tēva, kā Tu mums to esi solījis. Āmen.

Spredikis teikts 1994. gada 18. novembrī

Sestdienā pirms Mirušo piemiņas dienas
(Mt 28:1-10; Rm 6:3-14; 1kor 15:12-26)

Žēlastība un miers lai ir jums visiem no Dieva, mūsu Tēva, un mūsu Kunga un Pestītāja Jēzus Kristus. Āmen.

Pirms uzklausām Dieva svēto Vārdu, ko Viņš mums liecina par nāvi un mūžīgo dzīvību, mēs dziedam 648. dziesmā pirmo pantu.

[*Sākas ieraksts*] .. svēto evaņģēliju, kas ir pie Mateja rakstīts 28. nodaļā, kur par mūsu Pestītāja augšāmcelšanos mēs tā lasām:

Bet pēc sabata, pirmajai nedēļas dienai austot, Marija Madaļa un otra Marija nāca kapu apraudzīt. Un redzi, notika liela zemes trīce, jo Tā Kunga eņģelis nāca no debesīm, piegājis novēla akmeni no durvīm un sēdās tam virsū. Un viņa izskats bija kā zibens un viņa drēbes baltas kā sniegs. Bet sargi drebēja aiz bailēm un kļuva kā miruši. Bet eņģelis uzrunāja sievas, sacīdams: "Nebīstaities, jo es zinu, ka jūs meklējat Jēzu, krustā sisto. Viņš nav šeitan, jo Viņš ir augšāmcēlies, kā Viņš sacījis. Nāciet šurp un raugait to vietu, kur Viņš gulēja. Un eita steigšus un sakait Viņa mācekļiem, ka Viņš ir no miroņiem augšāmcēlies; un redzi, Viņš jums pa priekšu noies uz Galileju, tur jūs Viņu redzēsit. Redzi, es jums to esmu sacījis. "Un tās steigšus izgāja no kapa ar bailēm un ar lielu prieku un tecēja to vēstīt Viņa mācekļiem. Un redzi, Jēzus nāca tām pretim un sacīja: "Esiet sveicinātas!" Bet tās piegāja pie Viņa, apkampa Viņa kājas un krita Viņa priekšā pie zemes. Tad Jēzus saka uz tām: "Nebīstaities, eita un sakait to Maniem brāļiem, lai viņi noiet uz Galileju, un tur viņi Mani redzēs. (Mt 28:1-10) Āmen.

[*Sākas ieraksts*] .. Romiešu vēstules 6. nodaļā apustulis runā uz mums Dieva Vārdā:

Jeb vai jums nav zināms, ka mēs visi, kas Jēzus Kristus Vārdā esam kristīti, esam iegremdēti Viņa nāvē? Jo mēs līdz ar Viņu kristībā esam aprakti nāvē, lai, tāpat kā Kristus Sava Tēva godības spēkā uzcelts no mirušiem, arī mēs dzīvotu atjaunotā dzīvē. Jo, ja mēs Viņam esam kļuvuši līdzīgi nāvē, mēs būsim tādi arī augšāmcelšanā. Jo mēs saprotam, ka mūsu vecais cilvēks ticis līdzi krustā sists, lai tiktu iznīcināta grēkam pakļautā miesa un lai mēs vairs nekalpotu grēkam, jo, kas nomiris, tas ir vaļā kļuvis no grēka. Bet, ja mēs ar Kristu esam miruši, tad mēs – tāda ir mūsu ticība – arī dzīvosim kopā ar Viņu. Jo mēs zinām, ka no miroņiem uzmodinātais Kristus vairs nemirst: nāvei nav vairs varas pār Viņu, jo mirdams Viņš reiz par visām reizēm nomiris grēkam, bet, dzīvs būdams, Viņš dzīvo Dievam. Tāpat spriediet arī jūs par sevi, ka esat miruši grēkam, bet Jēzū Kristū dzīvojat Dievam. Tāpēc lai grēks nevalda jūsu mirstīgajā miesā! Neklausait vairs viņas iekārēm! Nenododiet arī savus locekļus par netaisnības ieročiem grēkam, bet nododiet sevi pašus Dievam kā tādi, kas no mirušiem kļuvuši dzīvi, un savus locekļus par taisnības ieročiem Dievam. Tad grēks vairs nebūs jūsu kungs; jo jūs neesat padoti bauslībai, bet žēlastībai. (Rm 6:3-14)
Āmen.

Un apustulis mūs pamāca, rakstīdams korintiešiem 1. vēstulē 15. nodaļā:

Ja tad par Kristu sludina, ka Viņš ir augšāmcēlies no miroņiem, kā tad daži jūsu starpā saka, ka neesot miroņu augšāmcelšanās? Ja nav miroņu augšāmcelšanās, tad arī Kristus nav augšāmcēlies. Un, ja Kristus nav augšāmcēlies, tad veltīga ir mūsu sludināšana un arī veltīga jūsu ticība. Tad jau mēs būtu Dieva viltus liecinieki, jo mēs esam liecinājuši pret Dievu, ka Viņš Kristu ir uzmodinājis, bet Viņš to nebūtu uzmodinājis, ja jau nav miroņu augšāmcelšanās. Jo, ja mirušie netop uzmodināti, tad arī Kristus nav uzmodināts. Un, ja Kristus nav uzmodināts, tad veltīga ir jūsu ticība, tad jūs vēl esat savos grēkos. Tad arī tie ir pazuduši, kas Kristū aizmiguši. Ja mums šinī dzīvē uz Kristu ir tikai cerība vien, tad esam visnožēlojamākie cilvēki. Bet nu Kristus ir uzmodināts no miroņiem, Viņš kā pirmais no mirušajiem. Jo, kā caur cilvēku nāve, tā arī caur cilvēku miroņu augšāmcelšanās. Jo, kā Ādamā visi mirst, tāpat arī Kristū visi tiks dzīvi darīti. Bet ikviens savā kārtā: vispirms Kristus, pēc tam tie, kas Kristum pieder Viņa atnākšanas dienā. Un tad nāk gals, kad Viņš nodod Valstību Dievam un Tēvam, kad Viņš būs iznīcinājis katru valdību, varu un spēku. Jo Viņam vajag valdīt, tiekāms Viņš noliek visus ienaidniekus Sev apakš kājām. Kā pēdējais ienaidnieks tiks iznīcināta nāve. (1kor 15:12-26) Āmen.

Šinī nopietnajā stundā Dieva svētā Vārda nopietnības pavēnī, kas mums liek apdomāt mūsu dzīves un arī visas mūžības lietas, mēs savā pieminējumā un aizlūgumā ieslēgsim mūsu mīļos un dārgos, kurus savā sirdī un atmiņā saucam ar pateicību, ar mīlestību, ar godbijību.

Un pēc katra atsevišķā pieminējuma – šie pieminējumi būs kā vienmēr vairāki uz reizus – un pēc katra šī noslēgtā pieminējumu kopuma mēs dziedāsim pa pantam 171. dziesmā.

Un pirmā kārtā mēs pieminam godbijībā un pateicībā Dievam tos, kas mūsu tautai ir nesuši Dieva Svēto Vārdu un nostiprinājuši un veicinājuši Dieva svētā Vārda izplatību un pastāvību.

Pirmām kārtām mēs pieminam svētīgo misionāru bīskapu Meinardu,[232] kas ir darbojies mūsu tautā un Dieva priekšā

---

[232] Bīskaps Meinards (dz. 1125 vai 1130–1134, m. 1196) – Latvijas misionārs, cēlies no zemākās ministeriāļu kārtas vai no Lībekas tirgotāju dzimtas; tautība – vācu, baltu vai slāvu. M. bija augustīniešu mūks, kanoniķis Zēgebergas klosterī Holšteinā, kur mācījās slāvu apustuļa Oldenburgas bīskapa Vicelīna (*Vicelinus, Vicelin, Vizelin* 1086–1152 vai 1154) miermīlīgas misijas tradīcijās. Kā tirgotāju kapelāns un rakstvedis ap 1182 devās uz Daugavas grīvu misijas braucienos. Ap 1183 ieradās Daugavgrīvā. Sludināšanai M. saņēma atļauju no Polockas kņaza Vladimira (?–1216), kura meslu atkarībā atradās lībieši. Apmaiņā pret lībiešu

aizsaukts jau pirms astoņiem gadu simtiem. Mēs pieminam viņam līdzi mūsu ticības tēvu Mārtiņu Luteru,[233] kurš ir atnesis

---

solījumu kristīties M. uzbūvēja akmens pilis Ikšķilē un Salaspilī. Piļu celšanas starplaikā Brēmenes arhibīskaps Hartvigs II (1184-1207) 1186 konsekrēja M. par bīskapu. M. izcēlies ar labiem tikumiem, iemantojis cieņu, bet ticības izplatīšanā sastapās ar daudzu lībiešu pretestību. Attiecībās ar lībjiem sekoja vilšanās. M. jutās apdraudēts un lūdza atsūtīt kareivjus no Vācijas, bet vētras dēļ karotāji līdz Livonijai netika. M. mira 1196.14.VIII neko daudz nepanācis.

[233] Mārtiņš Luters (1483.10.IX-1546.18.II) – Rietumu kristietības reformators. Galvenais reformācijas avots Livonijā bija nevis Lutera raksti, bet luterismā pārgājušie katoļu priesteri. 1521 Sv. Pētera draudzes kapelāns Andreass Knopkens (*Knopken*, 1468-1539) devās uz Vāciju, kur studēja Lutera darbus, patristiku un humānismu. Viņš bija Lutera mācītāja Johana Bugenhāgena (*Bugenhagen*, 1485-1558) palīgs Treptovā, Pomerānijā. Knopkens atgriezās kā reformācijas rosinātājs Rīgā, saņēma arī rekomendācijas vēstuli no F. Melanhtona. Knopkens guva atbalstu Rīgas rātē. 1552.12.VI Sv. Pētera baznīcā viņš noturēja disputu ar franciskāņu mūkiem par 24 tēzēm, kurās aizstāvēja Lutera mācību par attaisnošanu ticībā un vērsās pret katoļu Baznīcas viduslaiku praksi. Knopkena Romiešu vēstules komentārs (1522, izdots Vitenbergā 1524 ar Bugenhāgena priekšvārdu) ar Melanhtona atbalstu tika publicēts trīsreiz. 1522.23.X Knopkens tika iecelts par Sv. Pētera draudzes arhidiakonu. Tā bija revolucionāra rīcība, jo iecelt mācītāju Sv. Pētera baznīcai bija tiesības vienīgi domkapitulam. Tas iezīmēja reformācijas sākumu Livonijā. Cits reformācijas darbinieks Silvestrs Tēgetmeijers (*Tegetmeyer*, ?-1552) arī ieradās Rīgā 1522.IX. Rāte viņu iecēla par Sv. Jēkaba draudzes mācītāju (līdz 1542), pēc tam – Sv. Pētera draudzē. Rātes sekretārs Johans Lomillers (*Lohmüller*, 1483-1560), kurš bija pieņēmis luterismu jau 1518, rakstīja Luteram 1522.20.VIII un 1523, ziņojot par reformācijas attīstību Rīgā. Luters atbildēja 1523.IX ar vēstuli "Kristiešiem Rīgā, Rēvelē un Tērbatā", rakstot, ka visu izšķir Dieva žēlastība, ne labie darbi. Cilvēks tiek attaisnots ticībā, nevis ar ārējām kulta ieražām, kas reizēm atgādina pat Dieva zaimošanu. Viņš brīdina, ka arī Livonijā starp avīm var būt slēpti vilki. Luters raksta no Vitenbergas 1524.01.II Spalatinam Nirnbergā: "Evaņģēlijs ir sācies un izplatās Livonijā, sevišķi ap Rīgu jo veiksmīgi, kuru [rīdzinieku] vēstules un arī pašu sūtni esmu nupat uzņēmis. Tik apbrīnojams ir Kristus."

mūsu tautai Dieva svēto Vārdu mūsu tautas valodā un līdz ar to ir uzcēlis pateicības pilnu piemiņu mūsu tautā katra cilvēka

---

1524 Vitenbergā iespiests Lutera aicinājums visu pilsētu rātskungiem vācu zemē ierīkot kristīgas skolas. Kā tieša atbilde tam ir *Bibliotheca Rigensis* dibināšana 1524.III. Uz Rīgas birģermeistara Konrāda Durkopa (*Durkopp*, 1499–1546) atbildi Luters nosūtīja savu "127. psalma skaidrojumu kristiešiem Rīgā un Livonijā", kur runāja par skolu dibināšanu un evaņģēlisko mācītāju aprūpi. Dievs rīdziniekus jau bagātīgi apveltījis ar savu vārdu, tas gan reizēm mēdz arī krist uz akmenāja, jo dažs meklē nevis Pestītāju, bet savu pašlabumu. Ja Dievs mūs sargās, mums nav no kā baidīties. 1525 Vitenbergā iznāk "Kristīgs iedrošinājums livoniešiem par publisku dievkalpojumu un vienprātību". Luters neiesaka līdzšinējo kristīgās ticības ārējo formu laušanu, jo vara dota ne graušanai, bet labošanai. Visos Dieva tīrumos aug arī nezāles, kuras sātans izsējis. Luters rakstīja Rīgas un Rēveles rātēm arī praktiskos jautājumos. 1529.31.VIII vēstulē viņš iesaka Rīgas rātei strīdu ar katoļu arhibīskapu risināt miera ceļā. 1537.31.X viņš dod padomu kādas laulības šķiršanas prāvā, 1540.26.VIII vēstulē rīdziniekiem ieteic evaņģēlisko sprediķotāju Engelbertu Šetekenu. Luters sarakstās ar Dr. Johanu Brīsmani (*Briesmann*, 1488–1549), kurš 1527 pārcēlās no Kēnigsbergas uz Rīgu, lai kopā ar Knopkenu izveidotu pirmo Rīgas luterāņu baznīcas dievkalpojuma kārtību. Lutera atbalsts Rīgu darīja par vienu no reformācijas līderiem Eiropā. 1533.31.I Valmieras landtāgā Rīga, Rēvele un Tērbata vienojās, ka Baznīcai un skolām jāsadarbojas ar Vitenbergas reformatoriem. Rātes nolēma, ka tām ir tiesības iecelt un atcelt mācītājus un skolotājus. Lai nodrošinātu tīras mācības sludināšanu, tika nolemts prasīt par kandidātiem Lutera, Melanhtona vai citu Vitenbergas teologu atsauksmes. Luterisms strauji izplatījās un ap 1550 jau bija valdošo kārtu galvenā ticība. 1554 Valmieras landtāgs atzina ticības brīvību, faktiski – luterismu kā dominējošo konfesiju. Latviešiem reformācija nozīmēja strauju tuvināšanos Eiropas kultūrai. Tā kā tika dibinātas latviešu draudzes, tām radās vajadzība pēc mācītājiem, kas prata latviski. Tas deva iespēju latviešiem pašiem tapt par mācītājiem. Bija arī nepieciešami sakrālie teksti dzimtajā valodā, tos vajadzēja tulkot un rakstīt. Kultūrvēsturiski reformācija deva milzu impulsu latviešu literatūras garīgo rakstu aizsākumiem. Arī laicīgos dokumentus sāka rakstīt latviski. Reformācijas devums ir arī latviešu skolu sākumi.

sirdī, kas vien pie Svētajiem Rakstiem tveras un atrod tur savu prieku.

Mēs pieminam trešā kārtā Zviedrijas ķēniņu Gustavu II Ādolfu[234], kas, 1621. gadā ieņemdams Rīgu, ir toreiz nostiprinājis Latvijā evaņģēliskās ticības stāvokli un padarījis tās stāvokli drošu izplatīties un pasludināt evaņģēliju. Un mēs pieminam dziļā godbijībā mācītāju prāvestu Ernestu

---

[234] Gustavs II Ādolfs (1594.09.XII–1632.16.IX) – Zviedrijas karalis, Kārļa IX dēls, audzināts luterisma garā. 1611 kļuva par karali, 1613 izbeidza karu ar Dāniju, 1617 noslēdza Stolbovas miera līgumu ar Krieviju, iegūstot Ingermanlandi un Karēliju. Nostiprinot luterisma ietekmi, 1621 iesāka karu ar Polijas karali Sigismundu III (1566–1632). 1621.16.IX ieņēma Rīgu, Vidzemi, iebruka Rietumprūsijā, pēc vairāku gadu karadarbības 1629 noslēdza Altmarkas pamieru. Vidzemē un Igaunijā G. iesāka ekonomiskas (zemniekiem atļāva brīvi pārdot savus ražojumus; ierīkoja zirgu pastu), juridiskas (nodibināja zemes tiesas, kuru dēļ dzimtkungi lielā mērā zaudēja varu pār saviem ļaudīm; Tērbatā dibināja hoftiesu – augstāko tiesas instanci) un garīgas reformas (tika aizliegta jezuītu darbība, 1694 Vidzeme ieguva Zviedrijas Baznīcas likumus, kas centās panākt luterisma iesakņošanos latviešos; cīnījās pret pagānismu). 1630 G. pavēlēja atvērt ģimnāziju Tērbatā. 1631.18.IV ģimnāziju atvēra arī Rīgā; zemnieku bērniem deva stipendijas. 1632 ar G. rīkojumu Tērbatas ģimnāziju pārvērta par universitāti – *Academia Gustaviana*. Tērbatas Universitāte bija otrā universitāte Zviedrijas impērijas teritorijā pēc 1447 dibinātās Upsalas Universitātes. G. politiskie nodomi bija pakļaut zemes apkārt Baltijas jūrai, izveidojot *Dominium Maris Balticum*, pārvēršot Baltijas jūru par "zviedru ezeru." G. iesaistījās Trīsdesmit gadu karā, 1630 izcēlās Pomerānijā, 1631 pēc Bretenfeldas uzvaras guva vācu luterāņu firstu atbalstu; ar savu karagājienu izglāba luterismu Vācijā. Ieņēma Bavāriju, 1632 krita kaujā pie Licenas cīņā pret imperatora Ferdinanda II (1578–1637) karaspēku.

Mežaparka ev. lut. draudzes dievnams 1927 pēc pārbūves darbiem, kas beidzās ar zvana iesvētīšanu, ieguva Gustava Ādolfa vārdu par godu Gustava Ādolfa biedrībai (dib. 1832 Leipcigā), kuras nodaļa darbojas arī Rīgā (tā atbalstīja svešumā izkaisītos vācu evaņģēlisko draudžu locekļus).

Gliku[235], kurš miris 1705. gadā un kurš pārtulkojis latviešu valodā Svētos Rakstus, līdz ar to atnesdams mūsu tautai [gaismu], – kā viņš pats to salīdzinājumā teicis, ka tauta, kurai nav Svēto Rakstu, tikpat kā dzīvo tumsībā, jo Bībele ir pielīdzināma cilvēka dzīvei [un] saulei pie debesīm, kura apspīd šo dzīvi[236]. Šos Dieva kalpus, kas ir kalpojuši mūsu tautā ar

---

[235] Ernsts Johans Gliks (*Ernst Johann Glück*, 1652.10.XI–1705.5.V) – Bībeles tulkotājs, prāvests, dzimis Vetīnā, Saksijā, 1665 mācījās Altenburgas latīņu skolā, studēja teoloģiju Vitenbergā un Leipcigā. 1673 G. kopā ar J. Fišeru ieradās Vidzemē. G. apguva latviešu, igauņu valodu. Vietējo garīgo stāvokli raksturoja tā: "Tumsa nav aprakstāma, tā ir tikai apraudama" un: "Pirmais trūkums, ko ar savām jaunajām un tomēr Dieva godam kalpot gribīgajām acīm ieraudzīju, [..] ka latviešu baznīcai nav Bībeles un ka tādēļ dievkalpojumi šai valodā ir visai nožēlojamā stāvoklī. Tas mani mudināja šo valodu ar Dievam dotu stingru solījumu pamatīgi izpētīt un to pilnīgi apgūt." Hamburgā pilnveidojās sengrieķu un senebreju valodās. 1680 Daugavgrīvas garnizona kapelāns; sāka Jaunās Derības tulkošanu. 1683–1702 mācītājs Alūksnē, no 1687 Kokneses iecirkņa prāvests. "Dien un nakti strādājot", 1685 pabeidza Jaunās, 1689 Vecās Derības, 1694 visas Bībeles tulkojumu (ieskaitot VD apokrifu grāmatas). Jaunās Derības priekšvārdā novēlēja latvietim: "Celies un topi gaišs, jo tavs gaišums nāk un tā Kunga godība uzlec pār tevi. Nepaliec ilgāk iekš tās pirmās neziņas, bet pateici Dievam no sirds, ka viņš arī tev savu vārdu tavā valodā devis lasīt." Bībele ar tulkošanas gadskaitli attēlota Alūksnes ģerbonī. 1680 (1682?) tulkoja J. Fišera katehisma 2. daļu, 1686 sagatavoja Vidzemes dziesmu grāmatu, tulkoja un pārstrādāja dziesmas. No 1683 organizēja pirmās latviešu skolas Alūksnē, Apukalnā un Zeltiņos, to beidzēji ("Glika puiši") kļuva par skolotājiem. Alūksnē G. iemācījās krievu valodu, pārtulkoja krieviski Bībeles fragmentus, kas Ziemeļu kara laikā (1700–1721) pazuduši. Ieņemot Alūksni (1702), pēc krievu feldmaršala grāfa Borisa Petroviča Šeremetjeva (1652–1719) pavēles G. ar ģimeni aizveda uz Maskavu, Alūksni nodedzināja. 1703 G. atvēra un vadīja ģimnāzijas tipa augstāko mācību iestādi Maskavā, izdeva mācību grāmatas, tulkoja pedagoģisko literatūru un garīgus tekstus. G. audžumeita Marta Skavronska (1684–1727) kļuva par Krievijas carieni Katrīnu I (1725).

[236] Bībeles latviskā tulkojuma ievadā E. Gliks rakstīja: "Izstum sauli no pasaules, un tev cits nekas neatliks kā bieza tumsība un akls bezdibenis."

lielajām, izcilajām spējām un lielo kalpošanu, mēs pieminēdami dziedam nākamo pantu 171. [*Ieraksts apraujas.*]
Draudze dzied.

Un mēs pieminam mūsu tautas garīgos vadoņus, mūsu evaņģēliski luteriskās Baznīcas virsganus, bīskapus un arhibīskapus, kas ir kalpojuši uzticībā un vadījuši savu uzticēto ganāmo pulku. Pirmā kārtā mēs pieminam mūsu pirmo Latvijas Baznīcas bīskapu Kārli Irbi[237], kas aizsaukts Dieva priekšā tagad jau kopš sešdesmit gadiem. Mēs pieminam arhibīskapu Teodoru Grīnbergu[238], kas miris 1962. gadā. Mēs pieminam

---

[237] Kārlis Irbe (1861.7.VIII–1934.23.III) – LELB pirmais bīskaps. 1881–1886 studējis Tērbatas Universitātes Teoloģijas fakultātē, 1882 dibinājis pirmo latviešu studentu korporāciju *Letonija*. 1886–1887 – kandidāts Smiltenē un Maskavā. Ordinēts 1887.13.IV. 1888–1905 – Dzērbenes-Drustu draudzes mācītājs, 1902–1905 – Cēsu iecirkņa prāvests. 1905–1909 – skolotājs Maldoņa ģimnāzijā Rīgā; 1909–1915 – šīs ģimnāzijas direktors. 1915–1917 – latviešu bēgļu mācītājs Harkovā, darbojās Bēgļu palīdzības CK darbā. 1917 Maskavā dibinājis pirmo latviešu ev. lut. Pētera draudzi. Piedalījās Latviešu ev. lut. pagaidu konsistorijas dibināšanā 1918.31.X, ievēlēts par tās prezidentu. 1920.1.VII I. atgriezās Latvijā, piedalījās Baznīcas Satversmes izstrādāšanā. 1922.23.II LELB 2. sinodē ievēlēts par bīskapu un Virsvaldes prezidentu; Zviedrijas arhibīskapa Nātana Sēderblūma (*Söderblom*, 1866–1931) konsekrēts Sv. Jēkaba baznīcā 16.VII, saņemot apustulisko sukcesiju. I. laikā atjaunota karadarbībā izpostītā Baznīcas infrastruktūra, izveidota LELB Satversme, izdota Dziesmu grāmata (1922), Agenda (1928), sāka iznākt Baznīcas kalendārs (no 1927), nodibināts Teoloģijas institūts (1923–1937) un Baznīcas ģimnāzija (1928–1940, ēka uzcelta 1931). Savā kalpošanā I. centās risināt vācu un latviešu luterāņu savstarpējās neiecietības un LELB statusa un attiecību jautājumus ar valsti. Protestējot pret valdības iejaukšanos LELB lietās, I. 1931.10.XI sasauca Ārkārtas Sinodi un atkāpās no amata. Mūža pēdējos gadus aktīvi strādāja pie Jaunatnes nozares un ārmisijas attīstīšanas. Apbalvots ar Triju Zvaigžņu un Zviedrijas Ziemeļu Zvaigznes ordeņiem: Lundas Universitātes *Dr. theol. h. c.*

[238] Teodors Grīnbergs (1870.2.IV–1962.14.VI) – LELB, vēlāk LELBāL arhibīskaps. 1891–1896 studējis Tērbatas Universitātes Teoloģijas

viņa vietnieku arhibīskapa vietas izpildītāju prāvestu Kārli
Irbi[239], kas uzņēmās šo darbu darīt ļoti smagā laikā, kad šeit

---

fakultātē. 1898–1899 – kandidāts Popē un Lutriņos. Ordinēts 1899.21.V.
1899–1900 – vikārmācītājs, 1900–1907 – mācītājs Lutriņos, Rindā.
1899–1907 – skolotājs Lutriņos. 1907–1934 – mācītājs Ventspils latviešu draudzē, skolotājs Venstpilī. 1918–1932 – Venstspils vidusskolas direktors. Īpaši kalpoja jauniešiem un bērniem – laikrakstu "Bitīte" (1913–1915, 1925–1940), "Bitītes kalendāra" (1927–1944), žurnāla "Evaņģeliuma Gaisma" (1904–1906) u. c. izdevumu redaktors un izdevējs. Aktīvs sabiedriski humanitārajā darbā. 1922–1925 – 1. Saeimas deputāts. 1921, 1931 – Ventspils domnieks. 1923–1931 – Teoloģijas institūta direktors. LU *Dr. theol. h. c.* (1929). Habilitacijas darbs "Konfirmācija" (1931). 1932–1942 – LU Teoloģijas fakultātes ārštata profesors. 1932.31.III ievēlēts par pirmo LELB arhibīskapu. Piedalījies Jaunās Derības izdevuma sagatavošanā. Otrajā pasaules karā glābis Ventspils ebrejus, kuri bija pārgājuši kristīgā ticībā, kā arī Ventspils un Kandavas čigānus. 1944.X vācu drošības dienests deportēja G. uz Vāciju. No 1944 Latviešu Evaņģeliski luteriskās Baznīcas ārpus Latvijas (LELBāL) arhibīskaps, pielika lielas pūles LELBāL saliedēšanā. Atjaunojis izdevumus "Bitīte", (1947–1959) un "Bitītes kalendārs" (1947–1959). 1947 Pasaules Luterāņu federācijas 1. kongresā ievēlēts par izpildu komitejas locekli. Miris Eslingenē, Vācijā.

[239] Kārlis Irbe (1885.16.I–1966.2.XI) – LELB arhibīskapa v. i., apliecinātājs, bīskapa K. Irbes brāļa dēls. Studējis Tērbatas Universitātes Teoloģijas fakultātē (1904–1909). 1909 – kandidāts pie J. Reinharda Jelgavā. Ordinēts 1910.28.II, papildinājies Berlīnes un Lepcigas Universitātē 1911. 1912–1917 – mācītājs Latgales draudzēs. 1919 – Kurzemes konsistorijas loceklis. 1919.X – Latvijas pārstāvis Starptautiskajā Baznīcu miera konferencē Prāgā (tā ir pirmā reize, kad Latvija pārstāvēta kā neatkarīga valsts). LELB Satversmes izstrādātājs. 1920–1922 Satversmes sapulces, 1922–1925 – 1. Saeimas, vēlāk Rīgas Domes deputāts no Kristīgi nacionālās partijas. 1920–1946 – Rīgas Sv. Trīsvienības draudzes mācītājs; 1922–1936 – Latgales iecirkņa prāvests. Bijis Starptautiskās Baznīcu Miera savienības viceprezidents. 1944.27.IX–1946.21.II – LELB arhibīskapa v. i. Latvijas otrreizējā okupācijas laikā I. bija vienīgais no Latvijā palikušajiem LELB vadītāja kandidātiem (E. Bergs, K. Kundziņš, J. Ķullītis, V. Maldonis, A. Virbulis, E. Rumba, K. Irbe), kuru T. Grīnbergs bija nominējis savas apcietināšanas gadījumā. I. nesadarbojās ar padomju

iesākās padomju vara un apspiešana un kur viņš dabūja izciest ilgu un smagu ieslodzījumu sodu lēģerī un ir pieskaitāms ticības apliecinātāju pulkam. Mēs pieminam arhibīskapu Gustavu Tursu[240], kuram ir nācies vadīt mūsu baznīcu šinī smagajā pārbaudām pilnajā, pazemojuma pilnajā laikā. Mēs pieminam ievēlēto arhibīskapu Pēteri Kleperi[241], kas varēja būt amatā

---

varu. Pilnvarotais V. Šeškens (1895–?, amatā 1944–1948) rakstīja: "Pēc savas uzvedības viņš ir neaptverami nekaunīgs. Tie nav audzināšanas defekti, bet pārdomāta rīcība." Apcietināts 1946.21.II, piespriesti 10 gadi, sodu izcietis Karagandā, 1955 pārcelts uz Blagoveščensku. Noturēja slepenus dievkalpojumus savā barakā. 1956 atgriezies Latvijā. 1956–1966 – mācītājs Rīgas Sv. Trīsvienības draudzē.

[240] Gustavs Turss (Tūrs) (1890.24.V–1973.16.III) – LELB arhibīskaps. 1910–1918 studējis Tērbatas Universitātē, vispirms Juridiskajā, vēlāk Teoloģijas fakultātē. 1918–1919 kandidāts Cēsīs un Ļaudonā. Ordinēts 1920.20.VI. Neilgi kalpojis Sīķeles, Bornes, Kalupes, Preiļu un Krāslavas draudzē. 1920–1942 – mācītājs un skolotājs Bauskā, līdztekus Mežotnē un Budbergā (1920–1924), Codē (no 1926), Paņemūnē u. c. 1944–1945 – mācītājs Sātu un Zemītes draudzē, 1945–1946 – Alūksnes draudzē, 1946–1949 – Rīgas Sv. Jāņa draudzes virsmācītājs. 1946.III–1948.III – arhibīskapa v. i., Baznīcas Virsvaldes prezidents, 1948.14.III ievēlēts par LELB arhibīskapu. 1954 dibinājis Teoloģiskos kursus; izveidojis LELB Satversmi, kas pieņemta 9. Ģenerālajā sinodē 1948.14.III, 1954–1957 piedalījās jaunās Dziesmu grāmatas sastādīšanā, 1957–1961 Jaunās Derības emendācijas komisijas vadītājs, Baznīcas kalendāra un dziesmu lapiņu izdevniecības vadītājs. Leipcigas Universitātes Teoloģijas fakultātes *Dr. theol. h. c.* (1959). Izveidoja sakarus ar ārzemju baznīcām. Būdams prasmīgs diplomāts, savu iespēju robežās centās izturēt padomju varas spiedienu pret LELB. Piespiests emeritēties, 1968.23.III. 11. sinodē atkāpās no amata.

[241] Pēteris Kleperis (1904.4.V–1968.21.IV) – LELB arhibīskaps. 1924–1933 studējis LU Teoloģijas fakultātē; 1930–1934 – vikārmācītājs Tukuma draudzē, ordinēts 1933.23.IV. Kandavas prāvesta iecirkņa vikārs, 1934.26.IV. Rīgas pilsētas vikārs. 1935–1967 – mācītājs Biķeru, 1936–1944 Rīgas Krusta draudzēs, 30. gados – aizsargu mācītājs, no 1944.15.X mācītājs Rīgas Jaunās Sv. Ģertrūdes baznīcā, tur 1944.15.X noturēja dievkalpojumu, atzīmējot Rīgas "atbrīvošanu". 1946 kalpoja Vecajā

tikai vienu mēnesi un mira pēkšņi un negaidīti. Mēs pieminam mums visiem vēl atmiņā dzīvu palikušo arhibīskapu Jāni Matuli[242], kura lielais darba nopelns ir tas, ka viņš spēja panākt

---

Sv. Ģertrūdes draudzē. No 1946 Virsvaldes prezidija pirmais loceklis, Tursa tuvākais palīgs. 1947.V sāka strādāt konsistorijā kā RKK loceklis. No 1947.26.VIII Rīgas apriņķa iecirkņa prāvests. Sadarbojās ar Kultu lietu pilnvaroto, kas viņu raksturoja kā "īstu padomju cilvēku", denuncēja prāvestu Paulu Rozenbergu, Baznīcas kalendārā publicēja ASV un Rietumvāciju nopeļošus rakstus, slavējot PSRS, PSKP. 1948.14.–15.III 9. Ģenerālajā sinodē ievēlēts par Virsvaldes locekli, bijis Baznīcas kasieris. No 1954.18.I – Teoloģisko kursu, vēlāk Akadēmisko teoloģisko kursu inspektors (reālais vadītājs). Gandrīz visas pirms 1968 sasauktās iecirkņu sinodes vadīja K., tajās bez ierunām akceptēti viņa kandidāti. K. izdevās novērst padomju varas plānus slēgt Jauno Sv. Ģertrūdes baznīcu. K. bija vienīgais kandidāts arhibīskapa amatam 1968. 11. Sinodē. R. Feldmanis atceras savu vizīti pie jaunievēlētā arhibīskapa: "Kad pastāstīju par Olaines baznīcas izbūvi, saņemu bargu rājienu, ka šī baznīca nemaz nav vajadzīga, tā bijusi dodama prom. Tam pievienojās ļoti garš un naidīgs zākājums par "kaitīgo" ārmisijas darbu, kuru kādreiz pārzināju brīvvalsts laikā." K. mira Ukrainā, ceļā uz luterisko minoritāšu Baznīcu konferenci Budapeštā.

[242] Jānis Matulis (1911.21.II–1985.19.VIII) – LELB arhibīskaps. 1925–1931 mācījies Rīgas Skolotāju institūtā, 1932–1943 strādājis Rīgas skolās, 1932–1936 studēja LU Matemātikas un dabaszinību fakultātē, 1936 pārgāja uz Teoloģijas fakultāti, kur mācījās līdz 1940 un 1943. 1941–1943 kalpoja kā kandidāts pie virsmācītāja Aleksandra Mituļa (1893–1985) Rīgas Sv. Jāņa draudzē, ordinēts 1943.09.VI, adjunkts turpat II draudzē. 1944 "Baznīcas Ziņu" redaktora vietnieks, Baznīcas kalendāra redakcijas loceklis. 1944–1945 pagaidu adjunkts Kandavā, 1945–1948 mācītājs Jaunpilī, Anneniekos, Zebrenē, 1948–1969 – mācītājs Talsos. Vēlāk apkalpoja Iģenes un Stendes draudzē, vikarējis Sātu un Irlavas draudzi. 1957–1960 Jaunās Derības emendācijas komisijas loceklis. No 1958 konsistorijas loceklis, 1965 – virsmācītājs. 1969.22.II ievēlēts par LELB arhibīskapu, konsekrēts 14.IX. Prasmīgs diplomāts un homilēts; gādāja par LELB starptautiskajiem sakariem. Rūpējās par Akadēmiskiem teoloģiskiem kursiem, vēlāk Teoloģijas semināru, kur no 1969 pasniedza reliģiju vēsturi, bija Reliģiju vēstures katedras vadītājs. Lai uzturētu LELB garīgo dzīvību, daudz vizitēja draudzes; vadīja Baznīcas kalendāra

Teoloģijas semināra izveidošanu un līdz ar to mācītāja darbam sagatavot nepieciešamos darbiniekus. Mēs pieminam viņa pēcteci divus gadus atpakaļ Dieva priekšā aizsaukto arhibīskapu Kārli Gailīti[243].

Bet tāpat arī pieminam tos baznīcas virsganus, kas ir vadījuši mūsu Latvijas baznīcas latviešu draudzes ārpus Latvijas – arhibīskapu Kārli Kundziņu[244] un arhibīskapu Arnoldu

---

redakcijas komisiju. No Budapeštas Teoloģijas Akadēmijas (1973) un Erlangenes Universitātes (1980) *Dr. Theol. h. c.* Kā LELB vadītājs bija arī Kultūras sakaru komitejas padomes loceklis. M. 70 gadu dzimšanas dienā patriarha Pimena uzdevumā Rīgas pareizticīgās Baznīcas metropolīts Leonīds apbalvoja ar Sv. Vladimira ordeni. Sk.: *Sējējs un pļauja*: Arhibīskapa Dr. Jāņa Matuļa piemiņai. Sast. E. Ķiploks, J. Vasks. Rīga: Svētdienas Rīts, 1999.

[243] Kārlis Gailītis (1936.3.III–1992.22.XI) – LELB arhibīskaps. 1963 beidzis Lauksaimniecības akadēmiju. 1971–1980 mācījās LELB Akadēmiskajos teoloģiskajos kursos. Ordinēts palīgmācītāja pakāpē 1976.19.IX. 1980 saņēma amata krustu. 1976–1984 palīgmācītājs Rīgas Lutera draudzē, 1984–1989 – šīs draudzes mācītājs. 1981–1989 konsistorijas sekretārs un kanclers. 1986 ieguvis *Mg. theol.* par darbu "Džainisms", bijis Teoloģijas semināra Salīdzināmās reliģiju vēstures katedras vadītājs, docents. Iesaistījās LELB mācītāju kustībā "Atdzimšana un atjaunošanās", kuras mērķis bija panākt Baznīcai demokrātiskus darbības apstākļus LPSR un demokratizāciju pašā LELB. Kopš 1988 aktīvs LNNK biedrs. Aktīvi darbojās ekumeniskajās Baznīcu organizācijās, dažus gadus bija Pasaules Luterāņu federācijas ģenerālsekretāra vietnieks. 1989.12.IV 14. LELB Sinodē Rīgā ievēlēts par arhibīskapu. 1992.IV 15. LELB Sinodē ievēlēja atkārtoti. Gājis bojā autokatastrofā 1992.22.XI, braucot uz Mirušo piemiņas dienas dievkalpojumu Sabilē. Sk: *Ieguvums manā dzīvē*: Arhibīskapa Kārļa Gailīša piemiņai. Sast. N. Kamergrauzis. Rīga: Svētdienas Rīts, 1996.

[244] Kārlis Kundziņš, jun. (1883.12.IV–1967.9.VIII) – LELBāL arhibīskaps, Smiltenes prāvesta Kārļa Kundziņa (1850–1937) dēls. 1903–1907 studējis Tērbatas Universitātes Teoloģijas fakultātē, 1905 papildinājies Berlīnes Universitātē. 1908–1916 – kandidāts, vēlāk vikārmācītājs Valmierā; skolotājs Valmierā. t. sk., Valmieras Skolotāju seminārā. Ordinēts 1909.24.V. 1916–1918 docents Tērbatas Universitātē. 1918–1919 Izglītības biedrības vidusskolu direktors Rīgā. 1919 piedalījies LU orga-

Lūsi[245]. Pieminēdami viņus, mēs dziedam nākamo pantu mūsu dziesmā.
Draudze dzied.

---

nizēšanā, 1920./21. m. g. – Filoloģijas un filozofijas fakultātes dekāns. 1921–1940, 1943–1944 LU Teoloģijas fakultātes profesors, profesors Jaunās Derības ekseģēzes un Pirmkristīgās reliģijas vēstures katedras vadītājs, ilgāku laiku Teoloģijas fakultātes dekāns. Prorektora biedrs, sekretārs Universitātes padomē. 1925.V ieguvis *Dr. theol.* par disertāciju "Topoloģiskās tradīcijas viela Jāņa evaņģēlijā". 1929–1944 – viens no Rīgas Akadēmiskās draudzes vadītājiem; bijis Baznīcas virsvaldes loceklis. Skolotājs Rīgas pilsētas 2. ģimnāzijā. Vairākkārt Filozofijas un reliģijas zinātņu biedrības priekšnieks. Grāmatas "Kristus" (1931), "Ap lielo dzīves mīklu" (1936), "Ceļš uz pilvērtīgu dzīvi" (1939). Daudzi apcerējumi presē un zinātnisko rakstu krājumos "Reliģiski filozofiski raksti", "Ceļš", "Izglītības Ministrijas Mēnešraksts" u. c. Vācijas trimdā 1945–1947 pirmais Latviešu Centrālkomitejas priekšsēdis, 1946–1948 latviešu pārstāvis pie britu konktrolkomisijas, 1948–1951 vadīja latv. ev. lut. Baznīcas lietas Vācijas britu joslā, 1951.III izceļojis uz ASV. Vācu un latīņu valodas pasniedzējs Portlendas koledžā. 1953–1962 – Sietlas latviešu draudzes mācītājs, aktīvi iesaistījās latviešu sabiedriskajā dzīvē. 1958.15.III K. vadībā nodibinājās Latviešu evaņģeliski luteriskā draudžu apvienība Amerikā (LELDAA). 1962.7.X–1966.VIII – LELBāL arhibīskaps. Grāmatas: "Laiki un likteņi" (1952), "Mūsu ticība" (1954), "Dieva izredzēti" (1957), "Svētuma sargi" (1959), "Atmiņas" (1968), dzejoļu krājums "Dieva stundā" (1970). Miris Sietlā (ASV).

[245] Arnolds Lūsis (1908.30.XII–1993.4.I) – LELBāL arhibīskaps. 1928–1934 studējis LU Teoloģijas fakultātē. Ordinēts 1935.27.I. Lauksaimniecības kameras mazpulku garīgās audzināšanas inspektors, vēlāk ideoloģiskās un propagandas daļas vadītājs; rakstījis laikrakstā "Brīvā Zeme"; žurnāla "Vadītājs" redaktors; izdevis brošūras "Augsim Latvijai" un "Zemnieku gods". No 1940.V neilgu laiku mācītājs Jelgavas Sv. Trīsvienības draudzē, vācu okupācijas laikā nodaļas vadītājs Ģimeņu lietu arhīvā, 1942–1944 mācītājs Aizkraukles draudzē (amatā ievests 1943.16.V). Sastādījis reliģiskās dzejas antoloģiju "Mūžība" (1943). 1944.13.X devās trimdā uz Vāciju, dzīvoja Eslingenes nometnē, 1948–1973 – latviešu Sv. Jāņa draudzes mācītājs Toronto, Kanādā. Daudzu reliģisku rakstu "Ceļa Biedrā", grāmatu un dziesmu autors, pabeidza darbu pie LELBāL agendas. 1965.28.XI ievēlēts par bīskapu, 1966.21.VIII introducēts Klīvlandē par LELBāL arhibīskapu, Baznīcas Virsvaldes prezidents. Atjaunojis

Mēs pieminam mūsu baznīcas darbiniekus, kas ir ar savu dzīvību apliecinājuši savu ticību, izciezdami nāves grūtumu. Mēs pieminam profesoru Ludvigu Adamoviču[246], kas miris trimdā,

---

Baznīcas Virsvaldes (kas komplektējās no trimdas zemju pārstāvjiem) plenārsēdes. 1966.9.X nodibināja Rītdienas Fondu. Tautas balva 1984. Daudz darījis latviešu Baznīcas un tautas tiesību labā ekumeniskajā kustībā. Viņa darbības moto bija: "Baznīcai jābūt tautas sirdsapziņai." Daugavas Vanagu goda biedrs, Baltijas tautu federācijas Kanādā goda priekšsēdis. Grāmatas: "Leģendas" (1949), "Jēzus līdzības un mūsu laikmets" (1959), "Tā Kunga svētītie" (1961), "Cilvēki, ko Jēzus sastapa savā ceļā" (1962), "Redziet, kāds cilvēks – kāds Dievs!" (1964), "Dievs – mūsu Patvērums" (1974), "Cilvēks bez mājas" (1976), dzejoļu krājums "Ceļinieks" (1978), "Aiztek ūdeņi – aiztek gadi" (1982), "Es stāstu par Jēzu" (1982). Daudzu rakstu autors žurnālā "Ceļa Biedrs"; sacerējis garīgo dziesmu tekstus (jaunajā Dziesmu grāmatā – 32 dziesmas ar L. vārdiem). 1992.IV viesojās LELB 15. sinodē Latvijā. *Viņš necīnījās pasaulīgi*: Archibīskapa Arnolda Lūša piemiņai. Red. A. Liepkalns. Linkoln: LELBA apgāds, 1997.

[246] Ludvigs Ernests Adamovičs (1884.23.IX–1943.19.VIII) – Baznīcas vēsturnieks, martirs. 1904 absolvējis Rīgas Aleksandra ģimnāziju ar zelta medaļu, 1904–1909 studējis teoloģiju Tērbatas Universitātē. 1910–1914 – Rīgas Latviešu biedrības Rakstu komisijas priekšsēdētājs, ticības mācības skolotājs Rīgas pilsētas ģimnāzijā (tagad Rīgas 1. Valsts ģimnāzija), Tailovas sieviešu ģimnāzijā, Rīgas Skolotāju institūtā. 1915 piekomandēts Daugavpils (toreiz – Dvinskas) kara apgabala mācītājam Fricim Šmithenam (1876–1918)karavīru garīgai apkopei Tērbatas hospitāļos un latviešu rezerves bataljonā. 1917 A. tika atstāts pie Tērbatas Universitātes gatavoties zinātniskajam darbam, arī skolotājs. 1917 – Kurzemes Pagaidu zemes padomes loceklis, Izpildu komitejas priekšsēdētāja biedrs, Izglītības nodaļas priekšnieks. Ordinēts 1918 vasarā, vikārmācītājs Mazsalacā. 1918–1920 – Valmieras reālskolas direktors, Valmieras pilsētas domnieks. 1920–1922 – Latvijas Universitātes Teoloģijas fakultātes docents Baznīcas vēsturē, 1922–1929 – vecākais docents, 1929.IX ieguvis *Dr. theol.* par disertāciju "Vidzemes baznīca un latviešu zemnieks 1710–1740". 1929–1940 – profesors baznīcas un dogmatu vēsturē. 1927–1929 un 1937–1939 – Teoloģijas fakultātes dekāns, 1929–1931 un 1933–1936 LU prorektors, 1929–1940 – LU Rakstu tehniskais redaktors. Pārstāvējis LU ārzemju kongresos. 1920–1932 – skolotājs Rīgas 1. ģimnāzijā, 1922–1934 – Rīgas Skolotāju institūtā. 1934.18.V–1935.10.VII –

mēs pieminam profesoru Edgaru Rumbu[247], kas miris trimdā,

izglītības ministrs. Daudzu kultūras un izglītības biedrību biedrs, ieņēmis tajās vadošus amatus, piemēram, ilggadējs K. Barona biedrības priekšnieks, 1922-1938 - Filozofijas un reliģijas zinātņu biedrības sekretārs, 1938-1940 - priekšnieks, 1934-1940 - Rīgas Latviešu biedrības Zinību komitejas priekšsēdētāja vietnieks, 1932-1940 - Tautu Savienības veicināšanas biedrības valdes priekšsēdis, 1934-1936 - Ev. lut. Baznīcas Ticības mācības komisijas vadītājs, Mācību grāmatu apgādniecības fonda priekšnieks u. c. Vairāku ticības mācības grāmatu autors. Grāmatas: "Kristīgās baznīcas vēsture" (1927), "Kārlis Mīlenbahs" (1927), "Dzimtenes baznīcas vēsture" (1927), "Ceļā uz pilnību" (1928), "Vidzemes baznīca un latviešu zemnieks 1710. - 1740." (1933), "Latviešu Brāļu draudzes sākumi un pirmie ziedu laiki" (1934), "Latviskums mūsu dievkalpojumos" (1939) u. c. Daudzi raksti un recenzijas presē un zinātnisko rakstu krājumos "Reliģiski filozofiskie raksti", "LU Raksti", "Filologu biedrības raksti", "Rīgas Latviešu biedrības Zinību komisijas raksti", "Latvju Grāmata", "Izglītības Ministrijas Mēnešraksts" u. c., rediģējis LU izdevumus: "Latvijas Universitāte 10 gados 1919-1929". (1929), "Zinātne tēvzemei divdesmit gados" (1938), "Latvijas Universitāte divdesmit gados 1919-1939" (1939). 1911-1940 - "Latviešu Konversācijas vārdnīcas" līdzstrādnieks. Bibliogrāfijā 947 vienības. 1940.5.VIII tika likvidētas abas LU Teoloģijas fakultātes. Uz A. pensijas pieprasījumu padomju ierēdnis uzrakstīja: "Lai eņģeļi debesīs maksā Jums pensiju!" 1941.14.VI A. ar ģimeni deportēts. 1942.16.II PSRS Iekšlietu ministrijas sevišķā apspriede (*troika*) Usoļlaga nometnē Soļikamskā piesprieda A. augstāko soda mēru nošaujot.

[247] Edgars Rumba (1904.30.V-1943.1.X) - mācītājs, teologs, martirs. 1922 iestājas LU Mežsaimniecības fakultātē, 1922 mācījās metodistu seminārā Frankfurtē pie Mainas (ar metodismu saistīts līdz 1925). 1923-1928 studējis LU Teoloģijas fakultātē. 1927-1928 adjunkts Jelgavas Sv. Nikolaja draudzē. 1928-1933 ar pārtraukumiem studējis Upsalas Universitātē. Ordinēts 1928.15.IX. 1929 Piltenes iecirkņa vikārs. 1929-1933 skolotājs ev. lut. Baznīcas ģimnāzijā. 1931-1941 - Zviedru draudzes mācītājs Rīgā. 1932-1939 -vikārmācītājs Rīgas Kristus draudzē. 1936-1941 - mācītājs Akadēmiskajā draudzē. 1937-1941 - mācītājs Mežaparka Gustava Ādolfa draudzē. 1935-1938 - Brāļu draudžu garīgo lietu vadītājs. 1933-1936 - LU Teoloģijas fakultātes privātdocents Salīdzināmo reliģiju vēstures katedrā. 1936-1939 - docents. 1939.10.V - *Dr. theol.* par disertāciju "Baznīca un garīgais amats

mēs pieminam prāvestu Ati Jaunzemu²⁴⁸, kas nonāvēts šeit no iebrucēju karaspēka. Mēs pieminam prāvestu Jāni Reinhardu²⁴⁹, kas izcietis tāpat asinsliecinieka nāvi, iebrūkot karaspēkam,

---

oikumeniski-luteriskā izpratnē". 1939–1940 – Teoloģijas fakultātes profesors. 1934–1936 – skolotājs Rīgas Skolotāju institūtā. 1931–1935 – žurnālu "Jaunatnes Ceļš", 1936–1937 – "Ārmisija" redaktors. 1933–1940 – "Latviešu konversācijas vārdnīcas" redkolēģijas loceklis. Ekumeniskās kustības aktīvists. 1931–1936 – Baznīcas Ārmisijas darba vadītājs. 1940–1941 – Virsvaldes loceklis. Brošūras "Arhibīskaps Nātans Sēderblūms" (1936), "Kristus un draudze" (1937), "Sprediķa uzdevums un sagatavošana" (1939). Raksti presē un rakstu krājumos "Ceļš", "Evaņģēlija gaismā", "Izglītības Ministrijas Mēnešraksts". Garīgo dziesmu teksti presē, metodistu Dziesmu grāmatā (1937) un luterāņu Dziesmu grāmatas pielikumā (1938). Rokrakstā palicis dzejoļu krājums. Tulkojis no zviedru valodas. Apcietināts un deportēts 1941.14.VI jau kā Zviedrijas pilsonis. Miris Irkutskas apgabala Rešotu nometnē 1943.1.X. 1994 iznāca viņa rakstu krājums "Viņpus Aizspriedumiem, Noliegumiem un Ilūzijām" (Rīga: Klints).

²⁴⁸ Atis (Otto) Jaunzems (1893.28.II–1941.29.VI) – mācītājs, martirs, rakstnieka Apsīšu Jēkaba (Jāņa Jaunzema) dēls. 1917 beidzis Tērbatas Universitātes Teoloģijas fakultāti. Ordinēts 1919.9.VI. 1919–1929 – Gaujienas mācītājs, skolotājs Gaujienas vidusskolā; 1929–1932 – skolotājs Jelgavas Skolotāju institūtā; 1932–1939 – Ventspils ģimnāzijas direktors, Piltenes iecirkņa prāvests, aizsargu pulka mācītājs Ventspilī. 1939–1940 – Izglītības ministrijas Vidusskolu departamenta vicedirektors Rīgā. Pētījis Ludviga Hērvāgena (1817–1899) dzīvi un darbību. 1940 atlaists no darba. Nošauts, Sarkanarmijai atkāpjoties.

²⁴⁹ Jānis Reinhards (1860.20.IX–1944.3. vai 4.VIII) – mācītājs, martirs. 1882–1887 studējis Tērbatas Universitātes Teoloģijas fakultātē. Ordinēts 1887.20.XI. 1887–1897 – mācītājs Engures, Mērsraga un Dzirciema draudzē, 1897–1907 – mācītājs Jelgavā, vispirms Sv. Annas draudzē. 1904–1907 R. vadībā uzcelta Jelgavas Sv. Nikolaja (vēlāk Vienības) baznīca un dibināta draudze. 1907–1931 – šīs draudzes mācītājs ar pārtraukumu Pirmā pasaules kara laikā, kad bija bēgļu mācītājs Balvos. Piedalījies Latviešu pagaidu konsistorijas dibināšanā 1917.18.X. 1920–1922 – Kurzemes konsistorijas viceprezidents. Jelgavas un Bauskas iecirkņu prāvests. Latvijas Ev. lut. draudžu palīdzības biedrības priekšnieks. Emeritējies 1931. Apbalvots ar Triju Zvaigžņu ordeni un Zelta krustu 1937.2.XII. Sarkanarmiešu marodieru nošauts Jelgavā.

un arī 1919. gada asinsliecinniekus mācītāju Heinrihu Adolfiju[250], mācītāju Ādamu Jendi[251], bet viņiem līdzi arī tos [*nepabeidz domu*], arī prāvestu Pauli Rozenbergu[252], kas ir

---

[250] Heinrihs Leonhards Adolfijs (*Adolphi*, 1852.9.X–1918.21.II) – mācītājs, martirs. 1872–1877 studējis Tērbatas Universitātes Teoloģijas fakultātē, 1877 mājskolotājs, ordinēts 1879.30.XII. 1880–1918 – Gaujienas mācītājs. 1880–1918 – līdzstrādnieks "Latviešu Avīzēs", publicējies izdevumos "Baznīca un Skola", "Evaņģēliuma Gaismā", "Misiones Balsis" u. c., 1903 apraksts par Leipcigas misijas biedrības darbu "Rīt–Āfrikas kalnos: Ziņas par Leipcigas Evaņģēliski-Luteriskās misiones biedrības darbību Rīt–Āfrikas vācu daļā". Vidzemes dziesmu grāmatas emendācijas komisijas loceklis. 1918 liedzies atdot Gaujienas baznīcas atslēgas sarkanajiem, arestēts, brutāli nogalināts kopā ar sievu gājienā no Valkas uz Pleskavu.

[251] Ādams Jende (1861.28.X–1918.24.II) – mācītājs, martirs. 1878–1881 mācījies Valkas Skolotāju seminārā. 1884–1991 studējis Tērbatas Universitātes Teoloģijas fakultātē. Kandidāts Mazsalacā un Ropažos. Ordinēts 1893. 1893–1895 kalpojis Lēdurgas-Turaidas un pusgadu – Ikšķiles draudzē. 1897–1918 – mācītājs Raunā. Sarakstījis daudzas skolas mācību grāmatas – ticības mācībā, Baznīcas vēsturē, matemātikā u. c. 1916.9.–10.III Petrogradā pirmajā latviešu evaņģēliski luterisko mācītāju sapulcē (1. Sinodē) nolasīja referātu "Patronāts un draudzes pašvaldība", secinot: "Patronāts ir atceļams visās trīs Baltijas guberņās kā kaitīgs Baznīcas un valsts interesēm." Šajā sapulcē ievēlēts par Cēsu apriņķa pārstāvi draudžu kārtības reorganizācijas komisijā. 1917 – Vidzemes Pagaidu zemes padomes loceklis. 1918 pretojies komunistu Raunas baznīcas pārņemšanas nodomam. 13.II arestēts, nošauts pie Pleskavas.

[252] Pauls Rozenbergs (1906.4.III–1954.4.VI) – prāvests, martirs. 1925–1930 studējis LU Teoloģijas fakultātē. Ordinēts 1931.28.VI. 1931–1932 – LU Teoloģijas fakultātes subasistents. 1932–1944 – mācītājs Kokneses-Krapes un Pļaviņu draudzēs. 1944–1946 kalpojis Rīgas Mārtiņa draudzē, Madlienas-Meņģeles, Krustpils un Seces draudzē. Bijis Rīgas lauku iecirkņa prāvests un Baznīcas virsvaldes loceklis. Drosmīgo sprediķu dēļ piedzīvojis nepatikšanas no vācu drošības dienesta. Būdams Baznīcas virsvaldes viceprezidents, kopā ar pārējiem tās garīgajiem locekļiem – arhibīskapa v. i. prāvestu Kārli Irbi un mācītāju Arturu Siļķi – pretojies padomju varas iestāžu politikai pret LELB. Arestēts 1946.28.II, notiesāts 1947.29.III uz 8 gadiem spaidu darbos. Vorkutas lēģerī R. organizēja slepenus dievkalpojumus un svētbrīžus. Viņa slepenajos dievkalpojumos

gājis arī bojā kā asinsliecinieks trimdā, bet pieminam arī kā apliecinātājus, kas ir bijuši lielajā paciešanā savas ticības apliecības un nešaubības dēļ – profesoru Albertu Freiju[253],

---

piedalījies amerikānis Džons Nobls (*John H. Noble*; 1923–2007), kurš to aprakstījis grāmatās *I Found God in Soviet Russia* (New York: St. Martin's Press, 1959); *I Was a Slave in Russia*, (Broadview, Illinois: Cicero Bible Press, 1961). R. mira Vorkutas tundrā, tā sekojot sava tēva Pētera Rozenberga (1871–1919) – martira pēdās.

[253] Alberts Freijs (1903.21.IV–1968.22.XI) – arhibīskapa v. i., apliecinātājs. 1922–1926 studējis LU Teoloģijas fakultātē. Ordinēts 1927.11.XII. 1927 – adjunkts Sv. Pāvila baznīcā Rīgā. 1927–1936 – mācītājs Allažu un Vangažu draudzē, 1936–1940 un 1943–1944 – adjunkts Akadēmiskajā draudzē. 1927–1928 – subasistents LU Teoloģijas fakultātē. 1928 papildinājies Getingenes, 1929 – Leipcigas un Berlīnes Universitātē. 1932.17.XII ieguvis *Dr. theol.* par disertāciju "Dostojevska reliģijas problēmas". 1933.8.V nolasījis habilitācijas darbu "Augsburgas konfesija kā mūsu dienu Ticības apliecības raksts". 1933–1935 – privātdocents LU Teoloģijas fakultātē Sistemātiskās reliģiju zinātnes katedrā, 1935–1938 docents, 1938–1939 – vecākais docents, 1939–1940 un 1943–1944 – profesors; 1943./44. m. g. – Sistemātiskās teoloģijas katedras vadītājs. Teoloģijas faklutātes komandēts uz Angliju, Holandi, Dāniju, Zviedriju. 1935–1940 – Filozofijas un reliģijas zinātņu biedrības sekretārs. Viens no Teoloģijas fakultātes studentu biedrības "Brālība Betānija" dibinātājiem. 1927–1940 – skolotājs Rīgas klasiskajā ģimnāzijā; 1937–1940 – pasniedzējs Latvijas Mājturības institūtā; 1938–1940 pasniedzis ētiku Darba kameras Mātes skolā. 1935–1940 – žurnāla "Ceļš" redaktors. 1935–1940 – Baznīcas virsvaldes redakcijas un izdevniecības komisijas loceklis. 1935 – LELB organizētās pirmās Ģimenes dienas rīcības komitejas priekšsēdētāja biedrs. Grāmatas: "Dieva īstenība" (1926), "Dostojevska reliģijas problēmas" (1932), "Par svēto un labo" (1936), "Annas Brigaderes reliģijas un ētikas atziņas" (1938), "Saprašanās ģimenē" (1939), "Kāpēc es gribu iesvētīties" (1939). Sakārtojis un rediģējis vairākus rakstu krājumus; sarakstījis nodaļu "Teoloģija" "Latviešu literatūras vēsturēs" 6. sējumā (1937). Ap 560 rakstu un recenziju autors presē un zinātnisko rakstu krājumos "Reliģiski filozofiskie raksti", "Ceļš", "Izglītības Ministrijas Mēnešraksts", "Daugava", "Brīvā Zeme", "Sējējs" u. c.; no tiem ap 225 plašāki apcerējumi. 1938 – Kultūras fonda godalga. Bijis Zemnieku savienības un Aizsargu organizācijas biedrs. 1940–1948 – mācītājs jaundibinātājā Rīgas Pētera latviešu draudzē.

prāvestu Artūru Siļķi[254] un viņa sievu Margaritu Siļķi,[255] tāpat

---

Sarakstījis plašus pētījumus "Ed. Virzas reliģiskie un ētiskie uzskati", "Kārļa Skalbes reliģija un ētika", "J. Raiņa uzskati reliģijas jautājumos" u. c. (publicēti atjaunotajos "Reliģiski filozofiskajos rakstos" 2000. gados). 1948.25.I apcietināts, piespriesti 10 gadi. 1948–1957 – ieslodzījumā Aleksandrovkas (Irkutskas apgabalā) un Vladimiras cietumā, strādājis cietuma bibliotēkā. Atgriezies Rīgā 1956.3.IX. 1957–1968 – mācītājs Rīgas Reformātu-Brāļu ev. lut. draudzē, 1959–1968 – Rīgas Marka draudzē. Baznīcas virsvaldes loceklis. 1968.23.III ievēlēts par konsistorijas prezidija 1. loceklī. Pārstāvējis LELB daudzās starptautiskās konferencēs un Vispasaules Luterāņu federācijas asamblejā. Piešķirts virsmācītāja tituls. 1956–1968 – Akadēmisko teoloģisko kursu pasniedzējs. 1968.23.III–22.XI – LELB arhibīskapa vietas izpildītājs. 2009 publicēts F. rakstu krājums "Dievs cilvēku pasaulē" 2 sējumos (Rīga: LU Filozofijas un socioloģijas institūts).

[254] Arturs Siļķe (1908.15.VI–1965.22.X) – mācītājs, apliecinātājs, E. Rumbas brālēns. Viņa tēvam Krišam Siļķem Tukuma revolucionārais tribunāls 1919.21.II piesprieda nāves sodu. 1922–1926 mācījās Rīgas 1. vidusskolā, 1934–1939 studējis LU Teoloģijas fakultātē. Kristīgo studentu biedrības biedrs. 1939 – adjunkts Kristus draudzē Rīgā. Ordinēts 1939.29.I. 1940.12.I atstāts pie Teoloģijas fakultātes gatavoties zinātniskam darbam. Skolotājs Rīgas Valsts tehnikumā. 1941–1946 – mācītājs Rīgas Kristus draudzē, 1944–1946 – Vecajā Sv. Ģertrūdes draudzē, Rīgas prāvests. 1943–1944 – lektors Teoloģijas fakultātē praktiskajā teoloģijā. Jaunās Derības emendācijas komisijas loceklis. Baznīcas virsvaldes loceklis. Attiecībās ar NKVD centās to mānīt. Apcietināts 1946.21.II. Tiesāts Maskavā pēc 58.-3., 8., 11. panta, piespriesti 8 gadi spaidu darbu. Sodu izcieta Uhtā un Vorkutā, pēc soda izciešanas liegta iespēja atgriezties Latvijā, palika darbā pie spēkstacijas celšanas. 1949 izsūtīta arī sieva un dēls uz Amūras apgabalu. 1953 ģimene pārcēlās pie tēva. 1957.15.III Siļķēm atļauts atgriezties Rīgā. Atradās Iekšlietu ministrijas uzraudzībā; ziņojumos par viņu rakstīts: "Viņš radīja nopietnu un kaitīgu, bet atsevišķos gadījumos naidīgu ietekmi." No 1957.23.VI mācītājs Slokā, vēlāk arī Salā un Irlavā. Akadēmisko teoloģijas kursu lektors. 1963.26.VI piešķirts virsmācītāja tituls un saņēmis amata zelta krustu.

[255] Margarita Siļķe, dz. Jurisone (?–1988.6.V) – Artura Siļķes sieva, apliecinātāja 1949 izsūtīta kopā ar sešgadīgo dēlu Andri (dz. 1944) un māsu uz Amūras apgabalu; pēc 1953 pārcēlās uz Komi republiku, dzīvojot kopā ar A. Siļķi. 1957.15.III Siļķēm atļāva atgriezties Rīgā. Ilggadēja Slokas draudzes dāmu komitejas sekretāre un aktīva draudzes locekle.

Baznīcas virsvaldes darbinieki Klāru Baumani[256] un arī pārējos darbiniekus, kas ir miruši grūtuma un paciešanu laikā – profesoru Rezevski[257], profesoru Voldemāru Maldoni[258], teoloģijas

---

[256] Klāra Baumane (1898–1986) – studējusi Angļu institūta komercnodaļā; strādāja Virsvaldē bīskapa K. Irbes laikā, izcila darbiniece.

[257] Jānis Rezevskis (1872.1.III–1941.30.VI) – mācītājs, teologs. 1892–1896 studējis teoloģiju Tērbatas Universitātes Teoloģijas fakultātē. Ordinēts 1901; adjunkts Jelgavas latviešu draudzē. 1907–1926 – mācītājs Priekules draudzē (ar pārtraukumu kara laikā). 1902–1907 – skolotājs Rīgas Aleksandra ģimnāzijā, 1915–1918 – skolotājs Tērbatā. 1916–1918 – docents Tērbatas Universitātē. 1924–1927 – LU Teoloģijas fakultātes seno valodu ārštata lektors, 1927–1933 – privātdocents Pirmkristīgās reliģijas vēstures katedrā. 1933 ieguvis *Dr. theol.* par disertāciju "Pirmkristietības un Jēzus attiecības pret īpašumu". 1933–1936 – vecākais docents, 1936–1940 – profesors. Filozofijas un reliģijas zinātņu biedrības biedrs. Jaunās Derības emendācijas komisijas loceklis.

[258] Voldemārs Maldonis (1870.19.VII–1941.22.II) – teologs. 1889 Cēsīs ieguva skolotāja tiesības. 1889–1892 – skolotājs Blomē, 1892–1895 – Torņakalnā Rīgā. 1893 publicējies "Latviešu Avīzēs" un žurnālā "Austrums". 1895–1900 studējis Tērbatas Universitātes Teoloģijas fakultātē. 1901–1909 – privātās Maldoņa sieviešu ģimnāzijas direktors Rīgā; Rīgas Latviešu biedrības Literatūras fonda priekšnieks; vairākkārt RLB Zinību komisijas priekšnieks. 1903–1910 – Konversācijas vārdnīcas līdzstrādnieks. Ordinēts 1909.VI. Adjunkts Rīgas Jāņa draudzē. 1909–1912 – mācītājs Lubānā. 1911–1912 – skolotājs Lubānā. 1912–1919 – mācītājs Cēsīs. 1913–1919 – skolotājs Cēsu ģimnāzijā. Bēgļu komitejas priekšsēdētājs Cēsīs. 1917 – Vidzemes pagaidu Zemes padomes priekšsēdētājs. 1918 sākumā boļševiku arestēts. 1918–1919 studē filozofiju un teoloģiju Marburgas Universitātē Vācijā. 1919–1921 – Vidzemes ev. lut. pagaidu konsistorijas viceprezidents; 1921–1923 –LELB konsistorijas viceprezidents, kopš 1923 – Baznīcas virsvaldes loceklis. 1927–1940 – viens no Akadēmiskās draudzes mācītājiem Rīgā. 1920 piedalījies Teoloģijas fakultātes organizēšanā; ilgāku laiku tās dekāns. 1920–1921 – lektors, 1921–1922 – docents Teoloģijas fakultātē. 1921.18.III Marburgā iegūst *Dr. philos.* par disertāciju "Šleiermahera sociālpedagoģijas filozofiskais pamats". 1923–1940 – profesors, Sistemātiskās teoloģijas katedras vadītājs. LU Padomes loceklis. Filozofijas un reliģijas zinātņu biedrības biedrs, vairākkārt – priekšnieks. Latviešu–čehu biedrības priekšnieks. 1924 – Prāgas Universitātes, 1938 – LU *Dr. theol. h. c.* Triju Zvaigžņu

kandidāti Johannu Osi[259], kas bija darbīga arī šeit, šinī draudzē un tāpat arī mēs pieminam mūsu misionāri Annu Irbi,[260] kas visu savu dzīvi un mūžu, un spēku bija veltījusi lielajā, atbildīgajā misionāres darbā.

Tāpat arī pieminam vienu no pirmajiem mūsu draudzes darbiniekiem Paulu Dāli[261], kas tāpat ir dabūjis izciest paciešanas

---

ordenis. Grāmatas: "Reliģiju vēsture" (1927), "Psiholoģija, loģika un ētika" (1928), "Bērnu audzināšana pēc latviešu tautas dziesmām" (1928), "Ievadījums Vecā Derībā" (1930), "Mārtiņš Luters" (1937), "Nacionālie un internacionālie elementi reliģijā" (1937), "Praktiskā kristietība" (1938), "Evaņģeliskā dogmatika" (1939). Daudzu rakstu autors presē un zinātnisko rakstu krājumos "Reliģiski filozofiskie raksti", "Izglītības Ministrijas Mēnešraksts", "LU raksti", "Evaņģēlija Gaismā" u. c. Pētījis J. Poruka reliģisko problemātiku. Sastādījis un rediģējis vairākus rakstu krājumus. 1940–1941 – Valkas iecirkņa prāvesta v. i. Miris Rīgā.

[259] Johanna Ose (1912–1962.18.III) – diakonise, homilēte. Beigusi LU Teoloģijas fakultāti 1936. Par kalpošanas sākumu minēts 1941. 1945 Rīgas Pāvila draudzes māsa, darbvede, palīdzēja mācītājam Leonam Taivānam (1896.25.VI–1969.5.VIII) Jēzus un Mežaparka draudzē. Izcila sprediķotāja. Pirmajos pēckara gados arhibīskapa v. i. K. Irbe viņai piedāvāja ordināciju, taču viņa, domājot, ka, kļūstot par pirmo sievieti mācītāju, viņu pārņemtu lepnība, piedāvājumu atraidīja. Viņas sprediķi publicēti "Ceļa Biedrs" (1963, 5 un 1966, 5).

[260] Anna Irbe (1890.19.IX–1973.13.II) – misionāre, bīskapa K. Irbes meita. Beigusi žēlsirdīgo māsu skolu Ženēvā un misijas skolu Anglijā. Sava tēva iesvētīta amatā 1924.15.IV. 1925–1931 veica izcilu misijas darbu Koimbatores (Coimbatore) pilsētas apkārtnē Madrasas štatā Indijā. 1933.III izveidoja misiju Karunagarapuri ("Dieva žēlastības ciems"), kuru atbalstīja LELB. Tika uzbūvēts lūgšanu nams, atraitņu nams, bāreņu patversme, ambulance, skola (vēlāk – vidusskola) un dzīvojamās ēkas. Vietu sauc arī par "Latvijas ciemu", tā tapa par apkārtnes reliģisko centru. I. iesaistījās tamilu ev. lut. Baznīcas izveidē, cieši sadarbojās ar LELB Ārmisijas sekretāru R. Feldmani, publicēja rakstus par Indijas misiju žurnālā "Ārmisija" (1928–1940). Mirusi Tirupaturā Indijā.

[261] Pauls Dāle (1889.23.VII–1968.22.I) –filosofs. 1908–1914 studējis Maskavas Universitātes Vēstures un filoloģijas fakultātes Filozofijas nodaļā, beidza ar I šķiras diplomu, atstāts akadēmiskai darbībai. Tulkojis krievu valodā J. Poruka prozas izlasi "Baltas drānas" (1913). 1914–1917

grūtumu grūtajos spaidījuma apstākļos. Šos mīļos un arī vēl citus, ko mēs savā sirdī līdzi pieminam, mēs ieslēdzam aizlūgšanā, Dievu slavēdami, par to, ko viņi ir savā ticībā apliecinādami darījuši.

---

strādājis prof. G. Čelpanova vadītajā Psiholoģijas institūtā; skolotājs Maskavā. 1916 ieguvis filozofijas kandidāta grādu. Darbojies Latviešu bēgļu Centrālkomitejas Kultūras biroja valdē; Viskrievijas Latviešu rakstnieku un mākslinieku biedrības sekretārs. 1910–1916 publicējis latviešu preses izdevumos rakstus par J. Poruku, F. Šlēgeli, J. Fihti u. c.; Rīgas Latviešu biedrības biedrs. 1917–1919 – Valmieras sieviešu ģimnāzijas direktors. Dibinājis Valmierā pirmo Tautas universitāti Latvijā. Viens no Latvijas Universitātes organizatoriem. 1918–1919 – Latvijas Augstskolas padomes sekretārs ar uzdevumu pulcēt latviešu zinātniekus, kas strādāja Krievijas un Rietumeiropas universitātēs, lai iesaistītu tos nacionālās augstskolas veidošanā. 1919.2.VIII ievēlēts par Latvijas Universitātes organizācijas komitejas priekšsēdētāja vietnieku. Reāli tieši D. vadīja organizācijas komitejas darbu, tāpēc viņš uzskatāms par Latvijas Universitātes pamatlicēju. Pēc D. iniciatīvas izveidoja Filoloģijas un filozofijas (1919.19.VIII) un Teoloģijas fakultāti (1920.4.II), pret kuru vērsās sociāldemokrāti. Šis process aprakstīts D. grāmatā "Vēsturisks pārskats par Latvijas Augstskolas nodibināšanu un viņas darbību pirmā mācību gadā" (1921). 1919–1927 – psiholoģijas un filozofijas docents LU Filoloģijas un filozofijas fakultātē. 1923 papildinājies Freiburgas Universitātē Vācijā. 1927 ieguvis *Dr. philos.* grādu par disertāciju "R. Avenāriusa psiholoģiski-filozofiskie uzskati un viņu kritika". 1928–1940 – profesors. 1927–1940 – Eksperimentālās psiholoģijas laboratorijas (no 1938 – Psiholoģijas institūta) dibinātājs un vadītājs (pie LU). Vairākkārt Filoloģijas un filozofijas fakultātes dekāns un LU Padomes loceklis. 1936–1940 strādājis Darba kamerā jauniešu profesionālo ievirzu pētniecības jomā. Latvijas Tautas universitātes padomes priekšsēdētājs, Mākslas un filozofijas nodaļas vadītājs. Rīgas Latviešu biedrības lektors. Kanta, vēlāk Filozofijas biedrības biedrs, ilgāku laiku priekšnieks. Filozofijas un reliģijas zinātņu biedrības ilggadējs priekšnieks. Darbojies latviešu-zviedru, latviešu-dāņu, latviešu-čehu tuvināšanās biedrībā, LU Kristīgo studentu biedrībā. Pārstāvējis Latviju starptautiskos filozofu un psihologu kongresos Parīzē, Berlīnē, Kopenhāgenā, Prāgā, Kēnigsbergā. LELB Kristus draudzes (Mežaparkā) priekšnieks, vadīja draudzē Bībeles stundas. R. Feldmanis atcerējās: "Kā profesors Dāle vadīja Bībeles stundas! Šķita, ka viņš bija vairāk

Draudze dzied.
Un tagad savā aizlūgšanā mēs ieslēgsim mūsu mīļos, kurus viņu tuvinieki un kurus arī draudze no savas puses līdzi piemin, mieru un Dieva žēlastību viņiem novēlēdami.
Mēs pieminam pirmā kārtā Dieva priekšā aizsaukto Teoloģijas fakultātes dekānu Robertu Akmentiņu[262], kas miris šā gada maijā.

---

teologs nekā jebkurš cits no mums." Grāmatas: "Cilvēka dvēsele un centrālā nervu sistēma" (1921), "Ievads filozofijā" (1928), "Imanuels Kants" (1930), "Gara problēmas" (1935), "Vai Ilga K. spēj lasīt domas" (1939), "Vērojumi un pārdomas par cilvēku un gara kultūru" (1944) u. c. Daudzu rakstu autors presē un zinātnisko rakstu krājumos "Reliģiski filozofiski raksti", "LU raksti" u. c., ievērojamos ārzemju filozofijas un psiholoģijas žurnālos. Pētījis latviešu un cittautu rakstniecības klasiķu reliģiski filozofiskos uzskatus. Apbalvots ar Triju Zvaigžņu ordeņa IV un III pakāpi. 1944-1948 - LVU Filoloģijas fakultātes dekāna vietnieks, 1946. ieguvis *Dr. paed.* 1947.1.XI D. tiek sarīkota "paškritikas lekcija", kurā viņam liek atteikties no "māņticības", t. i., reliģiskās pārliecības. D. atbild, ka tā ir viņa personiska lieta. Ar to beidzas viņa zinātnieka karjera; no 1948 viņam liegts strādāt augstākajās mācību iestādēs. 1953-1963 - Zinātņu akadēmijas Valodas un literatūras institūta Vārdnīcu daļas zinātniskais līdzstrādnieks, piedalījies "Latviešu literārās valodas vārdnīcas" 1. sēj. (1972) sagatavošanā; no krievu valodas tulkojis mācību literatūru. Mūža nogali D. aizvadīja trūkumā un ciešot no garīgas izolācijas, jo viņam bija liegta iespēja publicēties specialitātē un tikties ar citu valstu zinātniekiem.

[262] Roberts Akmentiņš (1910.27.I-1994.14.V) - Teoloģijas semināra rektors, Teoloģijas fakultātes dekāns, prāvests. 1934 beidzis LU Teoloģijas fakultāti; ticības mācības un psiholoģijas skolotājs Jēkabpils ģimnāzijā. Pirmās komunistu okupācijas laikā darbojies skolēnu pretestības grupā "Viesturieši". 1941-1944 studējis filozofiju LU Filoloģijas un filozofijas fakultātē un psiholoģiju Rīgas Pedagoģiskās psiholoģijas institūtā. Kara beigas sagaidījis Kurzemē, kur kalpoja karavīriem ierakumu apstākļos. Ordinēts 1945.11.IV. 1953-1982 - mācītājs Saldus 1. draudzē, arī prāvests. Kalpojis arī Blīdenes, Stūru, Zvārdes, Kursīšu, Remtes, Gaiķu, Grīvaišu, Rubas, Lutriņu, Nīgrandes draudzē. Akadēmisko teoloģisko kursu pasniedzējs kopš 1969. Kompendiji: "Psiholoģija" (1970), "Reliģijas psiholoģija" (1973). "Ievads filozofijā" (kopā ar A. Freiju) (1974), "Reliģijas filozofija" (1977). Doktora disertācija "Rakstnieka Augusta Saulieša

Un visiem šiem līdzi vēl arī manus mīļos aizgājējus – manu tēvu Jāni Feldmani[263], māti Jeti Mariju Feldmani[264], brāli Edvīnu Albertu[265] un viņa sievu Mariju Martu.

Šos visus mīļos novēlēdami Dieva žēlastībai un Dieva mieru viņiem arī līdzi vēlēdami, mēs dziedam nākamo dziesmas pantu.
Draudze dzied.
Savā aizlūgšanā mēs ieslēdzam šīs dienas Dieva galda viesus: "Baudiet un redziet, ka tas Kungs ir labs, svētīgs ir cilvēks, kas uz viņu paļaujas"[266]. Āmen.

Lūgsim Dievu. Kungs apžēlojies, Kristu apžēlojies, Kungs apžēlojies, Kungs Dievs Tēvs Debesīs, Kungs Dievs Tēvs pasaules Pestītāj, Kungs Dievs Svētais Gars, apžēlojies par mums, esi mums žēlīgs, saudzē mūs, mīļais Kungs un Dievs, esi mums žēlīgs, palīdzi, mīļais Kungs un Dievs, no visiem grēkiem [*ieraksts apraujas*].

Sprediķis teikts 1994. gada 19. novembrī

---

pasaules uzskata pamatproblēmu aktualitāte" (1980). 1980 iecelts par Teoloģijas semināra rektoru. Nodrošināja pirmskara Teoloģijas fakultātes akadēmisko tradīciju pārmantošanu Teoloģijas seminārā; toreizējo iespēju robežās gādāja par mācītāju sagatavošanu, nosargāja semināra lojalitāti Baznīcai. 1990–1994 – atjaunotās Teoloģijas fakultātes pirmais dekāns.

[263] Jānis Feldmanis (1872–1940)
[264] Jete Marija Feldmane (dz. Matuts; 1876–1950)
[265] Edvīns Alberts Feldmanis (1905–?)
[266] Baudiet un redziet, cik Tas Kungs ir labs. Svētīgs tas cilvēks, kas pie Viņa tveras un uz Viņu paļaujas! (Ps 34:9)

Gott ist in der Mitten [267]

Predigten von Pfarrer Professor *Dr. theol.* Roberts Feldmanis
(1910–2002)
in der Gustav-Adolf-Kirche in Riga / Mežaparks von 1991–1994

"Gedenkt an eure Lehrer, die euch das Wort Gottes gesagt haben; ihr Ende schaut an und folgt ihrem Glauben nach. Jesus Christus gestern und heute und derselbe auch in Ewigkeit" (Hebr 13:7-8).

Die Erinnerung an Roberts Feldmanis, der nicht zu Unrecht als Kirchenvater der Evangelisch-Lutherischen Kirche Lettlands angesehen und verehrt wird, ist nicht nur für diejenigen, die ihn noch gekannt und erlebt haben, sondern auch für die nachfolgende Generation eine bewegende geistliche Bereicherung. Mit großer Dankbarkeit können wir an den nachgelassenen Werken erfahren, dass das Zeugnis auch nach dem Heimgang des Zeugen weiter wirkt. Inhalt des Zeugnisses aber ist, und das hat Roberts Feldmanis immer betont, Jesus Christus. Das angeführte Wort aus dem Hebräerbrief macht uns das ganz unmittelbar deutlich, wie sich Jesus Christus selbst in Vergangenheit, in Gegenwart und in alle Zukunft bis zu seiner Wiederkunft bezeugt. Das geschieht auch in den hier veröffentlichten 30 Predigten.

Die Predigten wurden auf Tonband im Gottesdienst aufgenommen und von fleißigen Händen aufgeschrieben. Es ist verständlich, wenn es durch die Technik an einigen Stellen Lücken gibt, die ergänzt werden mussten oder auch offen blieben. Doch sie werden beim Lesen kaum stören; man wird vielmehr spüren, wie die Verkündigung in der Auslegung des Predigttextes weiterträgt.

---

[267] "Dievs ir mūsu vidū" (256, 1). *Gesangbuch für die Evangelisch-Lutherische Kirche in Lettland und Exil.* 1992.

Wer Gottesdienste in der kleinen Gustav-Adolf-Kirche erlebt hat, dem kommt sicher in Erinnerung, wie Roberts Feldmanis die Liturgie feierte (zelebrierte) und wie er predigte. Das geschah in tiefem Ernst aus dem Bewusstsein, dass Gott selbst im Gottesdienst, in Wort und Sakrament gegenwärtig ist und handelt. Der Pfarrer ist dabei sein Diener und Werkzeug, oder, wie es der Apostel Paulus von sich sagt, "*Kristus Jēzus kalps*" (Rom 1:1) oder "*vergs*". Er ist "*Leibeigener*".

Bei der Lektüre der Predigten wird man auch dies deutlich wahrnehmen: Alles, was der Prediger sagt, ist dem Text untergeordnet. Es gibt keine langen und umständlichen Einleitungen; der Prediger beginnt unmittelbar mit dem Text. Bei der vierten Predigt an Heiligabend werden die Hörer gleichsam neben die Hirten gestellt, denen die Engel mit ihrer Botschaft begegnen. In der Regel sind es kurze, klare Sätze. Bisweilen werden Fragen gestellt und beantwortet, es werden auch Hinweise gegeben auf unmittelbares Geschehen. Ein Beispiel dafür ist die Predigt vom 2. Oktober 1994 nach dem schrecklichen Unglück mit der Fähre "Estonia" am 28. September1994. Bei allen menschlichen Gefühlen von Schmerz und Angst richtet der Prediger den Blick der Gemeinde auf die Entscheidung von Tod und Leben im Jüngsten Gericht mit der Warnung vor dem ewigen Tod an Leib und Seele. Auch bei der Erinnerung an den Unabhängigkeitstag, den 18. November, wird auf das in der Geschichte verborgene Handeln Gottes hingewiesen, um das wir bitten dürfen und wofür wir danken sollen.

Doch gerade an solchen Beispielen ist auch zu erkennen, dass es dem Prediger nicht darum geht, sich selbst interessant zu machen; vielmehr will er immer die Augen öffnen für das Handeln Gottes in unserer Zeit und in unserem Leben. Er zeigt, wie uns Gott in Wort und Sakrament und damit in unserem eigenen Leben begegnet.

Zu beachten sind auch die Schriftworte, mit denen der sog. Kanzelgruß beginnt und das Gebet vor der Predigt, mit der

Bitte, dass Gottes Heiliger Geist uns das Verständnis des Wortes Gottes erschließen möge.

Gerade deshalb sollte man die letzte Predigt zum Totensonntag am 19. November 1994 beachten. Denn hier erinnert der Prediger seine Gemeinde an die "*Wolke der Zeugen*" (Hebr 12:1), von der auch die Kirche in Lettland in ihrer so wechselvollen Geschichte umgeben, getragen und geschützt ist – auch und gerade heute.

Erlangen, am 3. März 2011.

Profesor *Dr. theol.* Reinhard Slenczka, *D. D.,*
Rektor der Lutherakademie (Riga, Lettland), 1997–2005

Grundworte des Glaubens

"Menschen reinen Herzens haben fast wahrsagerische Fähigkeiten. Wer sich aber ganz Seiner Gnade hingegeben hat, dem offenbart Er Seine verborgene Weisheit."

(Roberts Feldmanis)

Wenn auch unsere menschliche Erinnerung an Pfarrer Roberts Feldmanis im Laufe der Zeit unweigerlich verblasst, dann sollte doch die Erkenntnis unserer Kirche über die Bedeutung seines Lebenswerks stetig wachsen – nun, da immer weitere Teile seiner geistigen Hinterlassenschaft entdeckt und der Allgemeinheit zugänglich gemacht werden. In Audiomitschnitten können wir der Stimme Professor R. Feldmanis' lauschen, ihn selbst können wir in vielen Fotografien, sowie in einigen Videoaufnahmen erblicken. Diese Predigtensammlung ist gleichsam des Pfarrers Kommen zu uns im Wort der Predigt.

Die Predigten des Pfarrers waren immer besonders. Erstens, weil sie im Geist erlebter Wahrheit gepredigt wurden. Der Pfarrer predigte, was er glaubte und tat, was er predigte. Niemand kann predigen, ohne mithin sein eigens Geistesleben offenzulegen. Damals hörten, nun lesen wir: "In [Gottes] Händen ist auch die Macht über alles, was wir, die es wagen, erleben. Wir wagen es nicht nur, uns für die machtvollen Worte [Christi] zu begeistern, sondern auch ihre Macht zu überprüfen. Und siehe, dann geschieht es, dass wir über Schlangen gehen können und kein Gift kann uns schaden. Und die Mächte der Dunkelheit fliehen vor uns." Jeder, der mit dem Pfarrer in Berührung kam, spürte den Segen und die außerordentliche Geisteskraft, die ihm durch den Sohn Gottes zuteil geworden war.

Zweitens, da seine Predigten meist gleichsam im Hier und Jetzt empfangen wurden – im Gottesdienst und in der Kanzel. Wenn der Pfarrer seine Kanzel bestieg, übernahm einen das Gefühl: "Erwarte das Unerwartete!" Auf ein kleines Notitzblatt (falls überhaupt) hatte er sich einige Sätze oder Stichpunkte notiert. Seinen Predigten fehlt es insgesamt an der Geschliffenheit einer zur Veröffentlichung bestimmten Homilie; eher sind sie durch Ungeschliffenheit und Direktheit charakterisiert. Doch gerade deshalb bahnen sie sich umso eindringlicher ihren Weg zur Seele des Zuhörers. Diese Predigten wurden in einem erhabenen, gottesfürchtigen Pathos gehalten, der deutlich werden ließ, worin sich die bloße Rede von der Predigt unterscheidet. Der Pfarrer gestikulierte nie, seine ganze Ausdruckskraft entsprang dem Wort und seiner erhabenen Haltung. Seine Predigten lassen sich auch keiner besonderen homiletischen Schule zuordnen. R. Feldmanis predigte einfach so, wie er das im jeweiligen Augenblick für richtig und der Situation angemessen hielt.

Drittens, weil diese Predigten während ihrer "Empfängnis" oftmals eine eigentümliche Form erhielten. Die Aussage Christi, "Ich und der Vater sind eins" (Joh. 10:30) bezeichnet der Pfarrer als "Grundbotschaft des Heilands" (lettisch: "Pestītāja lielie pamatvārdi"). Kein theologischer Begriff, aber der Sinn dieser sprachlichen Neuschöpfung leuchtet einem jeden sofort ein, denn sie lässt uns voller Gottesfurcht die Bedeutungstiefe der Worte Jesu vernehmen.

Viertens, weil der Pfarrer wie ein Hirte predigte, der seine Schafe zu einer grünen Aue führt, wo sie gute Nahrung finden und nicht bloß einen Imbiss. Die Predigten des Pfarrers waren in Wirklichkeit Variationen zu jenen immergleichen Grundthemen des christlichen Glaubens; er hatte keine innere Kapazität für minder Wichtiges. Die Worte R. Feldmanis' waren keine neue Botschaft, sondern ein tiefer und weiter Einblick in das zu erläuternde Gotteswort in seiner Bedeutung für unser Leben, indem sie tieferliegende Kausalzusammenhänge offenlegten. Dinge, an denen wir oft eilig vorbeirennen, meinend, unsere Reaktionsschnelligkeit auf aktuelle Ereignisse sei das Maß aller Dinge, wenngleich wir uns in Wirklichkeit nur von unseren

Lebenserhaltungstrieben leiten lassen, und nicht etwa von einem gereiften Glauben oder einem Streben nach Heiligung. Der Pfarrer predigte sorgfältig, ohne seine Gemeinde zu verwöhnen. Er führte sie Schritt für Schritt in das Verständnis und das Erleben des Wortes Gottes. Deswegen überkam einen nie das Gefühl, mit der Erkenntnis allein gelassen zu sein, denn der Gottesdienst samt Predigt war stets eine gemeinsame geistige Erfahrung mit dem Pfarrer und der Gemeinde.

Fünftens und eigentlich zuvorderst, weil der Heiland für den Pfarrer immer etwas besonderes war; Er ist zugleich Quelle, Mittelpunkt und Ziel der Predigt R. Feldmanis'. Nicht unser Mitleid heischende Lichtgestalt, nicht verklärtes Idealbild, sondern zuerst fleischgewordenes Wort voll Wahrheit und Gnade, Licht der Welt, das "offenbar wird und erleuchtet den inwendigen Menschen, das die verborgensten Dinge des inwendigen Menschen ans Licht befördert – auch jene Dunkelheit, die im Menschen aufgrund seiner Tollheit, seiner Selbstgerechtigkeit und seines Eigennutzes Heimstatt gefunden hat. Auch jenes Schlangennest, das dort im Dunkeln verborgen liegt und das Licht scheut – auch das leuchtet er aus und nennt es beim Namen." Für R. Feldmanis ist die Wahrheit Jesu gleichsam auch ein läuterndes Feuer, das "zugleich brennt und schmilzt, wärmt und erfreut, erneuert und all jenes verbrennt, was Greuel und Frevel ist." Christus "befreit mit der Kraft des Geistes den Sünder aus dem Würgegriff, der seine Seele gefangen hält. ... Befreit ihn aus dem Würgegriff seiner eigenen Sünde, seiner eigenen Schuld. Befreit ihn aus dem Würgegriff der Angst um sein Leben und aus jeder anderen Art der Knechtschaft." Für den Pfarrer ist Gottes Sohn der biblische Hirte der Menschenkinder, denn "keine Sorge, keine Trauer, ... kein Unglück, ... keine Prüfung, die Er nicht bestanden hätte und auf die Sein Wort nicht zutreffen würde. ... Er spricht: Kehret heim, kehret um, lasset euch wieder in die heiligen Arme nehmen, auf meine Schulter heben und tragen. [Der Hirte möchte] den Ausgehungerten und Wehrlosen nach Hause tragen, um sich an ihm zu erfreuen." Und der

Pfarrer schließt pastoral: Christus "ist gekommen, um zu suchen und zu heiligen, was verloren ist. Er ist gekommen, um die erloschene Flamme wieder erleuchten zu lassen. [Jesus] ist gekommen, um in ihm mit dem Feuer des Heiligen Geistes wieder eine heilige Unruhe, eine heilige Sehnsucht und eine heilige Liebe zu Gott zu wecken."

In den Predigten des Pfarrers gesellte sich zum Hirten Jesus oftmals Jesus, der majestätische Herrscher über Himmel und Erde, der seine Macht nicht auf Gewalt gegründet hat, sondern auf sein Selbstopfer für uns, die Sünder. Er ist ein, wie der Pfarrer zu sagen pflegte, aus Sicht des Menschen geradezu unbegreiflich "unkomplizierter Gott". Eben deshalb vollzieht sich die Menschwerdung Jesu auf so demütige Weise. Der Prediger verkündet, dass – obwohl Gott Seine Engel mit Herrlichkeit geschmückt hatte, als sie den Hirten die frohe Botschaft überbrachten – der Vater dem Sohn diese Herrlichkeit nicht mitgab. "Er machte [Jesus] zum Niedrigsten der Niederen. ... Er kam zuerst zu jenen Unglücklichen, die zu Sklaven ihres Trachtens und ihrer Gelüste geworden sind, zu den Tieren im Stall." Und der Pfarrer schließt: "Tiefer geht es nicht mehr. Er machte sich zum Niedrigsten der Niederen." Aber das ist nur das erste der vielen Opfer des Sohnes Gottes, die ihn durch sein kurzes, aber rastloses Erdenleben bis in den Garten Gethsemane führen. Den Sinn des dort Geschehenen umreisst R. Feldmanis so: "Jesus, ... nunmehr aus menschlicher Sicht zur Gänze schutz- und helferlos, blickt dem Vater ins Angesicht, um ... erfüllen zu können, was der Vater von Ihm ... erwartet. Er nimmt diesen Kelch." Aus der heiligen Schrift wissen wir, dass Jesus nach dem Sieg über seine menschliche Natur schließlich betet: "Dein Wille geschehe!" Hier kreiert der Pfarrer einen Nexus zwischen dieser dramatischen Schriftstelle und einer anderen, an der Jesus seine Jünger beten lehrt. Diese Erläuterung des Vaterunser ist sehr viel mehr, als ein Hinweis darauf, dass Gebet etwas anderes sei, als die Befriedigung unserer niederen Bedürfnisse aus himmlischen Quellen.

Wir lernen die Verbindung zwischen der für die Jünger so wichtigen Unterweisung in der Bergpredigt mit den für Jesus selbst entscheidenden Stunden im Garten Gethsemane zu erkennen. So erhält unser gewohntes, ja alltägliches Gebet plötzlich einen tieferen Sinn: "Er hat uns gelehrt, auch in unserem Gebet stets zu sagen: "Dein Wille geschehe ..." Wir haben nie darüber nachgedacht ... , was das bedeutet und wie viel es uns Wert ist. Es ist die Aufgabe unseres letzten Stückes "Ich" wert, welches, ans Kreuz geschlagen, in Blut und Schmerzen sterben muss, und gesegnet sei dann Gottes Wort in Wahrhaftigkeit. Der Vater kennt den Grund. ... Dieser bittere Kelch ... war sein Opfer für uns alle." Hier folgert der Pfarrer: "Gott hatte ihm alles genommen – seinen eigenen Willen und seine Menschlichkeit." Indem er alles aufgibt und so gewissermaßen seine Handlungsfreiheit einschränkt, gewinnt Jesus alles, nämlich die königliche Herrlichkeit des Vaters: "Gott hat Ihn erhöht und Ihm einen Namen gegeben, der über alle Namen ist, dass in dem Namen Jesu sich beugen sollen aller derer Knie, die im Himmel und auf Erden und unter der Erde sind, und alle Zungen bekennen sollen, dass Jesus Christus der Herr ist, zur Ehre Gottes, des Vaters, und dass in keinem andern ist das Heil, nur in Ihm. Das alles war in den Geschehenissen von Gethsemane enthalten, als der Vater den bitteren Kelch nicht an Ihm vorüber gehen ließ. Der Vater reichte Ihm diesen Kelch, und Er nahm ihn. Dein Wille geschehe ... Und er überwand die Welt. ... Das ist nicht mehr der blut- und schweißüberströmte Jesus. Das ist der König, der in die Herrlichkeit eintritt, um Sein Reich zu empfangen."

In dem Jesus, den der Pfarrer predigte, ist die Gerechtigkeit des Vaters mit Seiner Liebe verbunden, jedoch mit einer eindeutigen Dominante der Liebe, gar so weit, dass R. Feldmanis sagen kann: "Seine Gerechtigkeit ist Seine Gnade. Seine Gerechtigkeit ist die zum Sünder hinabgestreckte Hand. Seine Gerechtigkeit ist das Opferblut seines Sohnes, das uns reinwäscht von unserer Schuld."

In seinen Predigten eröffnet uns der Pfarrer den außerordentlich bedeutsamen Zusammenhang zwischen Opfer, Dienerschaft und Gnade. "In der Erfüllung der Aufgaben, die Gott uns gibt, obgleich Er uns überrascht durch die unvorstellbare Schwierigkeit ihrer Erfüllung, lässt Er uns dennoch nie ... allein." Gott sorgt sich nicht nur um unsere materiellen Bedürfnisse, sondern viel mehr um die Erfüllung der Hauptaufgabe unseres Lebens, nämlich unserer Dienerschaft. Indem er uns eine Aufgabe gibt, gibt Gott uns auch das dafür erforderliche Handwerkzeug, unsere "Dienerausrüstung". In Anspielung auf die Taten des Apostels Paulus nach seiner Umkehr sagt Gott zu Hananias: "Dieser ist mein auserwähltes Werkzeug, dass er meinen Namen trage vor viele Völker." Im selben Augenblick war Hananias, ohne es recht zu bemerken oder zu wollen, auch zu einem Werkzeug Gottes geworden. Woher hatte er ... die Gabe, gesund zu machen? Woher hatte er ... die Gabe, durch Handauflegen Wunder zu wirken? Die Gabe ist dort, wo eine Aufgabe ist. Die Aufgaben, die Gott uns gibt, sind allesamt wundersam; alle sind sie wundersam aus unserer menschlichen Sicht." Keine Aufgabe ohne Gabe, und auch umgekehrt.

Der Pfarrer kann eine sinnhafte menschliche Existenz nur in der Verbindung mit Gott erkennen. In Ermangelung dieser Verbindung ist das menschliche Leben nicht nur leer und sinnlos, sondern beinhaltet eine permanente Bedrohung für den Menschen selbst: "Das ist eine große Gefahr – von ihm getrennt zu sein. Das Ausmaß dieser Gefahr kann sich der selbstgerechte, selbstherrliche, selbstsüchtige Mensch gar nicht vorstellen – er vermag es nicht zu Ende zu denken –, aber Jesus vermag es. Er weiß um die Immanenz dieser Bedrohung für uns. ... alle Schmerzen und Leiden, die es nur auf dieser Welt gibt, sind in unserem Getrenntsein von Gott begründet; nur, diese Gefahren begegnen uns in vielen verschiedenen Gewändern." Die Warnung des Pfarrers vor jeder Art von Relativismus – ob sekulärer oder religiöser Prägung –, fällt eindringlich aus: "Nicht an Christus zu glauben ist Sünde. Das ist keineswegs nur eine persönliche Meinungsfrage, an Christus zu glauben oder nicht. ... die Menschen ... sagen heutzutage: "Wir können uns Christus aussuchen, oder an Seiner statt den einen oder anderen der indischen oder chinesischen oder ägyptischen Weisen, und dann Christus beiseite stellen. Seine Lehre passt uns nicht so gut wie diese anderen." Es ist unmöglich, an Christus vorbeizugehen, ohne tief in den Abgrund der Sünde zu fallen."

Für den Pfarrer ist Christus die Erfüllung des menschlichen Daseinszwecks; Sinn-, Kraft- und Wahrheitsquelle; Heiland, Beschützer und Bischof seiner Seele; kurz: alles. Daher ist sein Schluss, was für den einzelnen Menschen gut sei, habe umso höheren Wert für ein Volk in seiner Gesamtheit, nur folgerichtig. Hier gewinnt der Patriotismus einen christlichen Charakter. Für den Pfarrer ist der Heiland Quell geistigen Wachstums, weswegen er feststellt: "Das lettische Volk steht schon seit acht Jahrhunderten im Schatten des Kreuzes Jesu Christi. All das Gute, das hier entstanden ist – die geistige Entwicklung und das Wachstum des lettischen Volkes durch Tugend und Tüchtigkeit, sein Bestehen in Zeiten der Prüfung, seine Errungenschaften im Geist und in der Wahrheit und der Liebe – das alles steht im Zeichen der Jahre des Herrn Christus. ... "Wenn ihr bleibet in Mir ..." Hinter diesem "wenn" steht eine großartige, wundervolle Verheißung.

Sein Anblick vor dem Altar, in der Kanzel oder einfach im Alltag ließ erahnen, was aus einem Menschen werden kann, wenn er sich ganz Gott hingegeben hat – nämlich ein Strombett Seines Segens, durch das mächtige Gnadenströme fliessen, von denen viele schöpfen können. Das ist keine Vermutung. In dieser Predigtensammlung findet sich auch jene Einsicht des Pfarrers, die sich am ehesten auf ihn selbst beziehen ließ: "Menschen reinen Herzens haben fast wahrsagerische Fähigkeiten ... [etliche haben bekundet, ein Gefühl gehabt zu haben, als ob der Pfarrer ihre Gedanken lesen und in den Zustand ihres Herzens hineinsehen könne – G.K.]. Wer sich aber ganz Seiner Gnade hingegeben hat, dem offenbart Er Seine verborgene Weisheit." Und so sind die Worte, die Pfarrer R. Feldmanis gepredigt hat, zu *Grundworten des Glaubens* geworden.

* * *

Aus Achtung vor der Genauigkeit des Pfarrers R. Feldmanis haben wir uns bemüht, alle direkten oder indirekten Bibelbezüge im Text als Fußnoten auszuweisen. (Nicht als Endnoten, da diese den Leserhythmus unterbrechen würden. Die Bibelverweise sollen helfen, den biblischen Charakter der Predigt des Pfarrers deutlicher zu erkennen, und außerdem homiletische Hilfen bei der Vorbereitung von Predigten darstellen. Für all jene, die selbst keine Möglichkeit hatten, den Predigten R. Feldmanis' im Beisein zu lauschen, empfiehlt sich ein Besuch der Webseite www.robertsfeldmanis.lv, auf der Audiomitschnitte seiner Predigten bereit gehalten werden.) Aus Achtung vor dem aufrichtigen Interesse des Pfarrers für die allgemeine und die kirchliche Geschichte Lettlands findet sich dort auch ein reicher Fundus an Informationen und Verweisen zu diesen Themen. Dies alles sind nützliche Hilfen zum tieferen kontextualen Verständnis der Predigten.

Dr. theol. Guntis Kalme,
Pfarrer der Auferstehungsgemeinde Riga

Die Sprache eines Knechts und Werkzeugs
Anmerkungen der Lektorin

> Wenn Ihr [..] redet [..] nicht mit deutlichen Worten, wie kann man wissen, was gemeint ist? Ihr werdet in den Wind reden.
>
> (1.Kor. 14:9)

Die Art, wie Professor Roberts Feldmanis Gottesdienst gefeiert hat, beschreibt Dr. Reinhard Slenczka folgendermaßen: "wie ein Knecht und ein Werkzeug". Die Metapher des "Werkzeugs" ist ebenso genau wie bedeutungsreich, da sie nicht nur das Verantwortungsgefühl des Pfarrers Gottes Wort und der Gemeinde gegenüber beschreibt, indem sie seine Mittlerschaft zwischen Gottes Wort und der Gemeinde offenbart, sondern auch die Fertigkeit und die Kunst des Professors in der Auslegung des Wortes Gottes. Auf seine Predigten lässt sich genau die allgemeingültige Wahrheit über den untrennbaren Zusammenhang zwischen klarem Denken und klarem Ausdruck anwenden. Um beides in jenem Maße zu erlangen, muss ein langer Weg der Wissensaneignung, sowie der Sammlung praktischer Lebens-, als auch geistiger Erfahrung zurückgelegt worden sein.

Die Predigten Professor Feldmanis' weisen ihn als herausragenden Homiletiker und Prediger aus – Attribute, die ein hohes Maß an Gewandtheit in der Redekunst voraussetzen. Die Kunst der Rhetorik schließt eine Beherrschung des stilistischen Handwerks voraus, doch zu allererst vermag ein guter *Orator* zu überzeugen, den Zuhörer "mitzunehmen", indem er ihm sowohl altbekanntes kundtut, als auch im Vertrauten neues, den Zuhörer so tiefer und tiefer in die Wahrheiten des Wortes Gottes hineinführend. Die Predigten Professor Feldmanis' entsprechen voll und ganz der kanonischen Ordnung: Sie weisen sowohl logische Struktur, als auch geradlinige Argumentation und Kunst des *Sprachgebrauchs* auf. Das wichtigste

Werkzeug des Professors war die lettische Sprache – eine gepflegte, nuancenreiche, tief empfunde und treffende Sprache. Eben diese Sprache ist es, die seinen Predigten emotionale und sinnhafte Tiefe verleiht. Da die Predigten frei, ohne schriftliche Vorlage gehalten wurden, verfügte der Professor sicherlich über mnemonische Methoden, um nie den roten Faden zu verlieren. Das sich Erinnern und das Einprägen gehören zweifellos zur Kunst des *Orators*. Und schließlich: Das Halten der Predigt selbst mit der Kraft der gegenwärtigen Persönlichkeit. Leider kann dies, wie auch der Tonfall, die Akzente und Pausen, nicht schriftlich wiedergegeben werden. Wenigstens teilweise wird diesem Mangel durch die Möglichkeit abgeholfen, den Predigten des Professors auf der Webseite www.robertsfeldmanis.lv zu lauschen.

* * *

Vom gepredigten Wort zum geschriebenen Text: Das ist der Weg zur Predigtensammlung Professor Feldmanis', "Vienīgi Kristus" (Christus allein). In der Bearbeitung des Tonbandaufnahmematerials galt es mehrere Fragen zu beantworten. Eine davon betraf das Verhältnis des gesprochenen zum geschriebenen Wort. Die Predigt ist an den Zuhörer gerichtet, beziehungsweise sie erreicht ihn durch sein Gehör. Ihre Organisation ist dem Ziel, unsere Aufmerksamkeit zu fesseln, untergeordnet, indem unkomplizierte, dynamische Sätze gebildet werden, in denen irgendwo ein "Aufmerksamkeitsanker" versteckt ist (eine interessante Tatsache, ein unerwarteter Gesichtspunkt, eine Frage, These, oder gar eine Provokation). Der geschriebene Text ist wiederum an den Leser gerichtet, er kann aus komplizierteren Sätzen gebildet werden, denn der Leser hat stets die Möglichkeit, an die schwierigeren Stellen zurückzukehren, zu verweilen und nachzudenken. In das gesprochene Wort, besonders in das *frei* gesprochene – denn genau so hielt der Professor seine Predigten – schleicht sich unweigerlich hier und da ein unnötiges Wort oder eine Doppelung ein; die Rede springt von einem Gedanken auf den nächsten oder reißt unvermittelt ab. Was im Gotteshaus gut klingt, mag in geschriebener Form Unregelmäßigkeiten offenbaren, die es dann im Rahmen der Korrekturlesung auszumerzen gilt. Doch das gesprochene Wort ist *nicht* gleichsam in geschriebenes umgewandelt worden. Wie wäre dies ohne die Mitarbeit des Autors möglich gewesen? Ich habe mich bemüht, den Text lesbar zu gestalten und zur selben Zeit das Gefühl des gesprochenen Wortes zu erhalten, beispielsweise durch den Erhalt der Anrede als "liebe Gemeinde" oder "christliche Gemeinde", durch Erhaltung der vom Professor geliebten oftmaligen Wiederholung in Abwandelung, sowie durch Variationen im Tonfall bei der direkten Anrede der Zuhörerschaft. Dies wird nicht einfach durch das Zitieren der biblischen Perikope erreicht, sondern auch durch eingefügte Anreden ("Höre, christliche Gemeinde!") sowie durch das kurze Gebet vor der Predigt. Die neutestamentlichen Schriftstellen, Gegenstand der jeweiligen Predigt, sind jener lettischen Bibelübersetzung entnommen, die auch der Professor verwendete, nämlich der durchgesehenen und revidierten Fassung aus dem Jahre 1936.

Die wichtigste Aufgabe der Textrevision war die Überlieferung des eigentümlichen Stils und des Geistes der Predigten des Professors, indem die Patina charakteristischer Ausdrücke (beispieswelse *īpatība, pārbauda*, als auch Historizismen wie *zibins, ieraša* u.a.) und Redewendungen ("Tas vairs nav Jēzus, kas sviedros noplūdis. Tās ir ķēniņš, kas dodas *uzņemt savu valstību*", oder auch "Šinī Pestītāja aiziešanā un tanī *sūtībā, kādu viņš tagad dara*") erhalten wurde, anstatt sie abzukratzen. Die größte Gefahr bestand darin, in die Falle eines "gerundeten" literarischen Ausdrucks zu tappen, welche einen "korrekten" Text ergeben würde, in dem zwar der Sinn des Gesagten erhalten bliebe, dem aber die besondere *"feldmannische"* Atmosphäre abhanden gekommen wäre. Dies zweitens.

Drittens waren die Eigenarten der widergegebenen Rede aus auch des geschriebenen Textes zu beachten. Einige Beispiele hierzu. Es schien angebracht, dem Auftreten von gleichbedeutenden, aber unterschiedlichen Wortformen entgegenzuwirken. Wenn beispielsweise der Professor sowohl *bij*, als auch *bija* sagt, dann ist im geschriebenen Text durchgängig die letztere Form gewählt worden. Die Verwendung der Ausdrücke *cilvēcīgs* (eine großherige, respektvolle Haltung seinen Mitmenschen gegenüber) und *cilvēcisks* ('menschlich' im negativen Sinne, bzw. fleischlich) wurde dagegen auseinander gehalten. Der Professor verwendet so gut wie gar nicht das dingliche Pronomen *tas*, sondern bezeichnet alles durchgängig – das Lebende wie das Dingliche – mit dem Pronomen *viņš*. Um möglichen Missverständnissen entgegen zu wirken, ist im geschriebenen Text auf diese Begriffstrennung geachtet worden. Ausnahmen bilden hier die Begriffe *Gott* und *Heiliger Geist*, wo das Pronomen *viņš* in der allgemeinen Verwendung des dinglichen Pronomens *tas* erhalten worden ist.

Eine weitere Eigenart des Stils des Professors ist die zuweilen deutsch anmutende Syntax, indem das Satzsubjekt vom Prädikat getrennt und letzteres nicht selten an das Ende eines Satzes gestellt wird. Die Wortfolge ist den Gesetzlichkeiten der lettischen Sprache untergeordnet worden, welche, obwohl nicht starr vorgegeben, dennoch einer gewissen inneren Logik folgt. Auch diese Umstellungen sind im Interesse der unmissverständlichen Wirkung des Textes vorgenommen worden.

Die Qualität der Tonbandaufnahmen erlaubte nicht immer die hundertprozentige Widergabe jedes gesprochenen Wortes oder Satzes. Hier und dort ist ein Wort oder ein Satzteil verloren gegangen. In derartigen Fällen ist aus Respekt vor der Urheberschaft des Textes in eckigen Klammern die Bemerkung "unverständlicher Ausdruck" eingefügt worden, anstatt derartige Stellen mit eigenen Worten aufzufüllen. In Fällen, da ein in der Tonbandaufnahme schwer verständliches Wort ohne absolute Gewissheit entschlüsselt schien, ist das wahrscheinlich gesprochene Wort widergegeben worden. In eckigen Klammern sind darüber hinaus auch Worte eingefügt, die in der tatsächlich gehaltenen Predigt fehlten, dort aber unerlässlich schienen. Dies alles wiederum im Interesse der eindeutigen Lesbarkeit.

* * *

Die Wahrheit offenbart sich nicht auf einmal, sondern wir tasten uns Stück für Stück an das Wesen der Dinge heran. – So soll es der Philosoph Martin Heidegger gesagt haben. Genau so offenbart sich uns die biblische Wahrheit – Stück für Stück, Ebene um Ebene, bis wir schließlich an den Kern der Dinge gelangen (richtiger wäre es sicher zu sagen: uns dem Kern annähern). Der Leser trifft in diesem Buch auf Professor Feldmanis in den Predigten, die er zum Ende seines Lebens hin gehalten hat. Er vermochte es, in einfachen Worten schwierige Sachverhalte darzulegen und – noch verwunderlicher – das scheinbar wohl Bekannte aus einem neuen Blickwinkel zu zeigen, uns zu eröffnen, dass das, was wir gewusst, empfunden, entdeckt haben, noch lange nicht alles ist. Ich wünsche Ihnen eine gesegnete Lektüre!

Dr. philol. Ieva Kalniņa

God is in Our Midst[268]

Sermons of Rev. *Dr. theol.* Roberts Feldmanis
as preached in Gustav Adolf Church, Riga, 1991–1994

"Remember your leaders, who spoke the word of God to you. Consider the outcome of their way of life and imitate their faith. Jesus Christ is the same yesterday and today and forever." (Hebr 13:7-8)

Memories of Roberts Feldmanis, who wholly appropriately is considered to be one of the Church Fathers of the Latvian Evangelical Lutheran Church, are a source of stimulating spiritual enrichment not only for those, who knew and met him, but also for future generations. It is with immense sense of gratitude that we can experience how the testimony preserved in his work is alive after the witness himself had departed. And as Roberts Feldmanis always used to point out, the substance of the testimony is Jesus Christ. The above quotation from the Hebrews clearly and plainly shows how Jesus Christ bears witness to Himself in past, present and entire future up until His Second Coming. As is the case in the 30 sermons published here.

The sermons were committed to tape during worship services and later laboriously transcribed. Naturally, due to technical reasons there are occasional omissions, which had to be filled in or left as they were. This however hardly affects the reading but rather reveals to the reader how the testimony of the sermon gradually unfolds.

Those who have witnessed worship services in the tiny Gustav Adolf Church will certainly remember the way

---

[268] God is in Our Midst ("Dievs ir mūsu vidū", 256, 1) The Hymnal of the Evangelical Lutheran Church of Latvia and in Exil. 1992.

Roberts Feldmanis celebrated liturgy and preached. This occurred id deep solemnity and awareness that God Himself is present and at work in the service, the Work and the Sacrament. A minister is but a servant and a tool or, in the words of St. Paul, "a servant of Christ Jesus" (Rom 1:1) or a "slave". He is *"a serf"*.

While reading these sermons it also clearly transpires that every word uttered by the minister is subjected to the text. There are no lengthy and wordy introductions, the preacher immediately starts with the text. In the third sermon, preached before the Christmas Eve, listeners are put in the midst of the shepherds who encounter the jubilant angels. The sentences are usually short and crisp. There are occasional questions and references to current events, as e.g. in the sermon from 2 October, 1994, in the immediate aftermath of the tragic sinking of ferry "Estonia" (September 28, 1994). Minister cuts through the human emotions of fear and pain to direct the congregation towards the verdict of the Judgment day and the warning of eternal death of one's body and soul. While commemorating the Latvian Independence Day on November 18, Rev. Feldmanis stresses God's hidden acts through history, for which we should pray and be grateful for.

However, it is precisely through such examples that one becomes aware, that the intention of the minister is not to sound interesting, but instead to open the eyes of his congregation, so that they might see the acts of God in their own time and in their own lives. He reveals how God meets us in His Word and the Sacrament and thus – in our own lives.

It is also worth paying attention to the choice of the Scripture passage which opens the pulpit greeting and the prayer before the sermon, which invites the Holy Spirit to open our minds to the Word of God.

The last sermon in the book, preached on Christ the King Sunday, November 19, 1994, is particularly significant in this context. Rev. Feldmanis reminds us of "*a great cloud of witnesses*" (Hebr 12:1), which has continuously embraced, nourished and protected the Latvian Church all throughout its tumultuous history, even and precisely also today.

Erlangen, March 3, 2011

Profesor *Dr. theol.* Reinhard Slenczka, *D. D.*,
Rector of the Luther Academy (Riga, Latvia), 1997–2005

Primary Words

> "Those of pure hearts are endowed with certain clairvoyance. But to those, who fully submit themselves to His grace, He reveals His concealed wisdom."
> (Roberts Feldmanis)

Although our personal recollection of Rev. Roberts Feldmanis is inevitably fading, awareness of his contribution for our church should be steadily growing, since the knowledge and availability of his legacy is ever increasing. We can hear his voice in tape recordings, see him on photographs and in several videos. This collection of sermons is our encounter with him via his preaching.

Rev. Felmanis' sermons were always special. Firstly, because they emanated a personally experienced truth. He preached what he believed and what he stood by. No-one can preach without simultaneously bearing witness to one's spiritual life. We heard then as we can read today, "In His hands lies the power over the predicament that befalls those of us who dare. Who dare not only to admire the powerful words [of Christ], but also to test them in their strength. And behold, it comes to pass then, that they can walk among vipers and remain unscathed. And the forces of darkness flee." Everyone who came in touch with Rev. Feldmanis experienced the grace of the Son of God and the power of the Spirit thus bestowed upon him.

Secondly, because the sermons were usually created right there – on the pulpit, during a worship service. One could never anticipate what was about to be heard. When Rev. Feldmanis ascended the pulpit one was overwhelmed by a sense of expecting the unexpected. At best he would have jotted down a few sentences or key words on a slip of paper (if any). His sermons may lack the polish of printed homilies, instead they come across as being more immediate and somewhat rough around the edges, but this is precisely why they are so appealing to listeners. His sermons were delivered with a solemnly pious pathos, clearly bringing home the difference between "speaking" and "preaching". Rev. Feldmanis never made any gestures, the entire message lay in the word and the solemnity of his posture. It is also difficult to pin his sermons down to a particular homiletic mode. He merely preached what and how he considered appropriate for the occasion.

Thirdly, because the sermons came to be on the spot, they were often marked by unusual turns of phrase. Thus, while dwelling on Christ's words "I and the Father are one" (John 10:30), Rev. Feldmanis labeled them as "Our Savior's *primary words*". This is no theological term, but this freshly minted phrase is immediately understandable, for it expresses a pious apprehension of the depth and significance of Jesus' words.

Fourthly, because Rev. Feldmanis preached like a shepherd leading his flock to grassy pastures where they would get proper food instead of mere snacks. His sermons were actually variations on the ever important main issues of the Christian faith, he had neither inner space nor the need for thematic trifles. Instead of giving new religious information, he provided a deep and comprehensive insight in the Word, its relevance for the day, and pointed out underlying reasons or causal relationship between particular events. Those were the very basic ideas which we tend brush aside mistaking skills and speed with which we react to current events for a sign of a true prudence, while in reality they are mere survival skills and not the wisdom and the blessing of our faith. Professor preached thoroughly and uncompromisingly. He carefully guided his flock to understanding and experiencing the Word. Worship services and sermons in his congregation were thus partaking in a shared spiritual experience – with him and with the congregation.

Fifthly and most importantly, because the source, the focus and the objective of Rev. Feldmanis' preaching had always been Our Savior. Not as an "amiable chap" inducing poetical sympathy, not as a saccharine narrative, but first and foremost as His Father's Word of truth and love incarnate, the light of the world, which "shines and illuminates your inner self, which brings to light the deepest secrets of your inner self, even the darkness that has taken hold in you through recklessness, self-righteousness and selfishness. Even that den of snakes crawling in the dark and avoiding the light – He finds out and names even that." To Rev. Feldmanis Jesus' truth is also a purging fire, "which simultaneously burns and melts, warms and cheers, which both gives a new birth and scorches all that is evil and wicked". The strength of Christ's Spirit makes sinners "free of the vicious yoke that keeps human soul in reins. Free from our own sin and the yoke of guilt. Free from the yoke of fear for our life, living and all other enslavements." For Rev. Feldmanis the Son of God is the Biblical Shepherd of His children, for "there is no sorrow, trouble or calamity unknown to Him and devoid of His word. He says, Come back, turn around, let yourself be lifted up, put on My shoulders and carried away. [The Shepherd wants to] carry home the weak and the tormented to be happy." And his pastoral conclusion is that Christ "has come to seek out make saint those who are lost. He has come to reignite the light that had faded away. He has come to imbue with the unrest of the Holy Spirit, and with the holy longing for God."

For Rev. Feldmanis Christ is the human fulfillment, the source of the meaning, the giver of strength and wisdom, the guardian and the bishop of the soul, in other words – everything. It is therefore rather consistent to conclude that something that is good for an individual is far more valuable for a nation as a whole. This is where patriotism turns Christian. In the eyes of Rev. Feldmanis Our Savior is the source of the spiritual growth of the nation which leads him to say,

"For eight hundred years the Latvians have been standing in the shadow of Jesus' cross. Everything that occurred during the course of our history – our progress, spiritual growth, virtuousness and uprightness, perseverance and endurance, love of truth – everything is marked by those years referring back to Christ. .. "If you remain..." And after the "remain" comes a tremendous and exceptional promise."

Observing Rev. Feldmanis at the altar, on the pulpit or simply on the street one could see how a life of complete and resolute devotion has transformed him into a medium for a constant flow of God's blessings, emanating the richness of the divine grace for the benefit of so many. One of the sermons published in this volume is built around a thesis that most appropriately applies to Rev. Feldmanis himself: "Those of pure hearts are endowed with a certain clairvoyance.. [many have testified having felt that Rev. Feldmanis was apparently able to read their thoughts and states of mind – G.K.]. But to those, who have fully submitted themselves to His grace, He reveals His concealed wisdom." This is why the words of his sermons have acquired the value of the *primary words* of faith.

***

In order to respect accuracy and precision – typical characteristics of Prof. Feldmanis – we attempted to footnote all the direct or indirect references to the Scriptures (rather than putting them in an annex which interferes with the reading process. This helps to bring out the Biblical nature of his preaching, and may also be of homiletic assistance while working your own sermons. To those who never had the good fortune of listening to him live we strongly recommend to sample the recordings at www.robertsfeldmanis.lv.). Similarly we also provide extensive references to the historical events mentioned in the sermons. This provides a certain "added value" which helps to better grasp and understand the background of a particular sermon.

Dr. theol. Guntis Kalme,
Pastor of Rīga Evangelical Lutheran Resurrection Church

Language of a Servant and a Tool
Remarks of the literary editor

> Unless you speak intelligible words with your tongue, how will anyone know what you are saying? You will just be speaking into the air.
>
> (1 Cor 14:9)

Dr. Reinhard Slenczka characterized the way Professor Roberts Feldmanis celebrated the worship service by describing him as being "a servant and a tool". The metaphor of a "tool" is a precise and an ample one, for it not only indicates a minister's responsibility for the Word of God and the congregation by emphasizing his mediation between God and worshipers, but also confirms his ability and skill to interpret the Word of God. Professor's sermons can clearly be described by a well-known maxim – "clear thinking leads to clear language". To get there one needs to pursue a long road of acquiring knowledge, experience in daily and spiritual life, and refining of ideas.

Sermons of Professor Feldmanis reveal him as an outstanding homilist, a preacher who excels in the art of rhetoric or public speech. Rhetoric include a good command of stylistic devices, but a good orator is also capable of persuading, of carrying away by building on the well-known and revealing ever deeper aspects that bring us loser and closer to the truth of the Word of God. The sermons of Professor Feldmanis fully comply to the canon of rhetoric: they are logically constructed, well argued and excel in the use of language, for his primary homiletic tool is the Latvian language – elaborate, richly nuanced, profound and pertinent. Since his sermons were never written down, Professor must have had certain mnemonics that helped him to retain the logic of a sermon. A good memory is also part and parcel of the art of rhetoric.

And finally comes the delivery and the power of personal presence. This, along with intonations, accents and pauses in the speech, unfortunately cannot be captured in writing. This however can be at least partly compensated by listening to the recordings of Professor's sermons on-line: www.roberts-feldmanis.lv.

* * *

According to the philosopher Martin Heidegger, truth reveals itself gradually. The same is true with the Biblical truth – step by step, layer by layer, until we get to the essence (or rather – near it). In this volume we encounter Professor Feldmanis via his late-period sermons. He had a gift of explaining complex concepts in simple words and, most admirably, of revealing hitherto unnoticed or unrealized facets in the seemingly well-known. May you have a blessed reading!

Dr. philol. Ieva Kalniņa

Ikvienam, kura rīcībā ir saglabājušies vai nu Roberta Feldmaņa audio/video ieraksti, atmiņas, pieraksti, fotogrāfijas, vai kas cits, lūdzam darīt to zināmu un celt gaismā mūsu Baznīcas un tautas dārgo mantojumu. Informāciju lūdzam sūtīt uz mājaslapā www.robertsfeldmanis.lv norādītajiem kontaktiem.

Jeden, in dessen Händen sich noch Audio- bzw. Videomitschnitte, Notizen, Fotografien oder sonstige Zeugnisse des Wirkens von Roberts Feldmanis befinden, fordere ich auf, diese wichtigen Erbstücke unserer Kirche und unseres Volkes ans Licht zu befördern. Bitte machen Sie hierfür von den auf der Webseite www.robertsfeldmanis.lv ausgewiesenen Kontaktdaten Gebrauch.

We kindly invite everyone to share any existing audio/video recordings, memories, pictures or any other artifacts relating to Professor Feldmanis, in order to preserve and spread his precious legacy. Should you possess any of the above, please contact us via www.robertsfeldmanis.lv.

Piezīmēm

Izdevējs: Profesora Roberta Feldmaņa fonds
www.robertsfeldmanis.lv

www.ingramcontent.com/pod-product-compliance
Lightning Source LLC
Chambersburg PA
CBHW071151160426
43196CB00011B/2049